힘내라! 독학 일본어 첫걸음

유세미 지음

멀리뛰기

힘내라! 독학 일본어 첫걸음 멀리뛰기

지은이 유세미
감수 다나카 미유키
펴낸이 정규도
펴낸곳 (주)다락원

초판 1쇄 발행 2019년 7월 19일
초판 3쇄 발행 2024년 3월 29일

책임편집 임혜련, 손명숙, 송화록
디자인 장미연, 최영란
삽화 권석란, 민효인(표지)

다락원 경기도 파주시 문발로 211
내용문의: (02)736-2031 내선 460~465
구입문의: (02)736-2031 내선 250~252
Fax: (02)732-2037
출판등록 1977년 9월 16일 제406-2008-000007호

ISBN 978-89-277-1220-6 13730

http://www.darakwon.co.kr

- 다락원 홈페이지를 방문하시면 상세한 출판 정보와 함께 동영상강좌, MP3 자료 등 다양한 어학 정보를 얻으실 수 있습니다.
- 다락원 홈페이지에서 〈힘내라! 독학 일본어 첫걸음 멀리뛰기〉를 검색하시거나 표지 안쪽의 QR코드를 스캔하시면 MP3 파일 및 관련 자료를 다운로드 하실 수 있습니다.

여는 말

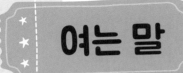

일본어 첫걸음 그다음 단계에 도전하는 분들을 위하여

지리적으로 가깝고 여행 선호도도 높으며 유학을 희망하시는 분들도 많아 일본어 학습을 시작하시는 분들은 언제나 많습니다. 하지만 시작한 후 계속 이어가지 못하고 중도 포기하는 분들도 많지요. 의지의 문제도 있겠지만 혼자 공부하기에 마땅한 교재가 드물기 때문이기도 합니다. 기초 학습을 마치고 다음은 어떤 책으로 공부해야 할지 교재를 찾는 것에 어려움을 겪는 학습자도 많습니다.

『힘내라! 독학 일본어 첫걸음 멀리뛰기』는 이러한 상황의 필요성과 기초 편인 『힘내라! 독학 일본어 첫걸음』으로 공부하신 학습자들의 성원에 힘입어 출간하게 되었습니다. 첫걸음 교재로 일본어를 학습할 수 있는 기초를 다졌다면 『힘내라! 독학 일본어 첫걸음 멀리뛰기』는 중급으로 갈 수 있도록 뼈대를 더욱 단단히 세우는 단계입니다.

일본어는 우리말과 어휘나 문법 구조가 상당히 비슷해서 접근하기 쉽다는 장점이 있지만, 학습 단계가 높아질수록 문법 구조도 우리말과 일치하지 않는 패턴이 많습니다. 이를 하나하나 공부하기 위해서는 각 품사의 활용과 접속 형태를 꾸준히 정리해 가야 갑니다. 무조건 듣고 따라 말해보고, 실제 회화 현장에서 필요한 말을 외워 습득하는 방식도 훌륭한 공부법이지만 독학으로는 어려움이 많습니다. 품사의 활용과 접속 형태를 이론으로 확립한 뒤 많은 문장을 스스로 만들어 낼 수 있어야 회화는 물론 시험이나 독해 등 여러 방면에 응용하여 적용할 수 있습니다. 또한 기본 문장 만들기라는 큰 뼈대를 먼저 세운 다음 어휘를 늘려가야 자신감을 잃지 않고 지속적 학습이 가능합니다. 본 교재는 JLPT N4 이상의 어휘를 적절한 분량으로 사용하여 학습 부담을 덜고 응용력을 높일 수 있도록 구성했습니다.

인터넷을 통한 각종 동영상을 비롯하여 뉴스, 영화, 애니메이션 등 일본어 학습 도구는 넘치도록 많은 시대입니다. 마음만 먹으면 공부할 방법은 무궁무진합니다. 하지만 첫걸음 과정만으로는 이를 활용하기는 어려운 점도 있습니다. 다음 단계인 『힘내라! 독학 일본어 첫걸음 멀리뛰기』를 충실히 공부하여 일본어의 뼈대를 세우고 스스로 응용할 준비가 되었다면 이러한 학습 도구들을 활용할 능력 또한 저절로 생길 것입니다. 애니메이션 대사가 조금씩 들리고, 일본인과의 문자 주고받기도 가능해질 것입니다. 『힘내라! 독학 일본어 첫걸음 멀리뛰기』가 실제 활용으로 이어주는 다리 역할을 하기를 기대합니다.

『힘내라! 독학 일본어 첫걸음』의 후속 교재를 기다려주신 학습자분들께 깊은 감사의 말씀 드립니다. 함께 연구하고 길잡이가 되어 주신 감수자 다나카 미유키 선생님, 다락원 편집자 여러분께도 감사의 마음을 전합니다.

저자 유세미

이 책의 구성과 활용법

〈힘내라! 독학 일본어 첫걸음 멀리뛰기〉는 **〈힘내라! 독학 일본어 첫걸음〉**의 다음 단계로 일본어 기초를 완성시키는 교재입니다. 이 책은 문형 체크, 회화 체크, Mini test, 문형 연습, 연습 문제로 이어지는 단계별 학습을 통해 일본어 기초를 탄탄하게 만듭니다.

시작 페이지

각 UNIT의 학습 내용을 안내합니다.
스마트폰으로 QR코드를 찍으면 저자의 동영상 강의를 볼 수 있습니다.

문형체크

중요 문법과 문형에 대해 공부합니다. 문법, 문형과 직접적 관련이 있는 내용은 tip으로, 그 외 중요한 내용은 plus로 정리했습니다.
MP3 파일로 예문을 들을 수 있습니다.
새 단어는 일본어 능력시험 N4 이상의 단어를 뽑았습니다.

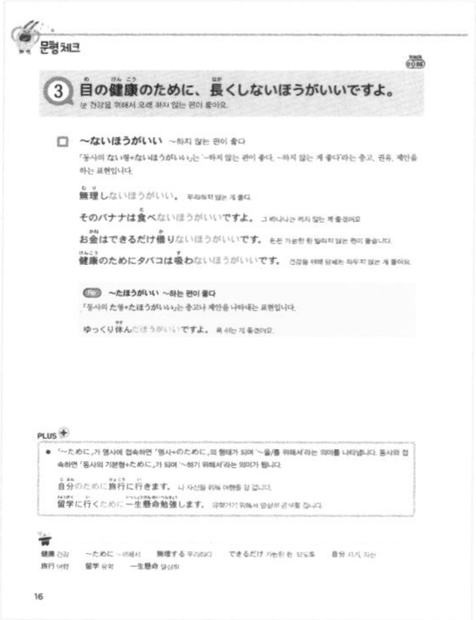

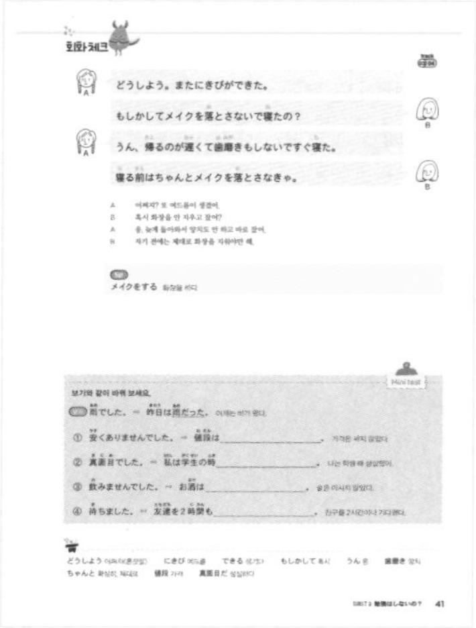

회화 체크

문형 체크에서 학습한 내용을 바탕으로 자연스러운 회화를 익힙니다.
회화 내용 중 알아두면 좋은 내용을 tip으로 정리했습니다.
MP3 파일로 회화문을 들을 수 있습니다.

Mini test

학습한 내용을 Mini test로 점검합니다.

문형 연습

다양한 예문을 따라 읽으며 학습한 표현에 익숙해지도록 합니다.
MP3 파일로 예문을 들을 수 있습니다.

연습 문제

학습한 내용을 연습 문제를 풀면서 점검합니다.

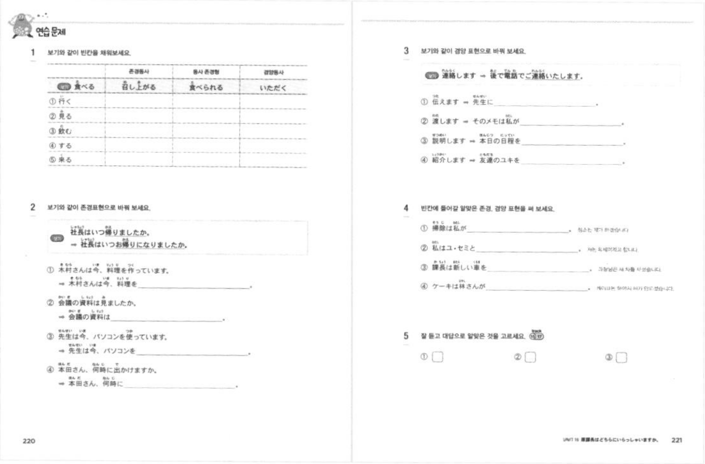

단어정리

각 UNIT에서 사용한 새 단어를 한 눈에 볼 수 있도록 정리했습니다. MP3 파일로 단어를 들을 수 있습니다.

부록

Mini test, 연습 문제의 정답과 듣기 문제의 스크립트를 실었습니다.

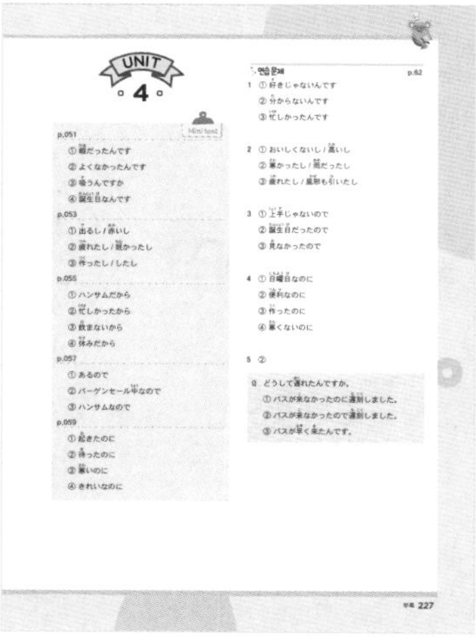

별책 부록

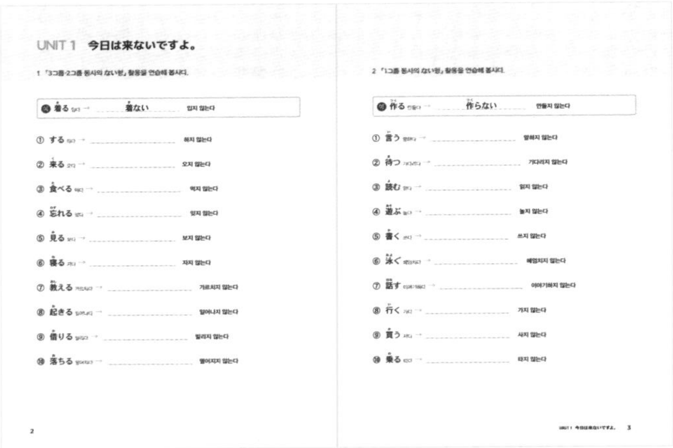
UNIT 1 今日は来ないですよ。

1 「3그룹·2그룹 동사의 ない형」 활용을 연습해 봅시다.

예 着る → 着ない 입지 않다

① する → ______ 하지 않는다
② 来る → ______ 오지 않는다
③ 食べる → ______ 먹지 않는다
④ 忘れる → ______ 잊지 않는다
⑤ 見る → ______ 보지 않는다
⑥ 寝る → ______ 자지 않는다
⑦ 教える → ______ 가르치지 않는다
⑧ 起きる → ______ 일어나지 않는다
⑨ 借りる → ______ 빌리지 않는다
⑩ 落ちる → ______ 떨어지지 않는다

2

2 「1그룹 동사의 ない형」 활용을 연습해 봅시다.

예 作る → 作らない 만들지 않는다

① 言う → ______ 말하지 않는다
② 待つ → ______ 기다리지 않는다
③ 読む → ______ 읽지 않는다
④ 遊ぶ → ______ 놀지 않는다
⑤ 書く → ______ 쓰지 않는다
⑥ 泳ぐ → ______ 헤엄치지 않는다
⑦ 話す → ______ 이야기하지 않는다
⑧ 行く → ______ 가지 않는다
⑨ 買う → ______ 사지 않는다
⑩ 乗る → ______ 타지 않는다

3

워크북

각 UNIT의 학습을 마치고 워크북으로 마무리할 수 있습니다.

무료 동영상 강의

스마트폰 이용

각 UNIT의 첫 페이지에 있는 QR코드를 스마트폰으로 찍으면 저자의 동영상 강의를 시청할 수 있습니다. 다락원 모바일 홈페이지에서 〈힘내라! 독학 일본어 첫걸음 멀리뛰기〉를 검색하면 저자의 동영상 강의를 시청할 수 있습니다.

PC 이용

다락원 홈페이지와 유튜브에서 〈힘내라! 독학 일본어 첫걸음 멀리뛰기〉를 검색하면 저자의 동영상 강의를 시청할 수 있습니다.

무료 MP3

스마트폰 이용

표지 안쪽 또는 좌측의 QR코드를 스마트폰으로 찍으면 다락원 모바일 홈페이지로 이동해 MP3 파일로 음성을 듣거나 다운로드 받을 수 있습니다.
콜롬북스 어플리케이션에서도 〈힘내라! 독학 일본어 첫걸음 멀리뛰기〉를 검색하면 MP3 파일로 음성을 듣거나 다운로드 받을 수 있습니다.

PC 이용

다락원 홈페이지에서 회원가입 후 MP3 파일을 다운로드 받을 수 있습니다.

일러두기

1 새로 나온 단어를 뜻합니다.

새로 나온 단어는 일본어능력시험 N4 이상의 어휘를 선정하였습니다.

2 track 05 02 MP3 파일을 뜻합니다.

3 일본어에서는 원칙적으로 「?」를 사용하지 않지만, 의문조사 「か」가 없는 의문문에서는 「?」를 사용하였습니다.

4 **문법 용어**

문법 용어는 학자에 따라 분류를 달리하지만, 이 책에서는 아래와 같이 분류하였습니다.

① **기본형** : 사전에 있는 형태를 말합니다. 단 **な**형용사는 「だ」를 붙인 형태를 말합니다.

② **보통형** : 정중형에 대해 반말 표현을 말합니다.

예 書(か)きます 씁니다 정중형 – 書(か)く 쓰다 보통형
書(か)きませんでした 쓰지 않았습니다 정중형 – 書(か)かなかった 쓰지 않았다 보통형

③ **동사의 ます형** : 동사에 「ます」가 연결될 때 동사의 어미가 변화한 형태를 말합니다.

書(か)く 쓰다 ⇨ 書(か)き+ます → 書(か)きます 씁니다
└→ 동사의 ます형

④ **동사의 て형** : 동사에 「て」가 연결될 때 동사의 어미가 변화한 형태를 말합니다.

書(か)く 쓰다 ⇨ 書(か)い+て → 書(か)いて 쓰고
└→ 동사의 て형

⑤ **동사의 た형** : 동사에 「た」가 연결될 때 동사의 어미가 변화한 형태를 말합니다.

書(か)く 쓰다 ⇨ 書(か)い+た → 書(か)いた 썼다
└→ 동사의 た형

차례

UNIT 1

今日(きょう)は来(こ)ないですよ。

오늘은 오지 않아요.

학습 내용

- 동사의 ない형 (3, 2그룹 동사)
- 동사의 ない형 (1그룹 동사)
- 충고 ～ないほうがいい

동영상 강의

track 01 01

1 今日(きょう)は来(こ)ないですよ。

오늘은 오지 않아요.

동사의 ない형

동사의 부정 표현은 '~하지 않는다'라는 뜻의 「ない」를 동사의 어미에 접속해서 만듭니다. 이 때 동사의 어미 변화를 「ない형」이라고 합니다. 「～ない」는 '~하지 않는다(일반 서술, 진리, 습관의 부정), ~하지 않아, ~하지 않을 거야(의지, 미래의 부정)'라는 뜻을 가집니다. 정중하게 말할 때는 「～ない」에 「です」를 붙여 「～ないです」라고 하며, 이는 「～ません(~하지 않습니다)」과 같은 뜻입니다. 의문문은 말끝에 조사 「か」를 붙여 「～ないですか(~하지 않습니까?)」로 말하며, 반말로 쓸 때는 「～ない↗(~하지 않아?)」처럼 말끝을 올려 말합니다.

3그룹 및 2그룹 동사의 ない형

- 3그룹 동사는 불규칙 활용을 합니다.
- 2그룹 동사는 어미 「る」를 없애고 「ない」를 붙입니다.

동사의 종류	기본형	활용 방법	ない형
3그룹 동사	来(く)る 오다	불규칙 활용	来(こ)ない 오지 않는다, 오지 않을 거야
	する 하다		しない 하지 않는다, 하지 않을 거야
2그룹 동사	食(た)べる 먹다	食(た)べる+ない → 食(た)べない	食(た)べない 먹지 않는다, 먹지 않을 거야
	見(み)る 보다		見(み)ない 보지 않는다, 보지 않을 거야

吉田(よしだ)さんはここには来(こ)ない。 요시다 씨는 여기에는 오지 않을 거야.

散歩(さんぽ)はあまりしないです。(=しません) 산책은 별로 하지 않습니다.

辛(から)いものは食(た)べないですか。(=食(た)べませんか) 매운 건 먹지 않습니까?

テレビは見(み)ない? 텔레비전은 안 봐?

tip ない의 과거 표현

「～ない」의 과거형은 「～なかった(~하지 않았다)」로 정중하게 말할 때는 「～なかった」에 「です」를 붙여 「～なかったです」라고 하며, 이는 「～ませんでした」와 같은 뜻입니다.

勉強(べんきょう)しなかった。 공부하지 않았다.

勉強(べんきょう)しなかったです。(=勉強(べんきょう)しませんでした) 공부하지 않았습니다.

회화체크

track 01 02

A ああ、お腹空いた。原さん、ランチに行きませんか。

B もうこんな時間ですね。ところで、田中さんは？

A 田中さんはセミナーに行きました。今日は来ないですよ。

B あ、そうですか。

A 아, 배고프다. 하라 씨, 점심 먹으러 가지 않을래요?
B 벌써 시간이 이렇게 되었네요. 그런데, 다나카 씨는요?
A 다나카 씨는 세미나에 갔어요. 오늘은 오지 않아요.
B 아, 그래요?

Mini test

보기와 같이 바꿔 보세요.

보기 部屋の掃除をする。 ➡ 部屋の掃除をしない。 방 청소를 하지 않는다.

① 教室に学生がいる。 ➡ 教室に学生が__________。 교실에 학생이 없다.

② 明日は学校に早く来る。 ➡ 明日は学校に早く__________。 내일은 학교에 빨리 오지 않을 거야.

③ コーヒーにさとうを入れる。 ➡ コーヒーにさとうを__________。 커피에 설탕을 넣지 않는다.

④ 質問に答える。 ➡ 質問に__________。 질문에 대답하지 않는다.

空く 비다, 배고프다　ランチ 런치, 점심　もう 벌써, 이미　ところで 그런데　セミナー 세미나　掃除 청소
早く 빨리　さとう 설탕　質問 질문

track 01 03

2 お酒(さけ)はあまり飲(の)まないです。

술은 별로 마시지 않습니다.

1그룹 동사의 ない형

- 1그룹 동사는 어미 「う단」을 「あ단」으로 고치고 「ない」를 붙입니다.
- 단, 어미가 「う」로 끝나는 1그룹 동사는 어미 「う」를 「わ」로 고친 후 「ない」를 붙입니다.

동사의 종류	기본형	활용 방법	ない형
1그룹 동사	書(か)く 쓰다	書(か)く → 書(か)か+ない → 書(か)かない	書(か)かない 쓰지 않는다, 쓰지 않을 거야
	帰(かえ)る 돌아가다		帰(かえ)らない 돌아가지 않는다, 돌아가지 않을 거야
	飲(の)む 마시다		飲(の)まない 마시지 않는다, 마시지 않을 거야
	話(はな)す 말하다		話(はな)さない 말하지 않는다, 말하지 않을 거야
	買(か)う 사다	買(か)う → 買(か)わ+ない → 買(か)わない	買(か)わない 사지 않는다, 사지 않을 거야

一緒(いっしょ)に遊(あそ)ばない。 같이 놀지 않는다.

一緒(いっしょ)に行(い)かない？ 같이 가지 않을래?

高(たか)い本(ほん)は買(か)わないです。 비싼 책은 사지 않습니다.

このハンカチは使(つか)わなかった。 이 손수건은 사용하지 않았다.

tip

- 1그룹 동사인 「ある」의 부정형은 「あらない」가 아니라 「ない」입니다.

財布(さいふ)の中(なか)にお金(かね)がある。 지갑 안에 돈이 있다.

財布(さいふ)の中(なか)にお金(かね)がない。 지갑 안에 돈이 없다.

- 동사의 부정표현은 무언가를 권유하거나 청할 때도 사용합니다.

コーヒーを飲(の)まない。 커피를 마시지 않는다. 〈부정〉

コーヒーを飲(の)まない？ 커피를 마시지 않을래? 〈권유〉

회화체크

track 01 04

A 山田(やまだ)さんはお酒(さけ)をよく飲(の)みますか。

B いいえ、お酒(さけ)はあまり飲(の)まないです。

A タバコも吸(す)わないですか。

B はい、全然(ぜんぜん)吸(す)いません。

A 야마다 씨는 술을 자주 마십니까?
B 아뇨, 술은 별로 마시지 않습니다.
A 담배도 안 피우나요?
B 네, 전혀 안 피웁니다.

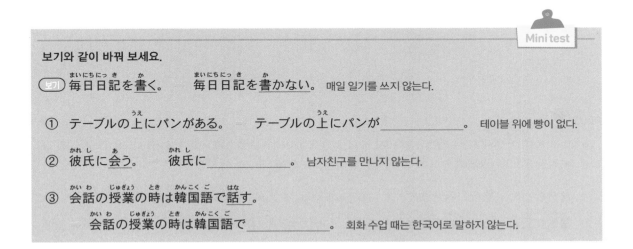

Mini test

보기와 같이 바꿔 보세요.

보기 毎日日記(まいにちにっき)を書(か)く。 → 毎日日記(まいにちにっき)を書(か)かない。 매일 일기를 쓰지 않는다.

① テーブルの上(うえ)にパンがある。 → テーブルの上(うえ)にパンが__________。 테이블 위에 빵이 없다.

② 彼氏(かれし)に会(あ)う。 → 彼氏(かれし)に__________。 남자친구를 만나지 않는다.

③ 会話(かいわ)の授業(じゅぎょう)の時(とき)は韓国語(かんこくご)で話(はな)す。
→ 会話(かいわ)の授業(じゅぎょう)の時(とき)は韓国語(かんこくご)で__________。 회화 수업 때는 한국어로 말하지 않는다.

よく 자주　全然 전혀　日記 일기　彼氏 남자친구　会話 회화　授業 수업　時 때

track 01 05

3 目の健康のために、長くしないほうがいいですよ。

눈 건강을 위해서 오래 하지 않는 편이 좋아요.

～ないほうがいい ～하지 않는 편이 좋다

「동사의 ない형+ないほうがいい」는 '~하지 않는 편이 좋다, ~하지 않는 게 좋다'라는 충고, 권유, 제안을 하는 표현입니다.

無理しないほうがいい。 무리하지 않는 게 좋다.

そのバナナは食べないほうがいいですよ。 그 바나나는 먹지 않는 게 좋겠어요.

お金はできるだけ借りないほうがいいです。 돈은 가능한 한 빌리지 않는 편이 좋습니다.

健康のためにタバコは吸わないほうがいいです。 건강을 위해 담배는 피우지 않는 게 좋아요.

tip ～たほうがいい ～하는 편이 좋다

「동사의 た형+たほうがいい」는 충고나 제안을 나타내는 표현입니다.

ゆっくり休んだほうがいいですよ。 푹 쉬는 게 좋겠어요.

PLUS

- 「～ために」가 명사에 접속하면 「명사+のために」의 형태가 되며 '~을/를 위해서'라는 의미를 나타냅니다. 동사와 접속하면 「동사의 기본형+ために」가 되며 '~하기 위해서'라는 의미가 됩니다.

  自分のために旅行に行きます。 나 자신을 위해 여행을 갈 겁니다.

  留学に行くために一生懸命勉強します。 유학가기 위해서 열심히 공부할 겁니다.

健康 건강　～ために ~위해서　無理する 무리하다　できるだけ 가능한 한, 되도록　自分 자기, 자신
旅行 여행　留学 유학　一生懸命 열심히

회화체크

track 01 06

A: 一日中(いちにちじゅう)スマホで何(なに)をしていますか。

B: 新(あたら)しいゲームをしています。

A: 目(め)の健康(けんこう)のために、長(なが)くしないほうがいいですよ。

B: はい…。

A　하루 종일 스마트폰으로 뭘 하고 있습니까?

B　새로운 게임을 하고 있습니다.

A　눈 건강을 위해서 오래 하지 않는 편이 좋아요.

B　네….

Mini test

보기와 같이 바꿔 보세요.

보기 食(た)べる ➡ 果物(くだもの)は食(た)べないほうがいいです。 과일은 먹지 않는 게 좋습니다.

① 休(やす)む ➡ 学校(がっこう)は＿＿＿＿＿＿＿＿＿＿。 학교는 쉬지 않는 편이 좋습니다.

② 行(い)く ➡ 地下鉄(ちかてつ)で＿＿＿＿＿＿＿＿＿＿。 지하철로 가지 않는 게 좋습니다.

③ 帰(かえ)る ➡ 今(いま)は＿＿＿＿＿＿＿＿＿＿。 지금은 돌아가지 않는 편이 좋습니다.

④ 来(く)る ➡ 車(くるま)で＿＿＿＿＿＿＿＿＿＿。 차로 오지 않는 게 좋습니다.

一日中 하루 종일　　スマホ 스마트폰　　ゲーム 게임

문형연습

track 01 07

「동사의 ない형」을 연습해 봅시다.

そのくつは買(か)わない。

그 구두는 사지 않을 거야.

バスがなかなか来(こ)ない。

버스가 좀처럼 오지 않는다.

このお店(みせ)には好(す)きな料理(りょうり)がない。

이 가게에는 좋아하는 요리가 없다.

怖(こわ)い映画(えいが)、見(み)ない？

무서운 영화 안 볼래?

うちのクラスに有名(ゆうめい)な学生(がくせい)はいないです。

우리 반에 유명한 학생은 없습니다.

今日(きょう)は運動(うんどう)をしないですか。

오늘은 운동을 하지 않습니까?

昨日(きのう)のパーティーにはおいしい料理(りょうり)がなかった。

어제 파티에는 맛있는 요리가 없었다.

岩井(いわい)さんは結局(けっきょく)来(こ)なかった？

이와이 씨는 결국 안 왔어?

本当(ほんとう)に知(し)らなかったです。

정말 몰랐습니다.

昔(むかし)は外国人(がいこくじん)の友達(ともだち)がいなかったです。

예전에는 외국인 친구가 없었습니다.

何(なに)もわからなかったですか。

아무것도 몰랐습니까?

なかなか 좀처럼
怖い 무섭다
映画 영화
うち 우리
有名だ 유명하다
運動 운동
パーティー 파티
結局 결국
本当に 정말
知る 알다
昔 옛날, 예전
何も 아무것도

track
01 08

○「～ないほうがいい」를 연습해 봅시다.

今(いま)は来(こ)ないほうがいい。

지금은 오지 않는 게 좋아.

約束(やくそく)は忘(わす)れないほうがいい。

약속은 잊지 않는 게 좋아.

あそこには行(い)かないほうがいい。

거기에는 가지 않는 편이 좋다.

あの人(ひと)は信用(しんよう)しないほうがいい。

저 사람은 신용하지 않는 게 좋아.

濃(こ)いコーヒーは飲(の)まないほうがいいよ。

진한 커피는 마시지 않는 게 좋아.

夜遅(よるおそ)くまで遊(あそ)ばないほうがいいです。

밤늦게까지 놀지 않는 게 좋아요.

そんな人(ひと)には会(あ)わないほうがいいです。

그런 사람과는 만나지 않는 게 좋아요.

健康(けんこう)のために夜遅(よるおそ)く食(た)べないほうがいいです。

건강을 위해 밤늦게 먹지 않는 게 좋아요.

彼(かれ)にはあまり期待(きたい)しないほうがいいです。

그에게는 그다지 기대하지 않는 것이 좋습니다.

タバコは吸(す)わないほうがいいですよ。

담배는 피우지 않는 편이 좋습니다.

部屋(へや)の窓(まど)は開(あ)けないほうがいいですよ。

방 창문은 열지 않는 게 좋겠어요.

約束 약속
忘れる 잊다
信用する 신용하다
濃い 진하다
彼 그
期待する 기대하다

연습 문제

1 보기와 같이 빈칸을 채워보세요.

보기 食(た)べる	食(た)べない 먹지 않는다	待(ま)つ	
見(み)る		死(し)ぬ	
ある		する	
知(し)る		消(け)す	
泳(およ)ぐ		来(く)る	
話(はな)す		帰(かえ)る	
持(も)つ		閉(し)める	
寝(ね)る		乗(の)る	
歌(うた)う		借(か)りる	
起(お)きる		買(か)う	
書(か)く		いる	
飲(の)む		遊(あそ)ぶ	

2 보기와 같이 바꿔 보세요.

보기 お酒(さけ)を飲(の)む。 ➡ お酒(さけ)は飲(の)まないほうがいいです。

① 友達(ともだち)に会(あ)う。 ➡ 友達(ともだち)に＿＿＿＿＿＿＿＿＿＿＿＿。

② 海(うみ)に入(はい)る。 ➡ 海(うみ)に＿＿＿＿＿＿＿＿＿＿＿＿。

③ さとうを入(い)れる。 ➡ さとうを＿＿＿＿＿＿＿＿＿＿＿＿。

④ 仕事(しごと)をする。 ➡ 仕事(しごと)を＿＿＿＿＿＿＿＿＿＿＿＿。

3 빈칸에 들어갈 알맞은 말을 써 보세요.

① 電車(でんしゃ)が ______________________。 전철이 안 온다.

② 先生(せんせい)は ______________________。 선생님은 오지 않았습니까?

③ 今日(きょう)は運動(うんどう)を ______________________。 오늘은 운동을 하지 않는 편이 좋습니다.

④ 鉛筆(えんぴつ)は ______________________。 연필은 사용하지 않습니까?

⑤ 夜遅(よるおそ)くご飯(はん)は ______________________。 밤늦게 밥은 먹지 않는 편이 좋습니다.

⑥ 日本語(にほんご)の勉強(べんきょう)を ______________________。 일본어 공부를 안 했어.

⑦ 昨日(きのう)ハンカチを ______________________? 어제 손수건을 사지 않았어?

⑧ この音楽(おんがく)、一緒(いっしょ)に ______________________? 이 음악, 함께 듣지 않을래?

⑨ バスの中(なか)では本(ほん)を ______________________。

버스 안에서는 책을 읽지 않는 편이 좋아.

⑩ 明日(あした)テストです。今日(きょう)はテレビを ______________________。

내일 시험입니다. 오늘은 텔레비전을 보지 않을 겁니다.

⑪ かばんの中(なか)に本(ほん)が ______________________。 가방 안에 책이 없다.

⑫ 学校(がっこう)に学生(がくせい)が ______________________。 학교에 학생이 없다.

4 잘 듣고 대답으로 알맞은 것을 고르세요. track 01 09

① ☐ ② ☐ ③ ☐

단어정리

track 01 10

- [ ] 一日中(いちにちじゅう) 하루 종일
- [ ] 一生懸命(いっしょうけんめい) 열심히
- [ ] うち 우리
- [ ] 運動(うんどう) 운동
- [ ] 映画(えいが) 영화
- [ ] 会話(かいわ) 회화
- [ ] 彼(かれ) 그
- [ ] 彼氏(かれし) 남자친구
- [ ] 期待(きたい)する 기대하다
- [ ] ゲーム 게임
- [ ] 結局(けっきょく) 결국
- [ ] 健康(けんこう) 건강
- [ ] 濃(こ)い 진하다
- [ ] 怖(こわ)い 무섭다
- [ ] さとう 설탕
- [ ] 質問(しつもん) 질문
- [ ] 自分(じぶん) 자기, 자신
- [ ] 授業(じゅぎょう) 수업
- [ ] 知(し)る 알다
- [ ] 信用(しんよう)する 신용하다
- [ ] 空(す)く 비다, 배고프다
- [ ] スマホ 스마트폰
- [ ] セミナー 세미나
- [ ] 全然(ぜんぜん) 전혀
- [ ] 掃除(そうじ) 청소
- [ ] ～ために ～위해서
- [ ] できるだけ 가능한 한, 되도록
- [ ] 時(とき) 때
- [ ] ところで 그런데
- [ ] なかなか 좀처럼
- [ ] 何(なに)も 아무것도
- [ ] 日記(にっき) 일기
- [ ] パーティー 파티
- [ ] 早(はや)く 빨리
- [ ] 本当(ほんとう)に 정말
- [ ] 昔(むかし) 옛날, 예전
- [ ] 無理(むり)する 무리하다
- [ ] もう 벌써, 이미
- [ ] 約束(やくそく) 약속
- [ ] 有名(ゆうめい)だ 유명하다
- [ ] よく 자주
- [ ] ランチ 런치, 점심
- [ ] 留学(りゅうがく) 유학
- [ ] 旅行(りょこう) 여행
- [ ] 忘(わす)れる 잊다

UNIT 2

今日(きょう)はシャワーを浴(あ)びないでください。

오늘은 샤워하지 마세요.

학습 내용

- 부탁·정중한 명령 ~ないでください
- 불필요 및 허가 ~なくてもいい
- 의무 ~なければなりません
- 부대상황 ~ないで

동영상 강의

문형체크

track 02 01

1 今日(きょう)はシャワーを浴(あ)びないでください。

오늘은 샤워하지 마세요.

~ないでください ~하지 마세요

「동사의 ない형+ないでください」는 '~하지 마세요, ~하지 말아 주세요'라는 뜻으로, 요구, 부탁, 정중한 명령을 나타내는 표현입니다. 친한 사이거나 윗사람이 아랫사람에게 말하는 경우 「ください」를 생략하여 쓸 수 있습니다.

教室(きょうしつ)で走(はし)らないでください。 교실에서 뛰지 마세요.

危(あぶ)ないですよ。こちらへ来(こ)ないでください。 위험해요. 이쪽으로 오지 말아 주세요.

美術作品(びじゅつさくひん)の写真(しゃしん)を撮(と)らないでください。 미술작품의 사진을 찍지 마세요.

美術作品(びじゅつさくひん)の写真(しゃしん)を撮(と)らないで。 미술작품의 사진을 찍지 마.

tip ~てください ~해 주세요

「동사의 て형+てください」는 '~해 주세요'라는 뜻으로, 가볍게 지시하거나 요구, 부탁하는 표현입니다.

ドアを閉(し)めてください。 문을 닫아 주세요.

シャワーを浴びる 샤워하다　　走る 달리다　　美術作品 미술작품

회화체크

track 02 02

A: 体(からだ)の具合(ぐあい)が悪(わる)くて、頭痛(ずつう)がします。

B: 風邪(かぜ)ですね。薬(くすり)を飲(の)んでゆっくり休(やす)んでください。
今日(きょう)はシャワーを浴(あ)びないでください。

A: はい、わかりました。

B: 風邪薬(かぜぐすり)はご飯(はん)を食(た)べてから飲(の)んでください。

A　몸 상태가 안 좋고, 두통이 납니다.
B　감기네요. 약을 먹고 푹 쉬세요. 오늘은 샤워하지 마세요.
A　네, 알겠습니다.
B　감기약은 밥을 먹고 나서 드세요.

Mini test

보기와 같이 바꿔 보세요.

보기 電話(でんわ)してください。 ➡ 電話(でんわ)しないでください。 전화하지 말아 주세요.

① お名前(なまえ)はひらがなで書(か)いてください。
➡ お名前(なまえ)はひらがなで＿＿＿＿＿＿＿＿＿＿。 성함은 히라가나로 쓰지 마세요.

② ここにごみを捨(す)ててください。
➡ ここにごみを＿＿＿＿＿＿＿＿＿＿。 이곳에 쓰레기를 버리지 마세요.

③ テレビをつけてください。
➡ テレビを＿＿＿＿＿＿＿＿＿＿。 텔레비전을 켜지 말아 주세요.

具合 상태, 형편　頭痛がする 두통이 나다　風邪薬 감기약　～てから ～하고 나서, ～한 다음　ひらがな 히라가나
ごみ 쓰레기　捨てる 버리다　つける (가전 제품 등의) 전원을 켜다, (불을) 붙이다

track 02 03

2 今週(こんしゅう)の金曜日(きんようび)までに出(だ)さなければなりません。

이번 주 금요일까지 내지 않으면 안 됩니다.

~なければなりません ~하지 않으면 안 됩니다

「동사의 ない형+なければなりません」은 '~하지 않으면 안 됩니다, ~해야만 합니다'라는 의무, 당연, 꼭 필요함을 나타내는 표현입니다. 회화체에서는 「~なければ」를 「~なきゃ」로 줄여 말하기도 하고, 「なりません」을 생략하기도 합니다. 반말로 말할 때는 「~なければならない」라고 합니다.

ご飯(はん)を食(た)べてからこの薬(くすり)を飲(の)まなければなりません。

밥을 먹고 나서 이 약을 먹어야만 합니다.

明後日(あさって)の朝(あさ)10時(じ)までに出(だ)さなければなりません。

모레 아침 10시까지 내지 않으면 안 됩니다.

明日(あした)は病院(びょういん)に行(い)かなければ(ならない)。 내일은 병원에 가지 않으면 안 된다.

あのバスに乗(の)らなきゃ(ならない)。 저 버스를 타야만 한다.

tip ~てはいけません(いけない) ~하면 안 됩니다(안 된다)

「동사의 て형+てはいけません(いけない)」는 강한 금지를 나타내는 표현입니다.

タバコを吸(す)ってはいけません。 담배를 피우면 안 됩니다.

写真(しゃしん)を撮(と)ってはいけない。 사진을 찍으면 안 된다.

PLUS

- **~まで / ~までに ~까지**

「~まで」는 동작이나 상태가 어느 시점까지 계속되는 것을 나타냅니다. 아래의 예문은 도서관에서 10시까지 '계속' 공부를 했다는 의미입니다.

昨日(きのう)、夜(よる)10時(じ)まで図書館(としょかん)で勉強(べんきょう)しました。(○) 어젯밤 10시까지 도서관에서 공부했습니다.

昨日(きのう)、夜(よる)10時(じ)までに図書館(としょかん)で勉強(べんきょう)しました。(×)

「~までに」는 동작이나 상태가 종료되는 '기한'을 나타냅니다.

宿題(しゅくだい)は明日(あした)までに出(だ)してください。(○) 숙제는 내일까지 내주세요.

宿題(しゅくだい)は明日(あした)まで出(だ)してください。(×)

회화체크

track 02 04

A 吉田(よしだ)さん、レポートをいつまでに出(だ)さなければなりませんか。

B 今週(こんしゅう)の金曜日(きんようび)までに出(だ)さなければなりません。

A そうですか。吉田(よしだ)さんはもう書(か)きましたか。

B いいえ、私(わたし)もまだです。

A 요시다 씨, 리포트를 언제까지 내야만 합니까?
B 이번 주 금요일까지 내지 않으면 안 됩니다.
A 그래요? 요시다 씨는 이미 썼습니까?
B 아니요, 저도 아직입니다.

Mini test

보기와 같이 바꿔 보세요.

보기 予約(よやく)する ⇒ ホテルを予約(よやく)しなければなりません。 호텔을 예약하지 않으면 안 됩니다.

① 行(い)く ⇒ 病院(びょういん)に________________。 병원에 가지 않으면 안 됩니다.

② 出(で)る ⇒ 今(いま)、________________。 지금 나가야만 합니다.

③ 来(く)る ⇒ 明日(あした)も早(はや)く________________。 내일도 빨리 와야만 합니다.

④ 働(はたら)く ⇒ 日曜日(にちようび)も________________。 일요일도 일하지 않으면 안 됩니다.

レポート 리포트, 보고서　　予約する 예약하다　　働く 일하다

track 02 05

3 迎(むか)えに行(い)かなくてもいいですか。

마중하러 가지 않아도 괜찮습니까?

~なくてもいい ~하지 않아도 괜찮다

「동사의 ない형+なくてもいい」는 '~하지 않아도 괜찮다'라는 허락, 허가를 나타내는 표현입니다.

コーヒーは買(か)わなくてもいい。 커피는 사지 않아도 된다.

発表(はっぴょう)は山田(やまだ)さんがしなくてもいいです。 발표는 야마다 씨가 하지 않아도 됩니다.

日本語(にほんご)で話(はな)さなくてもいいですか。 일본어로 말하지 않아도 되나요?

A 答(こた)えなければなりませんか。 대답해야만 하나요?

B いいえ、答(こた)えなくてもいいです。 아니요, 대답하지 않아도 됩니다.

tip 허가와 금지를 나타내는 표현

동사의 て형+てもいいです ~해도 됩니다. 〈허가〉

동사의 て형+てはいけません ~해서는 안 됩니다 〈금지〉

A 食(た)べてもいいですか。 먹어도 됩니까?

B1 はい、食(た)べてもいいです。 네, 먹어도 됩니다.

B2 いいえ、食(た)べてはいけません。 아뇨, 먹으면 안 됩니다.

迎え 마중　　発表 발표

회화체크

track 02 06

A: もしもし、イ・セホです。上野駅に着きました。

B: イさん、着きましたか。
本当に駅まで迎えに行かなくてもいいですか。

A: はい、大丈夫です。前に来たことがあります。

B: 分かりました。それでは、気をつけて来てください。

A　여보세요, 이세호입니다. 우에노역에 도착했습니다.
B　이(세호) 씨, 도착했습니까? 정말로 역까지 마중하러 가지 않아도 괜찮습니까?
A　네, 괜찮습니다. 전에 온 적이 있습니다.
B　알겠습니다. 그럼, 조심해서 오세요.

Mini test

보기와 같이 바꿔 보세요.

보기 買う ➡ ケーキを<u>買わなくてもいいです</u>。 케이크를 사지 않아도 됩니다.

① 来る ➡ 一緒に＿＿＿＿＿＿＿＿＿＿＿＿。 함께 오지 않아도 됩니다.

② 覚える ➡ 全部＿＿＿＿＿＿＿＿＿＿＿＿。 전부 외우지 않아도 됩니다.

③ する ➡ 掃除を＿＿＿＿＿＿＿＿＿＿＿＿。 청소를 하지 않아도 됩니다.

④ 乗る ➡ 地下鉄に＿＿＿＿＿＿＿＿＿＿＿＿。 지하철을 타지 않아도 됩니다.

上野駅 우에노역〈지명〉　着く 도착하다　それでは 그러면, 그럼　気をつける 조심하다　ケーキ 케이크
全部 전부

track 02 07

4 ペンを使(つか)わないで鉛筆(えんぴつ)を使(つか)ってください。

펜을 사용하지 말고 연필을 사용하세요.

～ないで ～하지 않고, ～하지 말고

「동사의 ない형+ないで」는 어떤 상황에 덧붙여져 동시에 일어나는 부대상황, 열거, 금지 등의 뜻을 나타냅니다.

テレビを消(け)さないで寝(ね)ました。 텔레비전을 끄지 않고 잤습니다.

ご飯(はん)を食(た)べないで会社(かいしゃ)に行(い)きました。 밥을 먹지 않고 회사에 갔습니다.

斉藤(さいとう)さんは試験(しけん)に合格(ごうかく)しないで、渡辺(わたなべ)さんは合格(ごうかく)しました。
사이토 씨는 시험에 합격하지 않고, 와타나베 씨는 합격했습니다.

森(もり)さんが来(こ)ないで、中村(なかむら)さんが来(き)ました。 모리 씨가 오지 않고, 나카무라 씨가 왔습니다.

今(いま)読(よ)まないで、家(いえ)に帰(かえ)って読(よ)んでください。 지금 읽지 말고 집에 돌아가서 읽으세요.

tip ～なくて ～하지 않아서

「동사의 ない형+なくて」는 '~하지 않아서'라는 뜻으로 이유나 원인을 나타냅니다.

お金(かね)がなくて買(か)いませんでした。 돈이 없어서 사지 않았습니다.

雨(あめ)が降(ふ)らなくて心配(しんぱい)です。 비가 내리지 않아서 걱정입니다.

料理(りょうり)がおいしくなくて、残(のこ)しました。 요리가 맛있지 않아서 남겼습니다.

試験 시험　　合格する 합격하다　　心配だ 걱정이다　　残す 남기다

회화 체크

track 02 08

A 試験の時、何に注意しなければなりませんか。

B ペンを使わないで鉛筆を使ってください。
また、名前は漢字で書かないで、ひらがなで書いてください。

A はい、わかりました。試験中、スマホを使ってもいいですか。

B いいえ、試験会場にはケータイを持ち込んではいけません。

A 시험 때 무엇을 주의해야만 합니까?
B 펜을 사용하지 말고 연필을 사용하세요. 또 이름은 한자로 쓰지 말고 히라가나로 써 주세요.
A 네, 알겠습니다. 시험 중에 스마트폰을 사용해도 됩니까?
B 아니요, 시험장에는 휴대전화를 가지고 들어가면 안 됩니다.

Mini test

보기와 같이 바꿔 보세요.

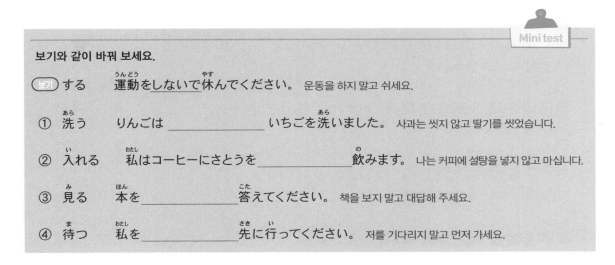

보기 する 運動を<u>しないで</u>休んでください。 운동을 하지 말고 쉬세요.

① 洗う りんごは ________ いちごを洗いました。 사과는 씻지 않고 딸기를 씻었습니다.

② 入れる 私はコーヒーにさとうを ________ 飲みます。 나는 커피에 설탕을 넣지 않고 마십니다.

③ 見る 本を ________ 答えてください。 책을 보지 말고 대답해 주세요.

④ 待つ 私を ________ 先に行ってください。 저를 기다리지 말고 먼저 가세요.

注意する 주의하다　～中 ～중　試験会場 시험장　ケータイ 휴대전화　持ち込む 가지고 들어가다
りんご 사과　先に 먼저

문형연습

track 02 09

「~ないでください」를 연습해 봅시다.

前髪(まえがみ)は切(き)らないでください。

앞머리는 자르지 말아 주세요.

ここに車(くるま)を止(と)めないでください。

여기에 차를 세우지 마세요.

心配(しんぱい)しないでください。

걱정하지 마세요.

約束(やくそく)を忘(わす)れないでください。

약속을 잊지 마세요.

トマトは冷蔵庫(れいぞうこ)に入(い)れないで。

토마토는 냉장고에 넣지 마.

前髪 앞머리
切る 자르다
止める 세우다
冷蔵庫 냉장고

track 02 10

「~なければなりません」을 연습해 봅시다.

早(はや)く帰(かえ)らなければなりません。

빨리 돌아가지 않으면 안 됩니다.

明日(あした)は午後(ごご)3時(じ)までに来(こ)なければなりません。

내일은 오후 3시까지 와야 합니다.

ガラス製品(せいひん)は注意(ちゅうい)しなければならない。

유리 제품은 조심하지 않으면 안 된다.

漢字(かんじ)を全部(ぜんぶ)覚(おぼ)えなきゃならない。

한자를 전부 외워야만 한다.

明日(あした)、歯医者(はいしゃ)に行(い)かなきゃ。

내일 치과에 가야만 해.

ガラス 유리
製品 제품
歯医者 치과의사, 치과

track 02 11

○「～なくてもいい」를 연습해 봅시다.

うちの会社(かいしゃ)はスーツを着(き)なくてもいい。
우리 회사는 정장을 입지 않아도 돼.

食事代(しょくじだい)は払(はら)わなくてもいい。
식사비는 내지 않아도 돼.

そんなに急(いそ)がなくてもいいです。
그렇게 서두르지 않아도 됩니다.

その本(ほん)は返(かえ)さなくてもいいです。
그 책은 돌려주지 않아도 됩니다.

化粧(けしょう)をしなくてもいいですか。
화장을 하지 않아도 됩니까?

スーツ 슈트, 양복, 정장
着る 입다
食事代 식사비
払う 내다, 지불하다
そんなに 그렇게
急ぐ 서두르다
化粧 화장

track 02 12

○「～ないで」를 연습해 봅시다.

バターを入(い)れないでパンを作(つく)ります。
버터를 넣지 않고 빵을 만듭니다.

窓(まど)を閉(し)めないで寝(ね)ました。
창문을 닫지 않고 잤습니다.

今日(きょう)は勉強(べんきょう)をしないで明日(あした)します。
오늘은 공부를 하지 않고 내일 하겠습니다.

テレビを見(み)ないで、本(ほん)を読(よ)んでください。
텔레비전을 보지 말고 책을 읽으세요.

掃除(そうじ)は弟(おとうと)がしないで、姉(あね)がしました。
청소는 남동생이 하지 않고, 언니가 했습니다.

バター 버터

연습 문제

1 보기와 같이 바꿔 보세요.

> 보기 バスの中(なか)で大(おお)きい声(こえ)で話(はな)す。
> ➡ バスの中(なか)で大(おお)きい声(こえ)で話(はな)さないでください。

① 高(たか)い車(くるま)を買(か)う。 ➡ 高(たか)い車(くるま)は＿＿＿＿＿＿＿＿＿＿＿＿＿＿。

② 写真(しゃしん)を撮(と)る。 ➡ 写真(しゃしん)を＿＿＿＿＿＿＿＿＿＿＿＿＿＿。

③ 教室(きょうしつ)で走(はし)る。 ➡ 教室(きょうしつ)で＿＿＿＿＿＿＿＿＿＿＿＿＿＿。

④ ドアを閉(し)める。 ➡ ドアを＿＿＿＿＿＿＿＿＿＿＿＿＿＿。

2 보기와 같이 바꿔 보세요.

> 보기 返(かえ)す ➡ この本(ほん)は明日(あした)までに返(かえ)さなければなりません。

① 行(い)く ➡ 午後(ごご)、病院(びょういん)に＿＿＿＿＿＿＿＿＿＿＿＿＿＿。

② 使(つか)う ➡ この製品(せいひん)は注意(ちゅうい)して＿＿＿＿＿＿＿＿＿＿＿＿＿＿。

③ 書(か)く ➡ 明日(あした)までにレポートを＿＿＿＿＿＿＿＿＿＿＿＿＿＿。

④ 予約(よやく)する ➡ このレストランは＿＿＿＿＿＿＿＿＿＿＿＿＿＿。

3 보기와 같이 답해 보세요.

보기
A 今、帰らなければなりませんか。
B いいえ、帰らなくてもいいです。

① A レポートは明日までに出さなければなりませんか。
B いいえ、明日までに＿＿＿＿＿＿＿＿＿＿＿＿＿＿＿＿。

② A 朝、早く起きなければなりませんか。
B いいえ、早く＿＿＿＿＿＿＿＿＿＿＿＿＿＿＿＿。

③ A 母と一緒に来なければなりませんか。
B いいえ、一緒に＿＿＿＿＿＿＿＿＿＿＿＿＿＿＿＿。

4 보기와 같이 바꿔 보세요.

보기
ご飯を食べる。
➡ ご飯を食べないでパンを食べてください。

① 漢字で書く。 ➡ ＿＿＿＿＿＿＿＿＿＿＿＿ひらがなで書いてください。

② ケータイを持つ。 ➡ ＿＿＿＿＿＿＿＿＿＿＿＿会社に行きました。

③ 電気を消す。 ➡ ＿＿＿＿＿＿＿＿＿＿＿＿寝ました。

5 잘 듣고 대답으로 알맞은 것을 고르세요. track 02 13

① ☐　　② ☐　　③ ☐

단어정리

track 02 14

- 急(いそ)ぐ 서두르다
- 上野駅(うえのえき) 우에노역〈지명〉
- 風邪薬(かぜぐすり) 감기약
- ガラス 유리
- 切(き)る 자르다
- 着(き)る 입다
- 気(き)をつける 조심하다
- 具合(ぐあい) 상태, 형편
- ケーキ 케이크
- ケータイ 휴대전화
- 化粧(けしょう) 화장
- 合格(ごうかく)する 합격하다
- ごみ 쓰레기
- 先(さき)に 먼저
- 試験(しけん) 시험
- 試験会場(しけんかいじょう) 시험장
- シャワーを浴(あ)びる 샤워하다
- 食事代(しょくじだい) 식사비
- 心配(しんぱい)だ 걱정이다
- スーツ 슈트, 양복, 정장
- 頭痛(ずつう)がする 두통이 나다
- 捨(す)てる 버리다
- 製品(せいひん) 제품
- 全部(ぜんぶ) 전부
- それでは 그러면, 그럼
- そんなに 그렇게
- ～中(ちゅう) ～중
- 注意(ちゅうい)する 주의하다
- 着(つ)く 도착하다
- つける (가전 제품 등의) 전원을 켜다, (불을) 붙이다
- ～てから ～하고 나서, ～한 다음
- 止(と)める 세우다
- 残(のこ)す 남기다
- 歯医者(はいしゃ) 치과 의사, 치과
- 走(はし)る 달리다
- 働(はたら)く 일하다
- 発表(はっぴょう) 발표
- バター 버터
- 払(はら)う 내다, 지불하다
- 美術作品(びじゅつさくひん) 미술작품
- ひらがな 히라가나
- 前髪(まえがみ) 앞머리
- 迎(むか)え 마중
- 持(も)ち込(こ)む 가지고 들어가다
- 予約(よやく)する 예약하다
- りんご 사과
- 冷蔵庫(れいぞうこ) 냉장고
- レポート 리포트, 보고서

UNIT 3

勉強(べんきょう)はしないの？

공부는 안 해?

학습 내용

- 보통형(현재)
- 보통형(과거)
- 명사수식형

동영상 강의

문형체크

track 03 01

1 勉強(べんきょう)はしないの?

공부는 안 해?

보통형(현재)

친구 등 허물없는 사이에 사용하는 반말체를 일본어 학습에서는 '보통형'이라 합니다. 보통형은 반말로 이야기를 할 때 일기, 논문, 기사 등 글을 쓸 때 사용합니다.

현재		보통형		정중형
명사 韓国人(かんこくじん)	긍정	명사+だ	韓国人(かんこくじん)だ 한국인이다	韓国人(かんこくじん)です 한국인입니다
	부정	명사+じゃない	韓国人(かんこくじん)じゃない 한국인이 아니다, 한국인 아냐	韓国人(かんこくじん)じゃないです (=韓国人(かんこくじん)じゃありません) 한국인이 아닙니다
な형용사 有名(ゆうめい)だ	긍정	어간+だ	有名(ゆうめい)だ 유명하다	有名(ゆうめい)です 유명합니다
	부정	어간+じゃない	有名(ゆうめい)じゃない 유명하지 않다, 유명하지 않아	有名(ゆうめい)じゃないです (=有名(ゆうめい)じゃありません) 유명하지 않습니다
い형용사 高(たか)い	긍정	기본형	高(たか)い 비싸다, 비싸	高(たか)いです 비쌉니다
	부정	어간+くない	高(たか)くない 비싸지 않다, 안 비싸	高(たか)くないです (=高(たか)くありません) 비싸지 않습니다
동사 行(い)く	긍정	기본형	行(い)く 가다, 갈 거야	行(い)きます 갑니다, 갈 겁니다
	부정	ない형+ない	行(い)かない 가지 않는다, 안 갈 거야	行(い)かないです (=行(い)きません) 가지 않습니다, 가지 않을 겁니다

その人(ひと)は日本語(にほんご)の先生(せんせい)だ。 그 사람은 일본어 선생님이다.

あのコートはきれいだ。 저 코트는 예쁘다.

このケーキはおいしくない。 이 케이크는 맛이 없다.

吉田君(よしだくん)はお酒(さけ)を飲(の)まない。 요시다 군은 술을 안 마셔.

tip

회화에서는 명사와 な형용사는「だ」를 생략하기도 합니다.

あのコート、きれい。저 코트 예쁘다.

회화 체크

track 03 02

A: 明日からテストじゃない。勉強はしないの？

B: うん、これから図書館に行く。

A: 傘持って行ってね。外は雨だよ。

B: 雨？ 本当？ ああ、行きたくないな。

A　내일부터 시험이잖아. 공부는 안 해?
B　응, 이제 도서관에 갈 거야.
A　우산 가지고 가. 밖에 비 와.
B　비? 정말? 아, 가기 싫으네.

tip

- 반말 의문문에는 종조사 「の」를 붙이는 경우가 많습니다.
- 「ね, よ」 등 종조사는 정중형뿐 아니라 보통형 뒤에도 붙어 확인, 동의, 충고 등의 뉘앙스를 나타냅니다.
- 「雨だ(비다)」는 「学生だ(학생이다)」와 달리 '비가 내린다'는 동작을 포함한 말입니다. 상황에 따라 「명사+だ(보통형)·명사+です(정중형)」는 동사의 의미를 포함하여 동사처럼 쓰이는 경우가 종종 있습니다.

  雪です。 눈입니다. ＝雪が降ります。(雪が降っています。) 눈이 옵니다.

- 「〜な」는 그렇게 되었으면 좋겠다는 바람, 감동, 감탄 등을 나타냅니다.

Mini test

보기와 같이 바꿔 보세요.

보기 一緒に飲みません。 → 一緒に飲まない。 같이 마시지 않는다.

① パンがおいしいです。 → パンが＿＿＿＿＿＿＿＿。 빵이 맛있다.

② あの人は日本人です。 → あの人は＿＿＿＿＿＿＿＿。 저 사람은 일본인이다.

③ トマトが好きです。 → トマトが＿＿＿＿＿＿＿＿。 토마토를 좋아한다.

track 03 03

2 メイクを落(お)とさないで寝(ね)たの?

화장을 안 지우고 잤어?

□ 보통형(과거)

과거		보통형		정중형
명사 誕生日(たんじょうび)	긍정	명사+だった	誕生日(たんじょうび)だった 생일이었다, 생일이었어	誕生日(たんじょうび)でした 생일이었습니다
	부정	명사+じゃなかった	誕生日(たんじょうび)じゃなかった 생일이 아니었다, 생일이 아니었어	誕生日(たんじょうび)じゃなかったです (=誕生日(たんじょうび)じゃありませんでした) 생일이 아니었습니다
な형용사 有名(ゆうめい)だ	긍정	어간+だった	有名(ゆうめい)だった 유명했다, 유명했어	有名(ゆうめい)でした 유명했습니다
	부정	어간+じゃなかった	有名(ゆうめい)じゃなかった 유명하지 않았다, 유명하지 않았어	有名(ゆうめい)じゃなかったです (=有名(ゆうめい)じゃありませんでした) 유명하지 않았습니다
い형용사 高(たか)い	긍정	어간+かった	高(たか)かった 비쌌다, 비쌌어	高(たか)かったです 비쌌습니다
	부정	어간+くなかった	高(たか)くなかった 비싸지 않았다, 비싸지 않았어	高(たか)くなかったです (=高(たか)くありませんでした) 비싸지 않았습니다
동사 行(い)く	긍정	た형+た	行(い)った 갔다, 갔어	行(い)きました 갔습니다
	부정	ない형+なかった (ない형의 과거)	行(い)かなかった 가지 않았다, 가지 않았어	行(い)かなかったです (=行(い)きませんでした) 가지 않았습니다

昨日(きのう)は雨(あめ)だった。 어제는 비였다. (비가 왔다.)

バナナは好(す)きじゃなかった。 바나나는 좋아하지 않았어.

天気(てんき)はよかった? 날씨는 좋았어?

ご飯(はん)を食(た)べなかった。 밥을 먹지 않았다.

メイクを落とす 화장을 지우다

회화체크

track 03 04

A どうしよう。またにきびができた。

B もしかしてメイクを落とさないで寝たの？

A うん、帰るのが遅くて歯磨きもしないですぐ寝た。

B 寝る前はちゃんとメイクを落とさなきゃ。

A 어쩌지? 또 여드름이 생겼어.
B 혹시 화장을 안 지우고 잤어?
A 응, 늦게 돌아와서 양치도 안 하고 바로 잤어.
B 자기 전에는 제대로 화장을 지워야만 해.

tip

メイクをする 화장을 하다

Mini test

보기와 같이 바꿔 보세요.

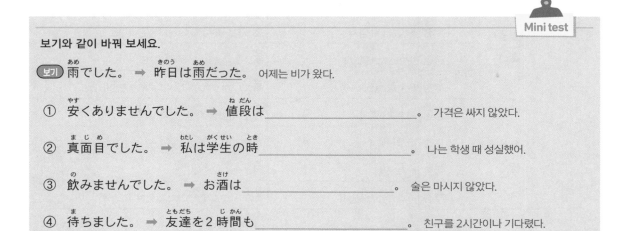

보기 雨でした。 ➡ 昨日は雨だった。 어제는 비가 왔다.

① 安くありませんでした。 ➡ 値段は＿＿＿＿＿＿＿＿。 가격은 싸지 않았다.

② 真面目でした。 ➡ 私は学生の時＿＿＿＿＿＿＿＿。 나는 학생 때 성실했어.

③ 飲みませんでした。 ➡ お酒は＿＿＿＿＿＿＿＿。 술은 마시지 않았다.

④ 待ちました。 ➡ 友達を2時間も＿＿＿＿＿＿＿＿。 친구를 2시간이나 기다렸다.

どうしよう 어쩌지〈혼잣말〉　にきび 여드름　できる 생기다　もしかして 혹시　うん 응　歯磨き 양치
ちゃんと 확실히, 제대로　値段 가격　真面目だ 성실하다

track 03 05

3 昨日(きのう)会(あ)った人(ひと)はどうだった?

어제 만난 사람은 어땠어?

명사수식형

보통형은 명사 앞에 위치해 명사를 꾸며주는 역할을 합니다. 명사가 명사를 꾸밀 때는 사이에 「の」를 넣고, な형용사가 명사를 꾸밀 때는 「어간な+명사」의 형태가 되는 점에 주의합니다.

			접속 방법	접속 예
명사 休(やす)み	현재	긍정	명사+の+명사	休(やす)みの日(ひ) 휴일
		부정	~じゃない+명사	休(やす)みじゃない日(ひ) 휴일이 아닌 날
	과거	긍정	~だった+명사	休(やす)みだった日(ひ) 휴일이었던 날
		부정	~じゃなかった+명사	休(やす)みじゃなかった日(ひ) 휴일이 아니었던 날
な형용사 有名(ゆうめい)だ	현재	긍정	~な+명사	有名(ゆうめい)な先生(せんせい) 유명한 선생님
		부정	~じゃない+명사	有名(ゆうめい)じゃない先生(せんせい) 유명하지 않은 선생님
	과거	긍정	~だった+명사	有名(ゆうめい)だった先生(せんせい) 유명했던 선생님
		부정	~じゃなかった+명사	有名(ゆうめい)じゃなかった先生(せんせい) 유명하지 않았던 선생님
い형용사 高(たか)い	현재	긍정	기본형+명사	高(たか)いかばん 비싼 가방
		부정	~くない+명사	高(たか)くないかばん 비싸지 않은 가방
	과거	긍정	~かった+명사	高(たか)かったかばん 비쌌던 가방
		부정	~くなかった+명사	高(たか)くなかったかばん 비싸지 않았던 가방
동사 行(い)く	현재	긍정	기본형+명사	行(い)く人(ひと) 가는 사람, 갈 사람
		부정	~ない+명사	行(い)かない人(ひと) 가지 않는 사람, 가지 않을 사람
	과거	긍정	~た+명사	行(い)った人(ひと) 갔던 사람
		부정	~なかった+명사	行(い)かなかった人(ひと) 가지 않았던 사람

誰(だれ)にでも子供(こども)だった時(とき)があります。 누구에게나 아이였던 때가 있습니다.

昔(むかし)、好(す)きだった人(ひと)がテレビに出(で)ました。 예전에 좋아했던 사람이 텔레비전에 나왔습니다.

日本(にほん)の中(なか)で一番(いちばん)よかった所(ところ)はどこですか。 일본 안에서 가장 좋았던 곳은 어디입니까?

学校(がっこう)に行(い)かない日(ひ)は何曜日(なんようび)ですか。 학교에 가지 않는 날은 무슨 요일입니까?

회화체크

track 03 06

A 昨日会った人はどうだった?

B ハンサムでおもしろい人だったよ。

A 本当? それはよかったね。

B でもあまり優しくない人だった。

A　어제 만난 사람은 어땠어?
B　잘 생기고 재미있는 사람이었어.
A　정말? 그거 잘됐네.
B　그런데 그다지 상냥하지 않은 사람이었어.

tip 동사의 명사수식형의 시제와 의미

동사의 현재 긍정형과 부정형은 모두 단순 서술 이외에 미래, 의지, 습관 등의 의미가 있습니다. 따라서 명사 수식형도 이에 맞게 의미를 잘 파악해야 합니다.

きゅうりを食べる人 오이를 먹는 사람, 오이를 먹을 사람
きゅうりを食べない人 오이를 먹지 않는 사람, 오이를 먹지 않을 사람

Mini test

보기와 같이 바꿔 보세요.

보기 立派だ / 先生 ⇒ 立派だった先生 훌륭했던 선생님

① 楽しい / 旅行 ⇒ ______________________ 즐겁지 않았던 여행

② 行く / 人 ⇒ 昨日飲み会に ______________________ 어제 회식에 가지 않았던 사람

③ 選ぶ / 後輩 ⇒ 赤いばらを ______________________ 빨간 장미를 고른 후배

ハンサムだ 잘생기다　優しい 상냥하다　きゅうり 오이　立派だ 훌륭하다　飲み会 회식　選ぶ 고르다
後輩 후배　ばら 장미

문형연습

track 03 07

○「명사의 보통형, 명사수식형」을 연습해 봅시다.

後輩(こうはい)は公務員(こうむいん)だ。

후배는 공무원이다.

彼(かれ)は昔(むかし)、警察官(けいさつかん)だった？

그는 예전에 경찰관이었어?

明日(あした)は運動会(うんどうかい)の日(ひ)です。

내일은 운동회 날입니다.

弁護士(べんごし)じゃない人(ひと)は入(はい)らないでください。

변호사가 아닌 사람은 들어오지 마세요.

先月(せんげつ)休(やす)みだった日(ひ)はいつでしたか。

지난 달 휴일이었던 날은 언제였습니까?

公務員 공무원
警察官 경찰관
運動会 운동회
弁護士 변호사

track 03 08

○「な형용사의 보통형, 명사수식형」을 연습해 봅시다.

明日(あした)は暇(ひま)だ。

내일은 한가하다.

大学生(だいがくせい)の時(とき)、幸(しあわ)せだった？

대학생 때 행복했어?

その歌手(かしゅ)は昔(むかし)、有名(ゆうめい)だった。

그 가수는 예전에 유명했다.

あまり安全(あんぜん)じゃない都市(とし)です。

그다지 안전하지 않은 도시입니다.

学生(がくせい)の時(とき)、好(す)きじゃなかった科目(かもく)は何(なん)ですか。

학생 때 좋아하지 않았던 과목은 무엇입니까?

大学生 대학생
幸せだ 행복하다
安全だ 안전하다
都市 도시
科目 과목

track 03 09

○「い형용사의 보통형, 명사수식형」을 연습해 봅시다.

このアイスクリームはとても甘(あま)い。

이 아이스크림은 아주 달다.

テストは易(やさ)しかった？

시험은 쉬웠어?

正(ただ)しくない文章(ぶんしょう)もあります。

바르지 않은 문장도 있습니다.

前(まえ)は辛(から)かった料理(りょうり)が今(いま)はあまり辛(から)くありません。

전에는 매웠던 요리가 지금은 그다지 맵지 않습니다.

昨年(さくねん)の夏(なつ)、暑(あつ)くなかった日(ひ)はあまりありませんでした。

작년 여름 덥지 않았던 날은 별로 없었습니다.

アイスクリーム 아이스크림
易しい 쉽다
正しい 바르다, 맞다
文章 문장

track 03 10

○「동사의 보통형, 명사수식형」을 연습해 봅시다.

忙(いそが)しくて今回(こんかい)のテストは受(う)けなかった。

바빠서 이번 시험은 보지 않았다.

クラスにタバコを吸(す)う学生(がくせい)はいません。

반에 담배를 피우는 학생은 없습니다.

会員(かいいん)を増(ふ)やさない方法(ほうほう)もあります。

회원을 늘리지 않는 방법도 있습니다.

この漫画(まんが)を読(よ)んで笑(わら)わない人(ひと)もいますか。

이 만화를 읽고 웃지 않는 사람도 있습니까?

先週(せんしゅう)、会議(かいぎ)に来(こ)なかった人(ひと)は誰(だれ)ですか。

지난 주 회의에 오지 않았던 사람은 누구입니까?

今回 이번
受ける (시험을) 치르다
会員 회원
増やす 늘리다
方法 방법
漫画 만화
笑う 웃다
会議 회의

연습 문제

1 보기와 같이 정중형을 보통형으로 바꿔 보세요.

> 보기 机(つくえ)の上(うえ)に猫(ねこ)がいます。 ➡ 机(つくえ)の上(うえ)に猫(ねこ)がいる。

① 今日(きょう)は天気(てんき)があまりよくありません。
➡ 今日(きょう)は天気(てんき)があまりよく ________________。

② 早(はや)く起(お)きなければなりません。 ➡ 早(はや)く起(お)きなければ ________________。

③ 昨日(きのう)は休(やす)みでした。 ➡ 昨日(きのう)は ________________。

④ 頭(あたま)が痛(いた)かったです。 ➡ 頭(あたま)が ________________。

⑤ 運動(うんどう)は好(す)きじゃありません。 ➡ 運動(うんどう)は ________________。

2 보기와 같이 보통형을 정중형으로 바꿔 보세요.

> 보기 明日(あした)は暇(ひま)だ。 ➡ 明日(あした)は暇(ひま)です。

① 警察官(けいさつかん)は来(こ)ない。 ➡ 警察官(けいさつかん)は ________________。

② 昨日(きのう)は土曜日(どようび)じゃなかった。 ➡ 昨日(きのう)は ________________。

③ 体(からだ)の具合(ぐあい)がよくなかった。 ➡ 体(からだ)の具合(ぐあい)が ________________。

④ 名前(なまえ)をひらがなで書(か)いた。 ➡ 名前(なまえ)をひらがなで ________________。

⑤ 彼(かれ)は真面目(まじめ)だった。 ➡ 彼(かれ)は ________________。

3 빈칸에 들어갈 알맞은 말을 써 보세요.

① タバコを＿＿＿＿＿＿＿＿＿＿は外(そと)に出(で)て吸(す)ってください。

담배를 피울 사람은 밖에 나가서 피워 주세요.

② ＿＿＿＿＿＿＿＿＿＿は食(た)べないほうがいいです。

매운 요리는 먹지 않는 편이 좋습니다.

③ バスに＿＿＿＿＿＿＿＿＿＿は車(くるま)で行(い)きます。

버스를 타지 않을 때에는 차로 갑니다.

④ ＿＿＿＿＿＿＿＿＿＿は誰(だれ)ですか。

대학생이 아닌 사람은 누구입니까?

⑤ ＿＿＿＿＿＿＿＿＿＿は運動(うんどう)をしました。

덥지 않았던 날은 운동을 했습니다.

⑥ ＿＿＿＿＿＿＿＿＿＿が他(ほか)の学校(がっこう)に行(い)きました。

좋아했던 선생님이 다른 학교에 갔습니다.

⑦ ＿＿＿＿＿＿＿＿＿＿に公園(こうえん)ができました。

병원이었던 곳에 공원이 생겼습니다.

⑧ ＿＿＿＿＿＿＿＿＿＿もあります。

안전하지 않은 제품도 있습니다.

4 잘 듣고 대답으로 알맞은 것을 고르세요. track 03 11

① ☐ ② ☐ ③ ☐

단어정리

track 03 12

- ☐ アイスクリーム 아이스크림
- ☐ 安全(あんぜん)だ 안전하다
- ☐ 受(う)ける (시험을) 치르다
- ☐ うん 응
- ☐ 運動会(うんどうかい) 운동회
- ☐ 選(えら)ぶ 고르다
- ☐ 会員(かいいん) 회원
- ☐ 会議(かいぎ) 회의
- ☐ 科目(かもく) 과목
- ☐ きゅうり 오이
- ☐ 警察官(けいさつかん) 경찰관
- ☐ 後輩(こうはい) 후배
- ☐ 公務員(こうむいん) 공무원
- ☐ 今回(こんかい) 이번
- ☐ 幸(しあわ)せだ 행복하다
- ☐ 大学生(だいがくせい) 대학생
- ☐ 正(ただ)しい 바르다, 맞다
- ☐ ちゃんと 확실히, 제대로
- ☐ できる 생기다
- ☐ どうしよう 어쩌지〈혼잣말〉
- ☐ 都市(とし) 도시
- ☐ にきび 여드름
- ☐ 値段(ねだん) 가격
- ☐ 飲(の)み会(かい) 회식
- ☐ 歯磨(はみが)き 양치
- ☐ ばら 장미
- ☐ ハンサムだ 잘생기다
- ☐ 増(ふ)やす 늘리다
- ☐ 文章(ぶんしょう) 문장
- ☐ 弁護士(べんごし) 변호사
- ☐ 方法(ほうほう) 방법
- ☐ 真面目(まじめ)だ 성실하다
- ☐ 漫画(まんが) 만화
- ☐ メイクを落(お)とす 화장을 지우다
- ☐ もしかして 혹시
- ☐ 易(やさ)しい 쉽다
- ☐ 優(やさ)しい 상냥하다
- ☐ 立派(りっぱ)だ 훌륭하다
- ☐ 笑(わら)う 웃다

UNIT 4

交通事故(こうつうじこ)があったんです。

교통사고가 있었거든요.

학습 내용

- 강조 ～んです
- 열거 ～し
- 이유·원인1 ～から
- 이유·원인2 ～ので
- 역접 ～のに

동영상 강의

track 04 01

1 交通事故(こうつうじこ)があったんです。

교통사고가 있었거든요.

~んです ~입니다, ~인 것입니다

「보통형+んです」는 어떤 상황을 설명하거나 이유를 말할 때, 설명을 요구할 때, 자신의 주장을 강하게 말할 때, 걱정스러운 마음 등 감정을 나타낼 때 사용합니다. 원래는 「~のです」인데 회화체에서는 「~んです」로 쓰입니다. 「~んです」는 보통형과 접속하는데, 명사와 な형용사의 현재 긍정형에 접속할 때는 「~なんです」가 되는 것에 주의합니다.

품사	접속 방법	접속 예
명사	보통형+んです	休(やす)みなんです 휴일이거든요
な형용사		暇(ひま)なんです 한가하거든요
い형용사		高(たか)いんです 비싸거든요
동사		飲(の)むんです 마실 거거든요

中学生(ちゅうがくせい)じゃありません。高校生(こうこうせい)なんです。 중학생이 아닙니다. 고등학생이거든요.

昨日(きのう)は風邪(かぜ)だったんだ。 어제는 감기였어.

昔(むかし)、その学校(がっこう)は有名(ゆうめい)だったんですが、今(いま)はあまり有名(ゆうめい)じゃありません。

옛날에 그 학교는 유명했지만, 지금은 별로 유명하지 않습니다.

旅行(りょこう)は楽(たの)しくありませんでした。体(からだ)の具合(ぐあい)が悪(わる)かったんです。

여행은 즐겁지 않았습니다. 몸 상태가 좋지 않았거든요.

原(はら)さんがどこにいるかわかりません。昨日(きのう)、授業(じゅぎょう)にも来(こ)なかったんです。

하라 씨가 어디 있는지 모릅니다. 어제 수업에도 안 왔거든요.

交通事故 교통사고　　中学生 중학생　　高校生 고교생, 고등학생

회화체크

track 04 02

A 今日(きょう)はどうして遅(おく)れたんですか。

B 会社(かいしゃ)の近(ちか)くで交通事故(こうつうじこ)があったんです。

A え！ 村上(むらかみ)さんは大丈夫(だいじょうぶ)ですか。

B はい、大丈夫(だいじょうぶ)です。

A　오늘은 왜 늦은 겁니까?

B　회사 근처에서 교통사고가 있었거든요.

A　어! 무라카미 씨는 괜찮아요?

B　네, 괜찮습니다.

Mini test

보기와 같이 바꿔 보세요.

보기 行(い)きましたか。 → 昨日(きのう)、どこに<u>行(い)ったんですか</u>。 어제 어디에 갔던 겁니까?

① 暇(ひま)でした。 → 先週(せんしゅう)は＿＿＿＿＿＿＿＿。 지난주는 한가했거든요.

② よくなかったです。 → 旅行(りょこう)の時(とき)、天気(てんき)が＿＿＿＿＿＿＿＿。
여행할 때 날씨가 좋지 않았거든요.

③ 吸(す)いますか。 → タバコを＿＿＿＿＿＿＿＿。 담배를 피운단 말입니까?

④ 誕生日(たんじょうび)です。 → 明日(あした)は＿＿＿＿＿＿＿＿。 내일은 생일이거든요.

遅れる 늦다

track 04 03

2 頭(あたま)も痛(いた)いし、鼻水(はなみず)も出(で)るし、熱(ねつ)もあるんです。

머리도 아프고 콧물도 나오고, 열도 있거든요.

～し ～하고, ～이고

「보통형+し」는 '~하고, ~이고'라는 뜻으로 상태나 동작을 열거할 때 쓰입니다. 단순 열거와 달리 '게다가'라는 뜻이 포함되어 좋은 일은 더 좋게, 나쁜 일은 더 나쁘게 첨가하는 의미를 가집니다. 따라서 첨가를 나타내는 조사「も」, 이유와 근거를 나타내는「～んです」와 함께 쓰이는 경우가 많습니다.

店員(てんいん)も親切(しんせつ)だし、料理(りょうり)もおいしいし、とてもいいお店(みせ)です。

점원도 친절하고, 요리도 맛있고, 아주 좋은 가게입니다.

宮部(みやべ)先輩(せんぱい)とは一緒(いっしょ)に勉強(べんきょう)もしたし、お茶(ちゃ)も飲(の)んだし、仲(なか)がよかったんです。

미야베 선배와는 함께 공부도 했고, 차도 마셨고, 사이가 좋았거든요.

風(かぜ)も強(つよ)かったし、大雨(おおあめ)も降(ふ)ったし、旅行(りょこう)はあまり楽(たの)しくありませんでした。

바람도 강했고, 큰 비도 내렸고, 여행은 그다지 즐겁지 않았습니다.

tip 열거를 나타내는 표현

- ～て ~하고

「동사의 て형+て」는 시간의 순서에 따라 동작을 나열합니다.

朝(あさ)起(お)きて、ご飯(はん)を食(た)べて、学校(がっこう)へ行(い)きました。 아침에 일어나서 밥을 먹고, 학교에 갔습니다.

- ～たり ~하거나, ~하기도 하고

「동사의 た형+たり」는 시간의 순서와 관계없이 행동의 예를 나열합니다.

週末(しゅうまつ)は外食(がいしょく)をしたり、掃除(そうじ)をしたりします。 주말에는 외식을 하거나 청소를 하거나 합니다.

鼻水 콧물　熱 열　親切だ 친절하다　先輩 선배(님)　仲 사이　大雨 큰 비　週末 주말　外食 외식

회화체크

track 04 04

A どうしたんですか。体(からだ)の具合(ぐあい)でも悪(わる)いんですか。

B はい、頭(あたま)も痛(いた)いし、鼻水(はなみず)も出(で)るし、熱(ねつ)もあるんです。

A 病院(びょういん)に行(い)かなくても大丈夫(だいじょうぶ)ですか。

B 昼休(ひるやす)みに行(い)ってみます。

A 왜 그러세요? 몸 상태라도 안 좋은 겁니까?
B 네, 머리도 아프고, 콧물도 나오고, 열도 있거든요.
A 병원에 가지 않아도 괜찮겠어요?
B 점심시간에 가 보겠습니다.

tip どうしたんですか

'왜 그러세요?, 무슨 일입니까?, 어떤 일이십니까?'라는 뜻으로 상대방의 모습이나 상황을 살핀 후 안부를 묻는 표현입니다.

Mini test

보기와 같이 바꿔 보세요.

보기 きれいだ / 安(やす)い ➡ このカフェはきれいだし、値段(ねだん)も安(やす)いし、おいしいです。
이 카페는 예쁘고 가격도 싸고 맛있습니다.

① せきも出(で)る / 目(め)も赤(あか)い ➡ せきも＿＿＿＿＿＿、目(め)も＿＿＿＿＿＿、今日(きょう)は休(やす)みます。
기침도 나고 눈도 빨갛고 오늘은 쉬겠습니다.

② 疲(つか)れる / 眠(ねむ)い ➡ ＿＿＿＿＿＿、＿＿＿＿＿＿、早(はや)く家(いえ)に帰(かえ)りたかった。
피곤했고 졸렸고 빨리 집에 가고 싶었다.

③ 料理(りょうり)も作(つく)る / 掃除(そうじ)もする ➡ 料理(りょうり)も＿＿＿＿＿＿、掃除(そうじ)も＿＿＿＿＿＿、休(やす)んでもいいですか。
요리도 만들었고 청소도 했고 쉬어도 됩니까?

昼休み 점심시간　カフェ 카페　せき 기침　疲れる 피곤하다　眠い 졸리다

track 04 05

3 割引クーポンがありますから。

할인 쿠폰이 있으니까요.

～から ～니까, ～때문에

「보통형·정중형+から」는 '~니까, ~때문에'라는 뜻으로, 이유나 원인, 말하는 이의 판단 및 의도의 근거를 나타냅니다. 각 품사의 보통형 및 정중형과 접속합니다.

품사	접속 방법	접속 예
명사	보통형 / 정중형+から	休みだから / 休みですから 휴일이니까
な형용사		暇だから / 暇ですから 한가하니까
い형용사		高いから / 高いですから 비싸니까
동사		飲むから / 飲みますから 마시니까

最近、寝不足だから寝る時間がほしい。 최근 수면 부족이라서 잘 시간을 원한다.

その学生は真面目ですから成績がいいです。 그 학생은 성실하기 때문에 성적이 좋습니다.

昨日は体の調子が悪かったから早く帰りました。
어제는 몸 상태가 나빠서 일찍 귀가했습니다.

この雑誌、捨てないで。後で読むから。 이 잡지 버리지 마. 나중에 읽을 거니까.

> tip
>
> 「～から」는 문장 끝에 위치하여 「～からです(~때문입니다)」로 문장을 끝맺는 경우가 많습니다.
>
> タクシーに乗ったのは時間がなかったからです。 택시를 탄 건 시간이 없었기 때문입니다.

割引 할인　　クーポン 쿠폰　　最近 최근　　寝不足 수면 부족　　ほしい 원하다, 바라다　　成績 성적　　調子 상태

회화 체크

track 04 06

A 一緒に買い物に行きませんか。
向かいのデパート、今日からバーゲンセールなんです。

B そのデパートはバーゲンでも高いんじゃないですか。

A 心配しないでください。割引クーポンがありますから。

B じゃ、午後暇ですから行ってみましょう。

A　같이 쇼핑하러 안 갈래요? 건너편 백화점, 오늘부터 바겐세일이에요.
B　그 백화점은 바겐세일이라도 비싸지 않나요?
A　걱정하지 마세요. 할인 쿠폰이 있으니까요.
B　그럼, 오후에 한가하니까 가봅시다.

Mini test

보기와 같이 바꿔 보세요.

보기 迎えに行く ⇨ 迎えに行くから一緒に映画を見に行こう。
마중하러 갈 테니까 함께 영화를 보러 가자.

① ハンサムだ ⇨ 彼は＿＿＿＿＿＿＿＿人気がある。 그는 잘생겼기 때문에 인기가 있다.

② 忙しい ⇨ ＿＿＿＿＿＿＿＿パーティーに行かなかった。 바빴기 때문에 파티에 안 갔다.

③ 飲む ⇨ 私はお酒を＿＿＿＿＿＿＿＿コーヒーを飲む。
나는 술을 안 마시니까 커피를 마실래.

④ 休み ⇨ 明日＿＿＿＿＿＿＿＿遊びに行こう。 내일 휴일이니까 놀러 가자.

向かい 건너편　　バーゲンセール 바겐세일

track 04 07

4 この製品(せいひん)は画面(がめん)が大(おお)きいのでとても人気(にんき)なんですよ。

이 제품은 화면이 커서 아주 인기입니다.

～ので ～니까, ～때문에

「보통형·정중형+ので」는 「～から」와 마찬가지로 '~니까, ~때문에'라는 뜻으로 이유나 원인, 말하는 이의 판단 및 의도의 근거를 말할 때 쓰입니다. 각 품사의 보통형 및 정중형과 접속하며, 명사와 な형용사의 현재 보통형에 접속할 때는 「～なので」가 되는 점에 주의합니다.

품사	접속 방법	접속 예
명사	보통형 / 정중형+ので	休(やす)みなので / 休(やす)みですので 휴가니까
な형용사		暇(ひま)なので / 暇(ひま)ですので 한가하니까
い형용사		高(たか)いので / 高(たか)いですので 비싸니까
동사		飲(の)むので / 飲(の)みますので 마시니까

学生(がくせい)なので試験勉強(しけんべんきょう)をしなければならない。 학생이기 때문에 시험공부를 해야만 한다.

このお店(みせ)は有名(ゆうめい)なのでいつも人(ひと)が多(おお)いです。 이 가게는 유명해서 늘 사람이 많습니다.

体(からだ)の調子(ちょうし)が悪(わる)いので明日(あした)休(やす)んでもいい? 몸 상태가 나쁜데 내일 쉬어도 돼?

約束(やくそく)がありますので先(さき)に帰(かえ)ってもいいですか。 약속이 있는데 먼저 돌아가도 됩니까?

tip ～ので와 ～から의 차이점

- 「～から」는 친한 사이, 사적인 자리에서 많이 쓰이며 약간 아이 같은 말투의 느낌을 줍니다. 「～ので」는 친하지 않은 사이, 공적인 자리에서 쓰이며 정중한 느낌을 줍니다.
- '~이기 때문입니다'라는 표현은 「～からです」만 가능하며, 「～のでです」라고 쓰지 않습니다.
  薬(くすり)を飲(の)んだのは頭(あたま)が痛(いた)かったからです。(○) 약을 먹은 건 머리가 아팠기 때문입니다.
  薬(くすり)を飲(の)んだのは頭(あたま)が痛(いた)かったのでです。(×)

画面 화면　　人気 인기

회화 체크

track 04 08

A: その赤(あか)いスマホを見(み)せてください。

B: これですか。この製品(せいひん)は画面(がめん)が大(おお)きいのでとても人気(にんき)なんですよ。

A: そうですか。じゃ、それにします。

B: 新(あたら)しいのを持(も)ってきますので、こちらにどうぞ。

A　그 빨간 스마트폰을 보여 주세요.
B　이거요? 이 제품은 화면이 커서 아주 인기입니다.
A　그래요? 그럼, 그걸로 할게요.
B　새 것을 가지고 올테니 이쪽에 앉으세요.

tip ～にする ～로 하다

「명사+にする」는 선택, 결정할 때 사용하는 표현입니다.

私(わたし)はうどんとてんぷらにします。 나는 우동과 튀김으로 하겠습니다.

Mini test

보기와 같이 바꿔 보세요.

보기 高(たか)い ➡ 値段(ねだん)が高(たか)かったので買(か)わなかった。 가격이 비쌌기 때문에 사지 않았다.

① ある ➡ 用事(ようじ)が＿＿＿＿＿＿＿＿お先(さき)に失礼(しつれい)します。 볼 일이 있어 먼저 실례하겠습니다.

② バーゲンセール中(ちゅう) ➡ ＿＿＿＿＿＿＿＿安(やす)い。 바겐세일 중이라서 싸다.

③ ハンサムだ ➡ その先生(せんせい)は＿＿＿＿＿＿＿＿人気(にんき)が高(たか)かった。
그 선생님은 잘생겼기 때문에 인기가 많았다.

用事 볼일　　失礼する 실례하다

track 04 09

5 一生懸命勉強したのに試験に落ちたんです。

いっしょうけんめいべんきょう / しけん / お

열심히 공부했는데도 시험에 떨어졌거든요.

～のに ～데도

「보통형+のに」는 '~데도, ~한데'라는 뜻으로, 기대하거나 예상한 바와 다른 결과가 나타나 뜻밖이라는 놀람이나 불만, 유감의 의미를 나타냅니다. 각 품사의 보통형에 접속하지만, 명사와 な형용사의 현재 보통형은 「～なのに」가 되는 점에 주의합니다.

품사	접속 방법	접속 예
명사	보통형+のに	休(やす)みなのに 휴가인데도
な형용사		暇(ひま)なのに 한가한데도
い형용사		高(たか)いのに 비싼데도
동사		飲(の)むのに 마시는데도

夏(なつ)なのにあまり暑(あつ)くありません。 여름인데도 별로 덥지 않습니다.

この町(まち)は普段(ふだん)はにぎやかなのに今日(きょう)は人(ひと)がいません。

이 마을은 평소에는 북적거리는데 오늘은 사람이 없습니다.

このレストランはおいしくないのに有名(ゆうめい)です。 이 레스토랑은 맛없는데도 유명합니다.

せっかく行(い)ったのに博物館(はくぶつかん)は休(やす)みでした。 모처럼 갔는데 박물관은 휴일이었습니다.

tip ～のに와 ～が의 차이

「～のに」는 뜻밖임, 놀람, 불만 등 감정을 나타내는 말이지만, 「～が」는 사실만을 나타내며 감정적 의미를 포함하지 않습니다. 아래의 두 문장은 모두 "약속을 했는데 오지 않았습니다"이지만 의미에는 차이가 있습니다.

約束(やくそく)をしたのに来(こ)なかった。〈약속을 했고 올 거라 예상했는데 어긋남〉

約束(やくそく)をしたが、来(こ)なかった。〈약속을 했지만 오지 않았다는 단순 사실만 나타냄〉

落ちる 떨어지다　普段 평상시, 평소　せっかく 모처럼　博物館 박물관

회화체크

track 04 10

A どうしたんですか。

B 一生懸命(いっしょうけんめい)勉強(べんきょう)したのに試験(しけん)に落(お)ちたんです。

A でも試験(しけん)は来年(らいねん)もありますから元気出(げんきだ)してください。

B もう10年目(ねんめ)ですよ。今年(ことし)は合格(ごうかく)したかったのに…。

A 무슨 일 있어요?
B 열심히 공부했는데도 시험에 떨어졌거든요.
A 하지만 시험은 내년에도 있으니까 힘내세요.
B 벌써 10년째입니다. 올해는 합격하고 싶었는데….

Mini test

보기와 같이 바꿔 보세요.

보기 バーゲンセール ➡ バーゲンセールなのに値段(ねだん)が高(たか)いです。 바겐세일인데도 가격이 비쌉니다.

① 起(お)きる ➡ 早(はや)く＿＿＿＿＿＿＿＿遅刻(ちこく)しました。 일찍 일어났는데도 지각했습니다.

② 待(ま)つ ➡ 1時間(じかん)も＿＿＿＿＿＿＿＿友達(ともだち)は来(き)ませんでした。
1시간이나 기다렸는데도 친구는 오지 않았습니다.

③ 寒(さむ)い ➡ こんなに＿＿＿＿＿＿＿＿彼(かれ)は半(はん)そでを着(き)て出(で)かけた。
이렇게 추운데도 그는 반팔을 입고 나갔다.

④ きれいだ ➡ ＿＿＿＿＿＿＿＿吉田(よしだ)さんはまた家(いえ)の掃除(そうじ)をしています。
깨끗한데도 요시다 씨는 또 집 청소를 하고 있습니다.

遅刻する 지각하다　　半そで 반팔　　出かける 나가다, 외출하다

문형연습

track 04 11

「～んです」를 연습해 봅시다.

私(わたし)じゃないです。木村君(きむらくん)が食(た)べたんです。

내가 아닙니다. 기무라 군이 먹었단 말이에요.

このパン、食(た)べてみて。とてもおいしいんだ。

이 빵 먹어 봐. 엄청 맛있거든.

このアプリはあまり便利(べんり)じゃないんですよ。

이 앱은 그다지 편리하지 않거든요.

どうしたんですか。

어떻게 된 겁니까? (무슨 일입니까?)

何(なに)かあったんですか。

무슨 일 있어요?

アプリ 앱, 어플

track 04 12

「～し」를 연습해 봅시다.

高(たか)いし、重(おも)いし、そのかばんは買(か)いません。

비싸고 무겁고, 그 가방은 사지 않겠습니다.

この家(いえ)は日当(ひあ)たりもいいし、安(やす)いです。

이 집은 햇볕도 잘 들고 쌉니다.

広(ひろ)いし、きれいだし、それに駅(えき)からも近(ちか)いし、いいね。

넓고 깨끗하고, 게다가 역에서도 가깝고 좋네.

勉強(べんきょう)もしなかったし、時間(じかん)もなかったし、試験(しけん)はだめでした。

공부도 안했고 시간도 없었고 시험은 망쳤습니다.

犬(いぬ)じゃないし、ねこじゃないし、このぬいぐるみはいったい何(なに)？

개도 아니고 고양이도 아니고, 이 봉제인형은 도대체 뭐야?

日当たり 볕이 듦
だめだ 소용없다, 좋지 않다
それに 게다가
ぬいぐるみ 봉제인형
いったい 도대체

track 04 13

「～ から・～ので」를 연습해 봅시다.

スーパーは今日休みだよ。月曜日だから。

슈퍼마켓은 오늘 휴일이야. 월요일이니까.

授業中ですから静かにしてください。

수업 중이니까 조용히 해 주세요.

風邪を引いたので授業を休みました。

감기에 걸려서 수업을 쉬었습니다.

今日は体の調子がよくないので、また今度お願いします。

오늘은 몸 상태가 좋지 않으니 다음에 다시 부탁드립니다.

明日病院に行くので会議に少し遅れます。

내일 병원에 갈 거라 회의에 조금 늦겠습니다.

スーパー
슈퍼마켓

風邪を引く
감기에 걸리다

今度 이 다음, 이번

track 04 14

「～のに」를 연습해 봅시다.

姉は日曜日なのに仕事に行きました。

언니는 일요일인데도 일하러 갔습니다.

石田さんは元気なのにいつも薬を飲みます。

이시다 씨는 건강한데도 늘 약을 먹습니다.

林君は頭がいいのに成績がよくありません。

하야시 군은 머리가 좋은데도 성적이 좋지 않습니다.

薬を飲んだのに全然治りません。

약을 먹었는데도 전혀 낫지 않습니다.

１０時間も寝たのにまだ眠いです。

10시간이나 잤는데도 아직 졸립니다.

治る 낫다

연습 문제

1 (　　) 안의 단어를 사용해 보기와 같이 답해 보세요.

> 보기
> A どうして早(はや)く帰(かえ)るんですか。(子供(こども)の誕生日(たんじょうび)です)
> B 今日(きょう)は子供(こども)の誕生日(たんじょうび)なんです。

① A どうしてその映画(えいが)を見(み)ないんですか。(好(す)きじゃありません)
　B 怖(こわ)い映画(えいが)は ______________________。

② A 山田(やまだ)さんはどうしてそんなに忙(いそが)しいんですか。(分(わ)かりません)
　B 私(わたし)も ______________________。

③ A パーティーにどうして来(こ)なかったんですか。(忙(いそが)しいです)
　B ______________________。

2 보기와 같이 바꿔 보세요.

> 보기
> 軽(かる)いです / 便利(べんり)です
> ➡ このかばんは軽(かる)いし、便利(べんり)だし、それに安(やす)いです。

① おいしくありません / 高(たか)いです
➡ その店(みせ)は __________、__________、それに親切(しんせつ)じゃありません。

② 寒(さむ)かったです / 雨(あめ)でした
➡ 昨日(きのう)は __________、__________、傘(かさ)もなかったです。

③ 疲(つか)れました / 風邪(かぜ)も引(ひ)きました
➡ __________、__________、大変(たいへん)な一日(いちにち)だったんです。

3 보기와 같이 바꿔 보세요.

> 보기
> 約束があります。お先に失礼します。
> ➡ 約束があるのでお先に失礼します。

① 韓国語は上手じゃありません。日本語で話してもいいですか。

➡ 韓国語は＿＿＿＿＿＿＿＿＿＿日本語で話してもいいですか。

② 母の誕生日でした。花を買いました。

➡ 母の＿＿＿＿＿＿＿＿＿＿花を買いました。

③ テレビを見ませんでした。知りませんでした。

➡ テレビを＿＿＿＿＿＿＿＿＿＿知りませんでした。

4 빈칸에 들어갈 알맞은 말을 써 보세요.

① ＿＿＿＿＿＿＿＿会社に行かなければなりません。 일요일인데도 회사에 가지 않으면 안 됩니다.

② このアプリは＿＿＿＿＿＿＿＿あまり人気がない。 이 앱은 편리한데도 별로 인기가 없다.

③ せっかくケーキを＿＿＿＿＿＿＿＿おいしくありません。

모처럼 케이크를 만들었는데 맛이 없습니다.

④ 彼は＿＿＿＿＿＿＿＿コートを着た。 그는 춥지 않은데도 코트를 입었다.

5 잘 듣고 대답으로 알맞은 것을 고르세요. track 04 15

① ☐ ② ☐ ③ ☐

단어정리

track 04 16

- ☐ アプリ 앱, 어플
- ☐ いったい 도대체
- ☐ 大雨(おおあめ) 큰 비
- ☐ 遅(おく)れる 늦다
- ☐ 落(お)ちる 떨어지다
- ☐ 外食(がいしょく) 외식
- ☐ 風邪(かぜ)を引(ひ)く 감기에 걸리다
- ☐ カフェ 카페
- ☐ 画面(がめん) 화면
- ☐ クーポン 쿠폰
- ☐ 高校生(こうこうせい) 고교생, 고등학생
- ☐ 交通事故(こうつうじこ) 교통사고
- ☐ 今度(こんど) 이 다음, 이번
- ☐ 最近(さいきん) 최근
- ☐ 失礼(しつれい)する 실례하다
- ☐ 週末(しゅうまつ) 주말
- ☐ 親切(しんせつ)だ 친절하다
- ☐ スーパー 슈퍼마켓
- ☐ 成績(せいせき) 성적
- ☐ せき 기침
- ☐ せっかく 모처럼
- ☐ 先輩(せんぱい) 선배(님)
- ☐ それに 게다가
- ☐ だめだ 소용없다, 좋지 않다
- ☐ 遅刻(ちこく)する 지각하다
- ☐ 中学生(ちゅうがくせい) 중학생
- ☐ 調子(ちょうし) 상태
- ☐ 疲(つか)れる 피곤하다
- ☐ 出(で)かける 나가다, 외출하다
- ☐ 治(なお)る 낫다
- ☐ 仲(なか) 사이
- ☐ 人気(にんき) 인기
- ☐ ぬいぐるみ 봉제인형
- ☐ 熱(ねつ) 열
- ☐ 寝不足(ねぶそく) 수면 부족
- ☐ 眠(ねむ)い 졸리다
- ☐ バーゲンセール 바겐세일
- ☐ 博物館(はくぶつかん) 박물관
- ☐ 鼻水(はなみず) 콧물
- ☐ 半(はん)そで 반팔
- ☐ 日当(ひあ)たり 볕이 듦
- ☐ 昼休(ひるやす)み 점심시간
- ☐ 普段(ふだん) 평상시, 평소
- ☐ ほしい 원하다, 바라다
- ☐ 向(む)かい 건너편
- ☐ 用事(ようじ) 볼일
- ☐ 割引(わりびき) 할인

UNIT 5

林(はやし)さんにもあげますね。

하야시 씨에게도 줄게요.

학습 내용

- 물건 주고받기 あげる
- 물건 주고받기 くれる
- 물건 주고받기 もらう

동영상 강의

문형체크

track 05 01

1 林(はやし)さんにもあげますね。

하야시 씨에게도 줄게요.

あげる 주다

「あげる」는 어떤 물건이나 소유권을 '내'가 '남'에게 줄 때 사용합니다. 또한 '남'이 '남'에게(제3자가 제3자에게) 주는 행위를 객관적으로 나타낼 때도 사용합니다. '~에게 ~을/를 주다'라는 패턴으로 쓰이며, '~에게'에 해당하는 말로 조사 「に」를 씁니다.

私(わたし)は友達(ともだち)にケーキをあげました。 나는 친구에게 케이크를 줬습니다.

父(ちち)は母(はは)にプレゼントで花(はな)をあげました。 아빠는 엄마에게 선물로 꽃을 줬습니다.

中村(なかむら)さんが森(もり)さんにノートをあげました。 나카무라 씨가 모리 씨에게 노트를 줬습니다.

PLUS

- **差(さ)し上(あ)げる 드리다**

「あげる」는 주는 상대가 누구냐에 따라 다른 말로 바꿔 쓰는 경우가 있습니다. 손윗사람에게는 「差(さ)し上(あ)げる(드리다)」를 쓰며, 동물, 식물 등에는 「やる」를 쓰기도 합니다.

私(わたし)は田中社長(たなかしゃちょう)にワインを差(さ)し上(あ)げました。 나는 다나카 사장님에게 와인을 드렸습니다.

私(わたし)は犬(いぬ)にえさをやりました。 나는 개에게 사료를 줬습니다.

- **~に ~에, ~하러, ~로, ~에게**

조사 「~に」는 날짜, 시간, 위치, 장소, 행선지(목적지), 행위의 목적 등의 뜻으로 쓰입니다.

朝(あさ)6時(じ)に起(お)きました。 아침 6시에 일어났습니다. 〈시간〉

テーブルの上(うえ)にねこがいます。 테이블 위에 고양이가 있습니다. 〈위치〉

図書館(としょかん)に行(い)きます。 도서관에 갑니다. 〈행선지〉

かばんを買(か)いに行(い)きます。 가방을 사러 갑니다. 〈행위의 목적〉

妹(いもうと)に新聞(しんぶん)をあげました。 여동생에게 신문을 줬습니다. 〈행위의 대상〉

プレゼント 선물　差し上げる 드리다　社長 사장(님)　ワイン 와인　えさ 사료, 먹이

회화 체크

track 05 02

A 本田(ほんだ)さん、何(なに)を作(つく)っているんですか。

B マカロンを作(つく)っています。友達(ともだち)にあげるんです。

A 手作(てづく)りですか。すごいですね。

B いえいえ、そんなに難(むずか)しくないですよ。
たくさん作(つく)るので林(はやし)さんにもあげますね。

A　혼다 씨, 뭘 만들고 있어요?

B　마카롱을 만들고 있습니다. 친구에게 줄 거예요.

A　손수 만드는 거예요? 대단하네요.

B　아뇨아뇨, 그렇게 어렵지 않아요. 많이 만들거니까 하야시 씨에게도 줄게요.

Mini test

보기와 같이 빈칸에 들어갈 알맞은 말을 써 보세요.

보기 나는 아이에게 과자를 줬습니다. ➡ 私(わたし)は子供(こども)にお菓子(かし)をあげました。

① 하라 씨는 이토 씨에게 스카프를 줬습니다.
➡ 原(はら)さん____伊藤(いとう)さん____スカーフを________________。

② 친구 생일에 화장품을 주고 싶습니다.
➡ 友達(ともだち)の誕生日(たんじょうび)____化粧品(けしょうひん)を________________。

③ 후배 생일에 선물을 주지 않았습니다.
➡ 後輩(こうはい)の誕生日(たんじょうび)____プレゼントを________________。

マカロン 마카롱　手作り 손수 만드는 것, 수제　すごい 대단하다　いえ 아뇨　お菓子 과자　スカーフ 스카프
化粧品 화장품

track 05 03

2 友達(ともだち)がくれたものです。

친구가 준 거에요.

くれる 주다

「くれる」도 「あげる」와 같이 '주다'라는 뜻입니다. 하지만 「あげる」와 달리 '남'이 '나'에게 줄 때 사용합니다. 이 때, '나'란 나와 가까운 관계에 있는 사람(가족, 동료, 친구 등)을 포함합니다. 즉, 제3자간에 「くれる」가 쓰였을 때는 받는 쪽이 '나'와 가까운 관계에 있음을 알 수 있습니다. 남이 나에게 준 경우에는 「私(わたし)に」를 생략하는 경우가 많습니다.

林(はやし)さんが(私(わたし)に)ゆびわをくれました。 하야시 씨가 (나에게) 반지를 줬습니다.

友達(ともだち)が(私(わたし)に)映画(えいが)のチケットをくれました。 친구가 (나에게) 영화 티켓을 줬습니다.

隣(となり)の子供(こども)が私(わたし)の娘(むすめ)にぶどうをくれました。 옆집 아이가 내 딸에게 포도를 줬습니다.

PLUS

- くださる 주시다

  손윗사람이 나를 포함한 내 그룹에 줄 경우는 「くださる」라는 존경표현을 씁니다. 「くださる(주십니다)」의 정중형은 「くださいます(주십니다), くださいました(주셨습니다)」로 특수 활용을 합니다.

  部長(ぶちょう)は誕生日(たんじょうび)プレゼントでいつもワインをくださいます。 부장님은 생일선물로 항상 와인을 주십니다.

  中村先生(なかむらせんせい)が娘(むすめ)に絵本(えほん)をくださいました。 나카무라 선생님이 딸에게 그림책을 주셨습니다.

くれる 주다　ゆびわ 반지　チケット 티켓　娘 딸　ぶどう 포도　くださる 주시다　部長 부장(님)
絵本 그림책

회화 체크

track 05 04

A その赤(あか)いスカーフ、かわいいですね。

B あ、これ、友達(ともだち)がくれたものなんです。

A 山下(やました)さん、もしかして誕生日(たんじょうび)だったんですか。

B いいえ、旅行(りょこう)のお土産(みやげ)です。

A　그 빨간 스카프 예쁘네요.
B　아, 이거 친구가 준 거예요.
A　야마시타 씨, 혹시 생일이었던 겁니까?
B　아뇨, 여행 기념 선물입니다.

Mini test

보기와 같이 빈칸에 들어갈 알맞은 말을 써 보세요.

보기 엄마는 나에게 콘서트 티켓을 줬습니다.
➡ 母(はは)は私(わたし)にコンサートのチケットをくれました。

① 하라 씨는 남동생에게 손목시계를 줬습니다.
➡ 原(はら)さん____弟(おとうと)____腕時計(うでどけい)を________________。

② 혼다 씨는 우리들에게 주스를 줬습니다.
➡ 本田(ほんだ)さん____私(わたし)たち____ジュースを________________。

③ 아빠는 나에게 용돈을 주지 않았습니다.
➡ 父(ちち)____私(わたし)____お小遣(こづか)いを________________。

お土産 특산물, 선물, 기념 선물　　コンサート 콘서트　　腕時計 손목시계　　～たち ～들　　ジュース 주스
お小遣い 용돈

track 05 05

3 パン屋(や)からもらいました。

빵집에서 받았어요.

もらう 받다

'주다'는 누가 주느냐에 따라「あげる, くれる」로 구분하여 사용하지만 '받다'는「もらう」한 가지 밖에 없습니다. 내가 받는 경우에는「私(わたし)は」를 생략하는 경우가 많습니다. '~에게 받다'라는 표현을 할 때 '~에게'에 해당하는 말로 조사「~に」를 쓰는데, 단체나 회사로부터 받는 경우에는「~から」를 쓰고, 사람에게 받을 때는「~に」,「~から」둘 다 쓸 수 있습니다.

(私(わたし)は)母(はは)にお小遣(こづか)いをもらいました。 (나는) 엄마에게 용돈을 받았습니다.

森(もり)さんは木村(きむら)さんに自転車(じてんしゃ)をもらいました。 모리 씨는 기무라 씨에게 자전거를 받았습니다.

父(ちち)は会社(かいしゃ)からボーナスをもらいました。 아빠는 회사에서 보너스를 받았습니다.

課長(かちょう)から資料(しりょう)をもらいました。 과장님에게 자료를 받았습니다.

PLUS

- **いただく 받다**

  나 및 나의 그룹이 손윗사람에게 받을 때는 もらう의 겸손한 말인「いただく」를 씁니다.

  部長(ぶちょう)にワインをいただきました。 부장님에게 와인을 받았습니다.

もらう 받다　自転車 자전거　ボーナス 보너스　課長 과장(님)　資料 자료　いただく 받다

회화 체크

track 05 06

A 松本(まつもと)さん、これ一枚(いちまい)どうぞ。

B え、これは何(なん)ですか。

A 割引(わりびき)クーポンです。となりのパン屋(や)からもらいました。

B 私(わたし)がもらってもいいんですか。どうもありがとう。

A　마쓰모토 씨, 이거 한 장 드릴게요.

B　어? 이건 뭔가요?

A　할인 쿠폰이에요. 옆 빵집에서 받았어요.

B　제가 받아도 되나요? 정말 고마워요.

Mini test

보기와 같이 빈칸에 들어갈 알맞은 말을 써 보세요.

보기 대학원에서 장학금을 받았습니다. ➡ 大学院(だいがくいん)から奨学金(しょうがくきん)をもらいました。

① 나는 친구에게 만년필을 받았습니다.
➡ 私(わたし)______友達(ともだち)______万年筆(まんねんひつ)を______________________。

② 올해 생일선물은 무엇을 받았습니까?
➡ 今年(ことし)の誕生日(たんじょうび)プレゼントは何(なに)を______________________。

③ 고등학생 때는 용돈을 받지 않았습니다.
➡ 高校生(こうこうせい)の時(とき)はお小遣(こづか)いを______________________。

～枚 ～장　　大学院 대학원　　奨学金 장학금　　万年筆 만년필

track 05 07

○「あげる」를 연습해 봅시다.

私は坂口さんにチョコレートをあげました。
나는 사카구치 씨에게 초콜릿을 줬습니다.

姉の誕生日にサングラスをあげたいです。
언니 생일에 선글라스를 주고 싶습니다.

彼には何もあげたくありません。
그에게는 아무것도 주고 싶지 않습니다.

木村さんは鈴木さんにネクタイをあげましたか。
기무라 씨는 스즈키 씨에게 넥타이를 줬습니까?

子犬にえさをあげました。
강아지에게 사료를 줬습니다.

チョコレート 초콜릿
サングラス 선글라스
子犬 강아지

track 05 08

○「くれる」를 연습해 봅시다.

坂口さんは私にチョコレートをくれました。
사카구치 씨는 나에게 초콜릿을 줬습니다.

隣の中田さんが主人にワインをくれました。
옆집 나카타 씨가 남편에게 와인을 줬습니다.

おいしいケーキをくれてありがとう。
맛있는 케이크를 줘서 고마워.

クリスマスに彼女は何もくれませんでした。
크리스마스에 여자친구는 아무것도 주지 않았습니다.

木村さんは姉に香水をくれました。
기무라 씨는 누나에게 향수를 줬습니다.

主人 남편
彼女 그녀, 여자친구
香水 향수

track 05 09

○「もらう」를 연습해 봅시다.

私(わたし)は坂口(さかぐち)さんにチョコレートをもらいました。

나는 사카구치 씨에게 초콜릿을 받았습니다.

この手袋(てぶくろ)は友達(ともだち)からもらったものです。

이 장갑은 친구에게 받은 것입니다.

今年(ことし)は一生懸命(いっしょうけんめい)勉強(べんきょう)して、学校(がっこう)から奨学金(しょうがくきん)をもらいたいです。

올해는 열심히 공부해서 학교에서 장학금을 받고 싶습니다.

私(わたし)は学校(がっこう)から百科事典(ひゃっかじてん)をもらいました。

나는 학교에서 백과사전을 받았습니다.

私(わたし)も会社(かいしゃ)からボーナスをもらいたい。

나도 회사에서 보너스를 받고 싶다.

手袋 장갑

百科事典 백과사전

track 05 10

○「やる・差(さ)し上(あ)げる・くださる・いただく」를 연습해 봅시다.

朝(あさ)、花(はな)に水(みず)をやりました。

아침에 꽃에 물을 줬습니다.

私(わたし)は先生(せんせい)にお土産(みやげ)を差(さ)し上(あ)げました。

나는 선생님에게 선물을 드렸습니다.

先生(せんせい)は私(わたし)に手作(てづく)りのケーキをくださいました。

선생님은 나에게 손수 만든 케이크를 주셨습니다.

私(わたし)は先生(せんせい)から手作(てづく)りのケーキをいただきました。

나는 선생님에게 손수 만든 케이크를 받았습니다.

先生(せんせい)に論文(ろんぶん)の資料(しりょう)をいただきました。

선생님에게 논문 자료를 받았습니다.

論文 논문

연습 문제

1 「あげる / くれる / もらう」 중 알맞은 것을 골라 보기와 같이 문장을 완성해 보세요.

> 보기
> 기무라 씨 ➡ 초콜릿 ➡ 나
> ➡ 私(わたし)は木村(きむら)さんにチョコレートを<u>もらいました</u>。

① 나 ➡ 물 ➡ 꽃
➡ 私(わたし)は花(はな)に水(みず)を ______________________________。

② 나 ⬅ 우산 ⬅ 친구
➡ 友達(ともだち)は私(わたし)に傘(かさ)を ______________________________。

③ 엄마 ⬅ 보너스 ⬅ 회사
➡ 母(はは)は会社(かいしゃ)からボーナスを ______________________________。

④ 나 ⬅ 책 ⬅ 선생님
➡ 先生(せんせい)が私(わたし)に本(ほん)を ______________________________。

⑤ 오구리 씨 ⬅ 손수건 ⬅ 혼다 씨
➡ 本田(ほんだ)さんは小栗(おぐり)さんにハンカチを ______________________________。

⑥ 하야시 씨 ➡ 가방 ➡ 남동생
➡ 林(はやし)さんが私(わたし)の弟(おとうと)にかばんを ______________________________。

⑦ 나 ⬅ 꽃 ⬅ 모리 씨
➡ 私(わたし)は森(もり)さんに花(はな)を ______________________________。

⑧ 엄마 ➡ 여동생 ➡ 용돈
➡ 母(はは)は妹(いもうと)にお小遣(こづか)いを ______________________________。

2 다음 문장을 읽고 물건의 이동 방향을 화살표로 나타내세요.

昨日(きのう)は弟(おとうと)の誕生日(たんじょうび)でした。弟(おとうと)はプレゼントで母(はは)から時計(とけい)をもらいました。父(ちち)は弟(おとうと)にお金(かね)をあげました。私(わたし)は本(ほん)をあげたかったですが、お金(かね)がありませんでした。それで手紙(てがみ)を書(か)いて、それをあげました。明日(あした)は私(わたし)の誕生日(たんじょうび)です。プレゼントでお金(かね)がほしいです。

보기 弟(おとうと) (⬅) 時計(とけい) (⬅) 母(はは)

① 父(ちち) (　　) お金(かね) (　　) 弟(おとうと)

② 弟(おとうと) (　　) 手紙(てがみ) (　　) 私(わたし)

3 빈칸에 들어갈 알맞은 말을 써 보세요.

① 今年(ことし)のクリスマスプレゼントは何(なに)を＿＿＿＿＿＿＿＿＿＿。

올해 크리스마스 선물은 무엇을 받았습니까?

② 彼(かれ)には何(なに)も＿＿＿＿＿＿＿＿＿＿。

그에게는 아무것도 주고 싶지 않습니다.

③ このゆびわは母(はは)が＿＿＿＿＿＿＿＿＿＿ものです。

이 반지는 엄마가 준 겁니다.

4 잘 듣고 이어지는 대화로 알맞은 것을 고르세요. track 05 11

① ☐　　② ☐　　③ ☐

단어정리

track 05 12

□ いえ 아뇨

□ いただく 받다

□ 腕時計(うでどけい) 손목시계

□ えさ 사료, 먹이

□ 絵本(えほん) 그림책

□ お菓子(かし) 과자

□ お小遣(こづか)い 용돈

□ お土産(みやげ) 특산물, 선물, 기념 선물

□ 課長(かちょう) 과장(님)

□ 彼女(かのじょ) 그녀, 여자친구

□ くださる 주시다

□ くれる 주다

□ 化粧品(けしょうひん) 화장품

□ 子犬(こいぬ) 강아지

□ 香水(こうすい) 향수

□ コンサート 콘서트

□ 差(さ)し上(あ)げる 드리다

□ サングラス 선글라스

□ 自転車(じてんしゃ) 자전거

□ 社長(しゃちょう) 사장(님)

□ ジュース 주스

□ 主人(しゅじん) 남편

□ 奨学金(しょうがくきん) 장학금

□ 資料(しりょう) 자료

□ スカーフ 스카프

□ すごい 대단하다

□ 大学院(だいがくいん) 대학원

□ ～たち ～들

□ チケット 티켓

□ チョコレート 초콜릿

□ 手作(てづく)り 손수 만드는 것, 수제

□ 手袋(てぶくろ) 장갑

□ 百科事典(ひゃっかじてん) 백과사전

□ 部長(ぶちょう) 부장(님)

□ ぶどう 포도

□ プレゼント 선물

□ ボーナス 보너스

□ ～枚(まい) ～장

□ マカロン 마카롱

□ 万年筆(まんねんひつ) 만년필

□ 娘(むすめ) 딸

□ もらう 받다

□ ゆびわ 반지

□ 論文(ろんぶん) 논문

□ ワイン 와인

UNIT 6

私（わたし）が彼女（かのじょ）に貸（か）してあげたんですが…。

제가 그녀에게 빌려준 건데요….

학습 내용

- 행위 주고받기 ～てあげる
- 행위 주고받기 ～てくれる
- 행위 주고받기 ～てもらう

동영상 강의

문형체크

track 06 01

1 私が彼女に貸してあげたんですが…。

제가 그녀에게 빌려준 건데요….

□ ～てあげる ～해 주다

「동사의 て형+てあげる」는 내가 남에게 혹은 제3자가 제3자에게 행위를 해 줄 때 사용합니다.

私は友達に料理を作ってあげました。 나는 친구에게 요리를 만들어 줬습니다.

吉田さんは森さんに本を買ってあげました。 요시다 씨는 모리 씨에게 책을 사 줬습니다.

子供に絵本を読んであげた。 아이에게 그림책을 읽어 줬다.

tip

「～てあげる・くれる・もらう」는 동작을 주고받음과 동시에 은혜(고마움)를 주고받는 표현입니다. 따라서 「あげる」의 경우 손윗사람에게 쓰면 실례가 되며, 주로 동급이나 동물을 대상으로 씁니다.

PLUS

● **～てさしあげる ～해 드리다**

「동사의 て형+てさしあげる」는 손윗사람에게 쓰는 말이지만 상대방에게 직접 말하는 경우 실례가 됩니다. 행위를 주고받는 표현인 「～てあげる・くれる・もらう」는 행위를 주고받음과 함께 '은혜를 주고받는다'는 의미가 포함되어 있기 때문입니다. 남이 나에게 주거나(くれる), 남에게 받는 경우(もらう)에는 은혜를 내 쪽에서 받기 때문에 문제가 없지만, 「あげる」의 경우 내가 은혜를 베푼다는 뜻이 되므로 손윗사람에게 사용하면 실례가 되는 경우가 있습니다. 단, 당사자에게 직접 말하지 않는 경우는 가능합니다.

先生、そのかばん、持ってさしあげましょうか。 선생님, 그 가방 들어드릴까요? (×)

先生に私の本を貸してさしあげました。 선생님에게 내 책을 빌려드렸습니다. (○)

회화체크

track 06 02

A さっきから何を見ながらにやにやしているんですか。

B 山本さんから借りた漫画を読んでいるんですが、とてもおもしろいんです。

A 山本さん？ 韓国語学科の山本さんですか。

B はい、そうです。

A はは。実はその本、私が彼女に貸してあげたんですよ。

A　아까부터 뭘 보면서 히죽히죽하고 있는 거예요?
B　야마모토 씨한테 빌린 만화책을 읽고 있는데 엄청 재미있어요.
A　야마모토 씨? 한국어학과의 야마모토 씨요?
B　네, 맞아요.
A　하하, 실은 그 책, 제가 그녀에게 빌려준 거예요.

Mini test

보기와 같이 빈칸에 들어갈 알맞은 말을 써 보세요.

보기 나는 친구에게 된장국 레시피를 가르쳐 줬습니다.
→ 私<u>は</u>友達<u>に</u>みそしるのレシピ<u>を</u>教え<u>てあげました</u>。

① 일본인에게 그의 이름을 한글로 써 줬습니다.
→ 日本人＿＿＿彼の名前＿＿＿ハングルで書い＿＿＿＿＿＿＿＿＿＿＿＿＿＿。

② 다나카 씨는 기무라 씨에게 감자를 보내 줬습니다.
→ 田中さん＿＿＿木村さん＿＿＿じゃがいも＿＿＿送っ＿＿＿＿＿＿＿＿＿＿＿＿＿＿。

③ 그에게는 돈을 빌려주고 싶지 않습니다.
→ 彼にはお金を貸し＿＿＿＿＿＿＿＿＿＿＿＿＿＿。

さっき 아까, 조금 전　～ながら ~하면서　にやにや 히죽히죽　学科 학과　実は 실은, 사실은　みそしる 된장국
レシピ 레시피　ハングル 한글　じゃがいも 감자　送る 보내다

track 06 03

2 山田(やまだ)さんが連(つ)れて行(い)ってくれました。

야마다 씨가 데리고 가 줬습니다.

~てくれる ~해 주다

「동사의 て형+てくれる」는 '남'이 '나'에게 어떤 행위나 동작을 해 준다는 의미입니다. 물건 주고받기와 마찬가지로 여기에서 '나'란 나와 가까운 관계에 있는 사람(가족, 동료, 친구 등)을 포함합니다. 즉, 제3자간에 「くれる」가 쓰였을 때는 받는 쪽이 '말하는 이'와 가까운 관계에 있음을 알 수 있습니다.

坂口(さかぐち)さんがいい映画(えいが)を紹介(しょうかい)してくれました。 사카구치 씨가 좋은 영화를 소개해 줬습니다.

吉田(よしだ)さんが息子(むすこ)のおもちゃを直(なお)してくれました。 요시다 씨가 아들의 장난감을 고쳐줬습니다.

友達(ともだち)が妹(いもうと)に絵本(えほん)を読(よ)んでくれた。 친구가 여동생에게 그림책을 읽어줬다.

兄(あに)は全然宿題(ぜんぜんしゅくだい)を手伝(てつだ)ってくれません。 형은 전혀 숙제를 도와주지 않습니다.

PLUS

- ~てくださる ~해 주시다

  나보다 손윗사람이 내 그룹에게 어떤 행위나 동작을 해 주는 경우에는 「~てくださる」라는 존경 표현을 씁니다.

  田中先生(たなかせんせい)が課題(かだい)を手伝(てつだ)ってくださいました。 다나카 선생님이 과제를 도와주셨습니다.

  社長(しゃちょう)が結婚(けっこん)プレゼントでワインを送(おく)ってくださいました。
  사장님이 결혼 선물로 와인을 보내 주셨습니다.

連れる 데리고 가다(오다)　息子 아들　おもちゃ 장난감　直す 고치다　手伝う 돕다　課題 과제

회화체크

track 06 04

A　スミスさん、大阪旅行(おおさかりょこう)はどうでしたか。

B　山田(やまだ)さんが案内(あんない)してくれてとても楽(たの)しかったです。

A　そうだったんですか。道頓堀(どうとんぼり)にも行(い)きましたか。

B　はい、山田(やまだ)さんが連(つ)れて行(い)ってくれました。
また、黒門市場(くろもんいちば)もとてもよかったです。

A　스미스 씨, 오사카 여행은 어땠어요?
B　야마다 씨가 안내해 줘서 매우 즐거웠습니다.
A　그랬어요? 도톤보리에도 갔었나요?
B　네, 야마다 씨가 데리고 가 줬습니다. 또 구로몬 시장도 매우 좋았습니다.

Mini test

보기와 같이 빈칸에 들어갈 알맞은 말을 써 보세요.

보기 오다 씨가 팩스를 보내줬습니다. ➡ 小田(おだ)さんがファックスを送(おく)ってくれました。

① 언니가 나에게 옷과 가방을 빌려줬습니다.
➡ 姉(あね)_____ 私(わたし)_____ 服(ふく)とかばん_____ 貸(か)し____________________。

② 선배가 이름 읽는 방법을 가르쳐 줬습니다.
➡ 先輩(せんぱい)_____ 名前(なまえ)の読(よ)み方(かた)_____ 教(おし)え____________________。

③ 엄마가 우동을 만들어 줬습니다.
➡ 母(はは)_____ うどん_____ 作(つく)っ____________________。

案内 안내　道頓堀 도톤보리〈지명〉　黒門市場 구로몬시장〈지명〉　ファックス 팩스　読み方 읽는 법
うどん 우동

문형체크

track 06 05

3 橋本(はしもと)さんに直(なお)してもらったんです。

하시모토 씨가 고쳐 줬거든요.

□ ~てもらう ~해 주다(~해 받다)

「동사의 て형+てもらう」는 상대방에게 어떤 행위나 동작을 받는다는 의미입니다. 동작을 하는 사람이 주어(나, 혹은 제3자)의 요청에 의해 어떤 행동을 하고 주어는 그 행동을 고맙게 받아들였음을 나타낼 때 사용합니다.

私(わたし)は林(はやし)さんにサンダルを買(か)ってもらいました。
(나의 요구로) 하야시 씨가 나에게 샌들을 사줬습니다.

私(わたし)は友達(ともだち)に手紙(てがみ)を見(み)せてもらいました。 (나의 요구로) 친구가 편지를 보여줬습니다.

息子(むすこ)は吉田(よしだ)さんに自転車(じてんしゃ)を直(なお)してもらいました。
(아들의 요구로) 요시다 씨가 아들의 자전거를 고쳐줬습니다.

tip ~てもらう와 ~てくれる의 차이

우리말로는 둘 다 '~해 주다'라는 의미이지만, 「~てもらう」는 내가(화자가) 직간접적으로 어떤 요청이나 요구를 한 뒤에 남이 그 행동을 해 주고 화자는 고맙게 받아들인다는 의미이고, 「~てくれる」는 화자의 요구 없이 상대가 행동을 해 준다는 의미입니다.

このネクタイは森(もり)さんに買(か)ってもらいました。
이 넥타이는 모리 씨가 사 줬습니다.(말하는 사람의 요구로 모리 씨가 사 줌)

このネクタイは森(もり)さんが買(か)ってくれました。
이 넥타이는 모리 씨가 사 줬습니다.(말하는 사람의 요구 없이 모리 씨가 사 줌)

PLUS

- **~ていただく** ~해 주시다

  손윗사람이 동작이나 행위를 해 주는 경우는 「~てもらう」의 겸손한 표현인 「~ていただく」를 씁니다.

  先生(せんせい)に課題(かだい)を手伝(てつだ)っていただきました。 선생님이 과제를 도와주셨습니다.

  木村(きむら)さんにパソコンを直(なお)していただきました。 기무라 씨가 컴퓨터를 고쳐주셨습니다.

회화체크

track 06 06

A あれ、パソコン、直(なお)ったんですね。

B はい、橋本(はしもと)さんに直(なお)してもらったんです。

A ありがたいですね。いつも忙(いそが)しいのに。

B そうですね。橋本(はしもと)さんは本当(ほんとう)に親切(しんせつ)な人(ひと)ですね。

A 어? 컴퓨터, 고쳐졌네요.

B 네, 하시모토 씨가 고쳐 줬거든요.

A 고맙네요. 늘 바쁜데도.

B 그러게요. 하시모토 씨는 정말 친절한 사람이네요.

Mini test

보기와 같이 빈칸에 들어갈 알맞은 말을 써 보세요.

보기 생일에 남편이 피자를 만들어줬습니다. ➡ 誕生日(たんじょうび)に主人(しゅじん)にピザを作(つく)ってもらいました。

① 선배가 스피치 연습을 도와줬습니다.
➡ 先輩(せんぱい)______スピーチの練習(れんしゅう)______手伝(てつだ)っ________________________。

② 스즈키 씨가 길을 가르쳐 줬습니다.
➡ 鈴木(すずき)さん______道(みち)______教(おし)え________________________。

③ 누가 사진을 찍어 줬습니까?
➡ 誰(だれ)______写真(しゃしん)______撮(と)っ________________________。

パソコン 퍼스널컴퓨터　直る 고쳐지다　ピザ 피자　スピーチ 스피치　練習 연습

문형연습

track 06 07

○「〜てあげる」를 연습해 봅시다.

私(わたし)は友達(ともだち)の荷物(にもつ)を持(も)ってあげました。

나는 친구의 짐을 들어줬습니다.

吉田(よしだ)さんはいつも他(ほか)の人(ひと)の意見(いけん)をよく聞(き)いてあげます。

요시다 씨는 항상 다른 사람의 의견을 잘 들어 줍니다.

この文章(ぶんしょう)を日本語(にほんご)で読(よ)んであげるから、よく聞(き)いて。

이 문장을 일본어로 읽어줄 테니 잘 들어.

買(か)ってあげるから泣(な)かないで。

사 줄 테니 울지 마.

忙(いそが)しい時(とき)は店長(てんちょう)はバイトの仕事(しごと)を手伝(てつだ)ってあげたりします。

바쁠 때는 점장님은 아르바이트생의 일을 도와주기도 합니다.

荷物 짐
意見 의견
店長 점장
泣く 울다
バイト 아르바이트(생)

track 06 08

○「〜てくれる」를 연습해 봅시다.

鈴木(すずき)さんが駅(えき)まで迎(むか)えに来(き)てくれました。

스즈키 씨가 역까지 마중 와 주었습니다.

友達(ともだち)が絵(え)を描(か)いてくれました。

친구가 그림을 그려줬습니다.

先輩(せんぱい)が会議室(かいぎしつ)の整理(せいり)を手伝(てつだ)ってくれました。

선배가 회의실 정리를 도와줬습니다.

彼(かれ)が私(わたし)の代(か)わりにセミナーへ行(い)ってくれた。

그가 나 대신에 세미나에 가 줬다.

この花束(はなたば)は田中(たなか)さんが買(か)ってくれたものです。

이 꽃다발은 다나카 씨가 사 준 겁니다.

描く 그리다
会議室 회의실
整理 정리
代わりに 대신에
花束 꽃다발

track 06 09

○「～て もらう」를 연습해 봅시다.

妻(つま)にプレゼントを買(か)ってもらいました。

(나의 요구로) 아내가 선물을 사줬습니다.

後輩(こうはい)にバレエを教(おし)えてもらいました。

(나의 요구로) 후배가 발레를 가르쳐 줬습니다.

姉(あね)は母(はは)にマフラーを作(つく)ってもらいました。

(언니가 요구해서) 엄마가 언니에게 목도리를 만들어 줬습니다.

田中(たなか)さんに読(よ)んでもらった童話(どうわ)はとても面白(おもしろ)かった。

(나의 요구로) 다나카 씨가 읽어 준 동화는 정말 재미있었다.

早(はや)く食(た)べてもらいたいです。

빨리 드시기 바랍니다.

妻 아내
バレエ 발레
マフラー 목도리, 머플러
童話 동화

track 06 10

○「～てさしあげる / ～てくださる / ～ていただく」를 연습해 봅시다.

先生(せんせい)に本(ほん)を送(おく)ってさしあげました。

선생님에게 책을 보내 드렸습니다.

先輩(せんぱい)が仕事(しごと)を手伝(てつだ)ってくださいました。

선배님이 일을 도와주셨습니다.

部長(ぶちょう)がお金(かね)を貸(か)してくださいました。

부장님이 돈을 빌려주셨습니다.

先生(せんせい)に作文(さくぶん)の間違(まちが)いを直(なお)していただきました。

(내가 부탁해서) 선생님이 작문 틀린 곳을 고쳐 주셨습니다

課長(かちょう)に傘(かさ)を貸(か)していただきました。

(내가 부탁해서) 과장님이 우산을 빌려주셨습니다.

間違い 틀림, 실수

연습 문제

1 **「～てあげる / ～てくれる / ～てもらう」** 중 알맞은 것을 골라 보기와 같이 문장을 완성해 보세요.

> 보기
> 친구 ➡ 잡지를 사다(買う) ➡ 나
> ➡ 私は友達に雑誌を買ってもらいました。

① 나 ➡ 우산을 빌려주다(貸す) ➡ 친구
➡ 私は友達に傘を ______________________。

② 아이 ⬅ 책을 읽다(読む) ⬅ 나
➡ 私は子供に本を ______________________。

③ 나 ⬅ 가방을 보여주다(見せる) ⬅ 점원
➡ 店員がかばんを ______________________。

④ 아이 ⬅ 노래를 가르치다(教える) ⬅ 나
➡ 私は子供に歌を ______________________。

⑤ 아들 ⬅ 케이크를 만들다(作る) ⬅ 스미스 씨
➡ 息子はスミスさんにケーキを ______________________。

⑥ 기무라 씨 ➡ 숙제를 도와주다(手伝う) ➡ 딸
➡ 木村さんが娘の宿題を ______________________。

⑦ 나 ⬅ 자료를 보내다(送る) ⬅ 친구
➡ 私は友達に資料を ______________________。

⑧ 나 ⬅ 기다리다(待つ) ⬅ 야마다 씨
➡ 山田さんは私を ______________________。

2 보기와 같이 답해 보세요.

보기

A 誰が映画のチケットを予約しましたか。

B1 友達に<u>予約してもらいました</u>。

B2 友達が<u>予約してくれました</u>。

① A 誰がソウルの案内をしましたか。

B1 友達の息子さんに＿＿＿＿＿＿＿＿＿＿＿＿＿＿＿＿＿。

B2 友達の息子さんが＿＿＿＿＿＿＿＿＿＿＿＿＿＿＿＿＿。

② A 誰が荷物の整理を手伝いましたか。

B1 父と母に荷物の整理を＿＿＿＿＿＿＿＿＿＿＿＿＿＿＿＿＿。

B2 父と母が荷物の整理を＿＿＿＿＿＿＿＿＿＿＿＿＿＿＿＿＿。

③ A 誰が本を貸しましたか。

B1 先輩に本を＿＿＿＿＿＿＿＿＿＿＿＿＿＿＿＿＿。

B2 先輩が本を＿＿＿＿＿＿＿＿＿＿＿＿＿＿＿＿＿。

④ A 誰が作文を直しましたか。

B1 先生に作文を＿＿＿＿＿＿＿＿＿＿＿＿＿＿＿＿＿。

B2 先生が作文を＿＿＿＿＿＿＿＿＿＿＿＿＿＿＿＿＿。

3 잘 듣고 대답으로 알맞은 것을 고르시오. track 06 11

① ☐　　② ☐　　③ ☐

단어정리

track 06 12

- ☐ 案内(あんない) 안내
- ☐ 意見(いけん) 의견
- ☐ うどん 우동
- ☐ 送(おく)る 보내다
- ☐ おもちゃ 장난감
- ☐ 会議室(かいぎしつ) 회의실
- ☐ 描(か)く 그리다
- ☐ 課題(かだい) 과제
- ☐ 学科(がっか) 학과
- ☐ 代(か)わりに 대신에
- ☐ 黒門市場(くろもんいちば) 구로몬시장〈지명〉
- ☐ さっき 아까, 조금 전
- ☐ 実(じつ)は 실은, 사실은
- ☐ じゃがいも 감자
- ☐ スピーチ 스피치
- ☐ 整理(せいり) 정리
- ☐ 妻(つま) 아내
- ☐ 連(つ)れる 데리고 가다(오다)
- ☐ 手伝(てつだ)う 돕다
- ☐ 店長(てんちょう) 점장
- ☐ 道頓堀(どうとんぼり) 도톤보리〈지명〉
- ☐ 童話(どうわ) 동화
- ☐ 直(なお)す 고치다
- ☐ 直(なお)る 고쳐지다
- ☐ ～ながら ～하면서
- ☐ 泣(な)く 울다
- ☐ 荷物(にもつ) 짐
- ☐ にやにや 히죽히죽
- ☐ バイト 아르바이트(생)
- ☐ パソコン 퍼스널컴퓨터
- ☐ 花束(はなたば) 꽃다발
- ☐ バレエ 발레
- ☐ ハングル 한글
- ☐ ピザ 피자
- ☐ ファックス 팩스
- ☐ 間違(まちが)い 틀림, 실수
- ☐ マフラー 목도리, 머플러
- ☐ みそしる 된장국
- ☐ 息子(むすこ) 아들
- ☐ 読(よ)み方(かた) 읽는 법
- ☐ レシピ 레시피
- ☐ 練習(れんしゅう) 연습

UNIT 7

すみません、おつりが出(で)ないんですが…。

저기요, 거스름돈이 안 나오는데요….

학습 내용

- 자동사·타동사
- 결과·상태 지속 ～ている
- 습관·반복 / 단순 상태 ～ている
- 동작의 미완료 まだ～ていません
- 결과·상태 지속 ～てある

동영상 강의

문형체크

track 07 01

1 すみません、おつりが出(で)ないんですが…。

저기요, 거스름돈이 안 나오는데요….

자동사와 타동사

자동사란 의지나 의도가 포함되지 않고 어떤 동작이나 작용이 저절로 일어나거나 변화하는 동사를 말합니다. 동사가 나타내는 동작이나 작용이 주어에만 미쳐 목적어를 필요로 하지 않기 때문에 목적격 조사「を」가 필요하지 않습니다. 반면 타동사는 의지나 의도로 동작, 작용을 일으키는 동사로, 동작의 대상인 목적어가 필요하기 때문에 목적격 조사「を」를 취합니다.

자동사	타동사	자동사	타동사
開(あ)く 열리다	開(あ)ける 열다	閉(し)まる 닫히다	閉(し)める 닫다
入(はい)る 들어가다, 들어오다	入(い)れる 넣다	起(お)きる 일어나다	起(お)こす 일으키다, 깨우다
つく 켜지다	つける 켜다	消(き)える 꺼지다	消(け)す 끄다
出(で)る 나가다, 나오다	出(だ)す 내다	乗(の)る 타다	乗(の)せる 태우다, 싣다
止(と)まる 서다	止(と)める 세우다	動(うご)く 움직이다	動(うご)かす 움직이게 하다
残(のこ)る 남다	残(のこ)す 남기다	治(なお)る (병이) 낫다	治(なお)す 낫게 하다
回(まわ)る 돌다	回(まわ)す 돌리다	片付(かたづ)く 정리되다	片付(かたづ)ける 정리하다
落(お)ちる 떨어지다	落(お)とす 떨어뜨리다	始(はじ)まる 시작되다	始(はじ)める 시작하다
割(わ)れる 깨지다	割(わ)る 깨다	助(たす)かる 살아나다	助(たす)ける 살리다
壊(こわ)れる 망가지다	壊(こわ)す 망가뜨리다	並(なら)ぶ 늘어서다	並(なら)べる 늘어놓다

おかずが残(のこ)りました。 반찬이 남았습니다.〈자동사〉

おかずを残(のこ)しました。 반찬을 남겼습니다.〈타동사〉

鏡(かがみ)が割(わ)れました。 거울이 깨졌습니다.〈자동사〉

鏡(かがみ)を割(わ)りました。 거울을 깨뜨렸습니다.〈타동사〉

おつり 거스름돈　おかず 반찬　鏡 거울

회화체크

track 07 02

A すみません、おつりが出ないんですが…。

B 自販機の赤いボタンを押してください。

A 押してみましたが出ないんです。

B そうですか。今、確認してみますね。

A　저기요, 거스름돈이 안 나오는데요….

B　자판기의 빨간 버튼을 누르세요.

A　눌러봤는데 안 나오는데요.

B　그래요? 지금 확인해 보겠습니다.

Mini test

빈칸에 들어갈 알맞은 말을 써보세요.

보기 出る / 出す ➡ お湯が出ません。 뜨거운 물이 안 나옵니다.

① 開く / 開ける ➡ 窓が ________________。 창문이 열렸습니다.

② 始まる / 始める ➡ 授業を ________________。 수업을 시작하겠습니다.

③ 閉まる / 閉める ➡ ドアが ________________。 문이 안 닫힙니다.

自販機 자판기　　お湯 뜨거운 물

track 07 03

2 疲れていますか。

피곤하세요?

～ている　～상태로 있다, ～해져 있다

「落ちる, 立つ, 死ぬ」 등 어떤 동작이 순간적으로 성립하는 동사, 즉 순간동사나 「結婚する, 疲れる」 등 동작이나 사건 이후 그 상태가 지속되는 성격을 가진 동사의 て형에 「～ている」가 결합하면 '～상태로 있다, ～해져 있다'는 뜻이 됩니다.

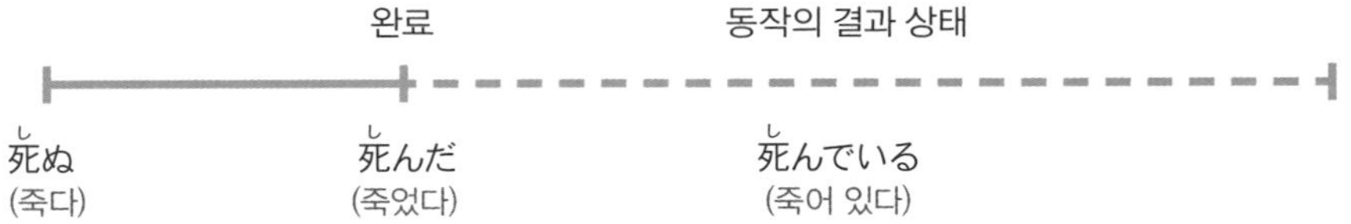

床にペンが落ちている。　바닥에 펜이 떨어져 있다. (펜이 떨어지고 있다 ×)

ごきぶりが死んでいます。　바퀴벌레가 죽어 있습니다. (죽고 있다 ×)

結婚していますか。　결혼했습니까? (결혼하고 있습니까? ×)

最近とても疲れています。　요즘 매우 피곤합니다. (피곤하고 있다 ×)

PLUS

- **知っている / 知りません**

  「知る(알다)」는 아는지 물어볼 때와 안다고 대답할 때는 「～ている」 형태로 쓰고, 모른다고 할 때는 「知りません」이라고 합니다.

  A　ユリさんの電話番号を知っていますか。　유리 씨의 전화번호를 알아요?

  B1　はい、知っています。　네, 압니다.

  B2　いいえ、知りません。　아뇨, 모릅니다.

床 바닥　　ごきぶり 바퀴벌레

회화체크

track 07 04

A どうしたんですか。顔色が悪いですね。疲れていますか。

B いいえ、お腹が空いて力が出ません。

A お昼ごはん、まだですか。一緒に何か食べに行きましょうか。

B いいですね。新しくできたうどん屋に行ってみましょう。

A 왜 그래요? 얼굴색이 안 좋아요. 피곤하세요?

B 아뇨, 배가 고파서 힘이 나지 않아요.(기운이 없어요.)

A 점심 아직이에요? 같이 뭔가 먹으러 갈까요?

B 좋아요. 새로 생긴 우동집에 가 봅시다.

tip 力が出ません 기운이 없어요

「力が出ません」은 내가 배고파서 기운이 없을 때 쓰는 표현이며, 타인이 기운이 없어 보일 때는 「元気がありません」이라는 표현을 씁니다.

A どうしたんですか。元気がありませんね。 왜 그러세요? 기운이 없네요.

B 朝から何も食べていなくて力が出ません。 아침부터 아무것도 먹지 않아서 기운이 없어요.

Mini test

보기와 같이 제시된 문장이 어떤 의미인지 골라 보세요.

보기 窓ガラスが割れています。 창문 유리가 깨져 있습니다. (진행 / 상태 지속)

① 木村さんは帽子をかぶっています。 기무라 씨는 모자를 쓰고 있습니다. (진행 / 상태 지속)

② 中村さんは今本を読んでいます。 나카무라 씨는 지금 책을 읽고 있습니다. (진행 / 상태 지속)

③ 最近疲れています。 요새 피곤합니다. (진행 / 상태 지속)

力 힘　　顔色 얼굴색, 안색　　帽子をかぶる 모자를 쓰다

track 07 05

3 ホテルで30年間(ねんかん)料理(りょうり)を作(つく)っています。

호텔에서 30년간 요리를 만들고 있습니다.

□ ～ている ～하다, ～하고 있다 〈습관, 반복, 직업〉

일정 기간에 걸쳐서 같은 동작을 되풀이하는 경우 「동사의 て형+ている」는 습관, 반복되는 행위, 직업, 신분 등의 의미를 나타냅니다.

私(わたし)は毎日(まいにち)公園(こうえん)を散歩(さんぽ)している。 나는 매일 공원을 산책한다.〈습관, 반복〉

山田(やまだ)さんは中学校(ちゅうがっこう)に勤(つと)めています。 야마다 씨는 중학교에 근무하고 있습니다.〈직업, 반복〉

小(ちい)さい店(みせ)でアクセサリーを売(う)っています。 작은 가게에서 장신구를 팔고 있습니다.〈직업, 반복〉

□ ～ている ～하다, ～해 있다 〈단순 상태〉

일본어 동사 중에는 동작을 나타내는 것이 아니라 마치 형용사처럼 모양이나 상태를 나타내는 동사가 있습니다. 「似(に)る(닮다), 優(すぐ)れる(뛰어나다), 曲(ま)がる(굽다)」 등이 이에 속하는데, 이러한 동사들은 항상 「～ている」 형태로 쓰이며, 원래부터 그러한 상태였음을 나타냅니다.

姉(あね)は母(はは)に似(に)ている。 언니는 엄마와 닮았다.

ここから道(みち)が曲(ま)がっています。 여기부터 길이 굽어 있습니다.

秀夫(ひでお)さんは数学(すうがく)に優(すぐ)れています。 히데오 씨는 수학에 뛰어납니다.

勤める 근무하다, 종사하다　アクセサリー 액세서리, 장신구　似る 닮다　数学 수학

회화체크

track 07 06

A: 加藤(かとう)さんはご両親(りょうしん)のどちらに似(に)ていますか。

B: 母(はは)に似(に)ています。

A: お母(かあ)さんはどんな人(ひと)ですか。

B: 料理(りょうり)がとても上手(じょうず)です。ホテルで３０年間料理(ねんかんりょうり)を作(つく)っています。

A　가토 씨는 부모님 중 어느 분을 닮았습니까?
B　엄마와 닮았습니다.
A　어머니는 어떤 분이에요?
B　요리를 매우 잘 합니다. 호텔에서 30년간 요리를 만들고 있습니다.

Mini test

보기와 같이 바꿔 보세요.

(보기) 起(お)きる → 私(わたし)は毎朝(まいあさ)７時(じ)に<u>起(お)きています</u>。 나는 매일 아침 7시에 일어납니다.

① 働(はたら)く → 私(わたし)は花屋(はなや)で______________________。 나는 꽃가게에서 일합니다.

② 優(すぐ)れる → 水原(みずはら)さんは記憶力(きおくりょく)に______________________。
미즈하라 씨는 기억력이 뛰어납니다.

③ 勉強(べんきょう)する → 妹(いもうと)は大学(だいがく)で英語(えいご)を______________________。
여동생은 대학에서 영어를 공부하고 있습니다.

④ 曲(ま)がる → 道(みち)が左(ひだり)に______________________。 길이 왼쪽으로 굽어 있습니다.

両親 부모님　　花屋 꽃가게, 꽃집　　記憶力 기억력

track 07 07

4 まだ終(お)わっていません。

아직 안 끝났습니다.

まだ~ていません 아직 ~하지 않았습니다

「まだ+동사의 て형+ていません」은 앞으로 어떤 행동을 할 예정인데 아직 하지 않았다는 미완료의 의미를 나타냅니다. 한국어로 직역하여 「~ませんでした」로 쓰지 않도록 주의합니다.

スーパーはまだ開(あ)いていません。 슈퍼마켓은 아직 열리지 않았습니다.

料理(りょうり)の材料(ざいりょう)はまだ買(か)っていません。 요리 재료는 아직 사지 않았습니다.

吉田(よしだ)さんはまだ来(き)ていません。 요시다 씨는 아직 안 왔습니다.

その映画(えいが)はまだ見(み)ていない。 그 영화는 아직 안 봤어.

tip ~ていません과 ~ませんでした

A 朝(あさ)ごはんを食(た)べましたか? 아침밥 먹었습니까?

B まだ食(た)べていません。 아직 안 먹었습니다. 〈행위의 미완료〉

A 昨日(きのう)は朝(あさ)ごはんを食(た)べましたか? 어제는 아침밥을 먹었습니까?

B いいえ、食(た)べませんでした。 아니요, 먹지 않았습니다. 〈과거의 행위〉

材料 재료

회화 체크

track 07 08

A パーティーの準備(じゅんび)は終(お)わりましたか。

B いいえ、まだ終(お)わっていません。

A 私(わたし)も手伝(てつだ)いますよ。何(なに)をしましょうか。

B ありがとうございます。では、まだ掃除(そうじ)が終(お)わっていないので、そちらのほうをお願(ねが)いしてもいいですか。

A　파티 준비는 끝났습니까?
B　아뇨, 아직 안 끝났습니다.
A　저도 도울게요. 뭘 할까요?
B　고맙습니다. 그럼, 청소가 아직 끝나지 않았는데 그쪽을 부탁해도 될까요?

Mini test

보기와 같이 답해 보세요.

보기 作文(さくぶん)はもう出(だ)しましたか。 ➡ いいえ、まだ<u>出(だ)していません</u>。 아니요, 아직 내지 않았습니다.

① 留学(りゅうがく)に行(い)く国(くに)はもう決(き)めましたか。 ➡ いいえ、まだ＿＿＿＿＿＿＿＿＿＿。
아니요, 아직 정하지 않았습니다.

② その手紙(てがみ)を読(よ)みましたか。 ➡ いいえ、まだ＿＿＿＿＿＿＿＿＿＿。
아니요, 아직 읽지 않았습니다.

③ ケーキはもう作(つく)りましたか。 ➡ いいえ、まだ＿＿＿＿＿＿＿＿＿＿。
아니요, 아직 만들지 않았습니다.

準備 준비　　決める 정하다

track
07 09

5 この案内書にも書いてありますか。

あんないしょ / か

이 안내서에도 써 있습니다까?

□ ～てある ～해져 있다, ～상태로 있다

「타동사 て형+てある」는 어떤 동작이 일어난 이후 결과, 상태가 지속되고 있는 것을 나타냅니다. 이때 타동사의 목적어 「を」는 「が」로 바뀝니다. 「자동사 て형+ている」와 달리 누군가 의도적으로 한 행동의 결과를 말합니다.

引き出しが開けてある。(ひ だ あ) (누군가 일부러 열어 놔서) 서랍이 열려 있다.

本に名前が書いてあります。(ほん なまえ か) (누군가 일부러 써 놔서) 책에 이름이 쓰여 있습니다.

演劇のポスターが貼ってあります。(えんげき は) (누군가 일부러 붙여 놔서) 연극 포스터가 붙어 있습니다.

tip ～てある와 ～ている

• 타동사+てある : ドアが開けてあります。(あ) 문이 열려 있습니다.
〈누군가 의도적으로 열어 놔서 이후 열려 있는 상태〉

• 자동사+ている : ドアが開いています。(あ) 문이 열려 있습니다.
〈바람 등의 힘에 의해 저절로 열려 있는 상태〉

案内書 안내서　引き出し 서랍　演劇 연극　ポスター 포스터　貼る 붙이다

회화체크

track 07 10

A あの、今年(ことし)の日本語(にほんご)の試験(しけん)のスケジュールを知(し)りたいんですが。

B あそこの掲示板(けいじばん)に貼(は)ってあるので、確認(かくにん)してみてください。

A この案内書(あんないしょ)にも書(か)いてありますか。一枚(いちまい)もらってもいいですか。

B もちろんです。案内書(あんないしょ)にも書(か)いてあるのでどうぞ。

A　저기, 올해 일본어 시험 스케줄을 알고 싶은데요.
B　저쪽 게시판에 붙어 있으니 확인해 보세요.
A　이 안내서에도 써 있습니까? 한 장 받아도 될까요?
B　물론입니다. 안내서에도 써 있으니 가져 가세요.

Mini test

보기와 같이 제시된 문장의 해석을 보고 알맞은 것을 골라 보세요.

보기 ドアが (閉(し)まって / 閉(し)めて) あります。 문이 닫혀 있습니다.

① テレビが (つけて / ついて) ある。 텔레비전이 켜져 있다.

② 歴史(れきし)の本(ほん)はあそこに (並(なら)んで / 並(なら)べて) あります。 역사책은 저쪽에 진열되어 있습니다.

③ 部屋(へや)が (片付(かたづ)いて / 片付(かたづ)けて) ある。 방이 정리되어 있다.

④ 車(くるま)が (止(と)まって / 止(と)めて) あります。 차가 세워져 있습니다.

スケジュール 스케줄, 일정　掲示板 게시판　確認する 확인하다　歴史 역사

문형연습

track 07 11

○「자동사와 타동사」를 연습해 봅시다.

毎朝(まいあさ)、6時(じ)に起(お)きます。

매일 아침 6시에 일어납니다. 〈자동사〉

東野(ひがしの)さんを起(お)こしましょうか。

히가시노 씨를 깨울까요? 〈타동사〉

車(くるま)が故障(こしょう)して動(うご)きません。

자동차가 고장나서 움직이지 않습니다. 〈자동사〉

車(くるま)をすぐに動(うご)かしてください。

차를 바로 움직여 주세요. 〈타동사〉

故障する
고장나다
動く 움직이다
動かす
움직이게 하다

track 07 12

○「~ている」를 연습해 봅시다.

今日(きょう)は晴(は)れています。

오늘은 맑습니다. 〈상태 지속〉

結婚(けっこん)していますか。

결혼했습니까? 〈상태 지속〉

いいえ、結婚(けっこん)していません。

아뇨, 결혼하지 않았습니다. 〈상태 지속〉

ダイエットのためにヨガ教室(きょうしつ)に通(かよ)っています。

다이어트를 위해 요가 교실을 다니고 있습니다. 〈반복〉

山田(やまだ)さんは銀行(ぎんこう)で働(はたら)いています。

야마다 씨는 은행에서 일하고 있습니다. 〈반복, 직업〉

私(わたし)は父(ちち)に似(に)ています。

저는 아빠를 닮았습니다. 〈단순 상태〉

晴れる 맑다
ダイエット
다이어트
ヨガ教室
요가 교실
通う 다니다

track 07 13

○「まだ～ていません」을 연습해 봅시다.

晩(ばん)ご飯(はん)はまだ食(た)べていません。

저녁밥은 아직 안 먹었습니다.

その絵(え)はまだ完成(かんせい)していません。

그 그림은 아직 완성되지 않았습니다.

部屋(へや)の掃除(そうじ)をまだしていない。

방 청소를 아직 안 했어.

吉田(よしだ)さんはまだ来(き)ていないです。

요시다 씨는 아직 안 왔습니다.

大学合格(だいがくごうかく)の知(し)らせを母(はは)にまだ伝(つた)えていません。

대학 합격 소식을 엄마에게 아직 전하지 않았습니다.

完成する
완성하다,
완성되다

知らせ
알림, 통지

伝える 전하다

track 07 14

○「타동사+てある」를 연습해 봅시다.

テーブルの上(うえ)に花瓶(かびん)が置(お)いてあります。

테이블 위에 꽃병이 놓여 있습니다. (누군가 놓아서)

壁(かべ)に時計(とけい)がかけてあります。

벽에 시계가 걸려 있습니다. (누군가 걸어서)

研究室(けんきゅうしつ)がきれいに掃除(そうじ)してあります。

연구실이 깨끗하게 청소되어 있습니다. (누군가 청소해 놔서)

財布(さいふ)にお金(かね)が入(い)れてあります。

지갑에 돈이 들어 있습니다. (누군가 넣어 놔서)

ラジオがつけてあります。

라디오가 켜져 있습니다. (누군가 켜서)

壁 벽

研究室 연구실

연습 문제

1 보기와 같이 빈칸을 채워보세요.

	뜻	동사 종류
보기 開く(あ)	열리다	자동사
入る(はい)		
	끄다, 지우다	타동사
	(불, 전기가) 켜지다	
	닫다	타동사
始まる(はじ)		
	남기다	타동사
	망가지다	자동사
回す(まわ)		타동사
	낫다	

2 보기와 같이 제시된 문장의 해석을 보고 알맞은 것을 골라 보세요.

> 보기 部屋(へや)が掃除(そうじ)して (あります / います)。 방이 청소되어 있습니다.

① カレンダーが壁(かべ)にかけて (あります / います)。 달력이 벽에 걸려 있습니다.

② ガラスが割(わ)れて (あります / います)。 유리가 깨져 있습니다.

③ 百科事典(ひゃっかじてん)が机(つくえ)の上(うえ)に置(お)いて (あります / います)。 백과사전이 책상 위에 놓여 있습니다.

④ ドアが閉(し)まって (あります / います)。 문이 닫혀 있습니다.

3 보기와 같이 대화문을 만들어 보세요.

보기

A　レポートは書(か)きましたか。

B1　はい、もう書(か)きました。

B2　いいえ、まだ書(か)いていません。

① A プレゼントは買(か)いましたか。

B はい、＿＿＿＿＿＿＿＿＿＿＿＿＿＿。

② A 山下(やました)さんは来(き)ましたか。

B いいえ、＿＿＿＿＿＿＿＿＿＿＿＿＿＿。

③ A 授業(じゅぎょう)は終(お)わりましたか。

B いいえ、＿＿＿＿＿＿＿＿＿＿＿＿＿＿。

4 빈칸에 들어갈 알맞은 말을 써 보세요.

① 宮部(みやべ)さんは家族(かぞく)の中(なか)で誰(だれ)に＿＿＿＿＿＿＿＿＿＿＿＿＿＿。

미야베 씨는 가족 중에서 누구를 닮았습니까?

② おじいさんは毎朝(まいあさ)＿＿＿＿＿＿＿＿＿＿＿＿＿＿。 할아버지는 매일 아침 산책합니다.

③ 私(わたし)は病院(びょういん)に＿＿＿＿＿＿＿＿＿＿＿＿＿＿。 저는 병원에 근무하고 있습니다.

④ 山田(やまだ)さんは＿＿＿＿＿＿＿＿＿＿＿＿＿＿。 야마다 씨는 결혼했습니까?

5 잘 듣고 대답으로 알맞은 것을 고르세요. track 07 15

① ☐　　② ☐　　③ ☐

단어정리

track 07 16

☐ アクセサリー 액세서리, 장신구

☐ 案内書(あんないしょ) 안내서

☐ 動(うご)かす 움직이게 하다

☐ 動(うご)く 움직이다

☐ 演劇(えんげき) 연극

☐ おかず 반찬

☐ おつり 거스름돈

☐ お湯(ゆ) 뜨거운 물

☐ 顔色(かおいろ) 얼굴색, 안색

☐ 鏡(かがみ) 거울

☐ 確認(かくにん)する 확인하다

☐ 壁(かべ) 벽

☐ 通(かよ)う 다니다

☐ 完成(かんせい)する 완성하다, 완성되다

☐ 記憶力(きおくりょく) 기억력

☐ 決(き)める 정하다

☐ 掲示板(けいじばん) 게시판

☐ 研究室(けんきゅうしつ) 연구실

☐ ごきぶり 바퀴벌레

☐ 故障(こしょう)する 고장나다

☐ 材料(ざいりょう) 재료

☐ 自販機(じはんき) 자판기

☐ 準備(じゅんび) 준비

☐ 知(し)らせ 알림, 통지

☐ 数学(すうがく) 수학

☐ スケジュール 스케줄, 일정

☐ ダイエット 다이어트

☐ 力(ちから) 힘

☐ 伝(つた)える 전하다

☐ 勤(つと)める 근무하다, 종사하다

☐ 似(に)る 닮다

☐ 花屋(はなや) 꽃가게, 꽃집

☐ 貼(は)る 붙이다

☐ 晴(は)れる 맑다

☐ 引(ひ)き出(だ)し 서랍

☐ 帽子(ぼうし)をかぶる 모자를 쓰다

☐ ポスター 포스터

☐ 床(ゆか) 바닥

☐ ヨガ教室(きょうしつ) 요가 교실

☐ 両親(りょうしん) 부모님

☐ 歴史(れきし) 역사

UNIT

8

日本語(にほんご)のニュースを聞(き)き取(と)ることができますか。

일본어 뉴스를 알아들을 수 있습니까?

학습 내용

- 가능 ～ことができる
- 동사의 가능형
- 변화 ～なる
- 노력·결정

동영상 강의

문형체크

track
08 01

1 日本語(にほんご)のニュースを聞(き)き取(と)ることができますか。

일본어 뉴스를 알아들을 수 있습니까?

～ことができる ～할 수 있다

「동사의 기본형+ことができる」는 '~할 수 있다'라는 뜻으로, 어떤 일을 할 수 있는 능력이 있거나, 상황에 따라 어떤 행위가 가능하다는 표현을 할 때 씁니다. 「できる」는 '할 수 있다, 가능하다'는 뜻의 2그룹 동사이며 부정형은 「できません」입니다.

スマホで簡単(かんたん)に買(か)うことができる。 스마트폰으로 간단하게 살 수 있다.

バイオリンを弾(ひ)くことができます。 바이올린을 켤 수 있습니다.

海(うみ)で泳(およ)ぐことができますか。 바다에서 수영할 수 있습니까?

月曜日(げつようび)は本(ほん)を借(か)りることができない。 월요일은 책을 빌릴 수 없다.

これ以上(いじょう)は予算(よさん)を削(けず)ることができません。 더 이상은 예산을 줄일 수 없습니다.

ニュース 뉴스　できる 할 수 있다　簡単に 간단하게　バイオリン 바이올린　弾く 켜다, 치다　以上 이상
予算 예산　削る 줄이다, 삭감하다

회화 체크

track 08 02

A 日本語のニュースを聞き取ることができますか。

B はい、聞き取ることができます。

A 漢字も書くことができますか。

B 漢字は読むことはできますが、書くことはできません。

A 일본어 뉴스를 알아들을 수 있습니까?

B 네, 알아들을 수 있습니다.

A 한자도 쓸 수 있습니까?

B 한자는 읽을 수는 있지만, 쓰지는 못 합니다.

Mini test

보기와 같이 바꿔 보세요.

보기 聞き取る ➡ 日本人の会話を聞き取ることができます。 일본인의 회화를 알아들을 수 있습니다.

① 折る ➡ 紙で飛行機を____________________。 종이로 비행기를 접을 수 있습니다.

② 作る ➡ これでケーキを____________________。 이걸로 케이크를 만들 수 있습니다.

③ 取り消す ➡ 予約を____________________。 예약을 취소할 수 있습니까?

④ 通る ➡ 今日からこの道を____________________。 오늘부터 이 길을 지나갈 수 없습니다.

聞き取る 알아듣다　　折る 접다　　取り消す 취소하다　　通る 지나가다

track 08 03

2 インターネットも使えますか。

인터넷도 사용할 수 있습니까?

동사의 가능형

'할 수 있다'는 가능 표현은 「〜ことができる」 외에 동사를 직접 활용하여 만들 수도 있습니다.

〈그룹별 동사의 가능형〉

- 3그룹 동사는 불규칙 활용을 합니다.
- 2그룹 동사는 어미 「る」를 없애고 「られる」를 붙입니다.
- 1그룹 동사는 어미 「う단」을 「え단」으로 고치고 「る」를 붙입니다.
- 가능형으로 바꾸면 동사는 전부 2그룹 동사가 되며, 2그룹 동사 활용을 합니다.

동사의 종류	기본형	활용 방법	가능형
3그룹 동사	する 하다	불규칙 활용	できる 할 수 있다
	来る 오다		来られる 올 수 있다
2그룹 동사	食べる 먹다	食べ~~る~~+られる → 食べられる	食べられる 먹을 수 있다
	見る 보다		見られる 볼 수 있다
1그룹 동사	買う 사다	買う → 買え+る → 買える	買える 살 수 있다
	話す 말하다		話せる 말할 수 있다
	帰る 돌아가다		帰れる 돌아갈 수 있다

運転ができます。 운전을 할 수 있습니다.

その経験は忘れられません。 그 경험은 잊을 수 없습니다.

私はクッキーが焼けます。 나는 쿠키를 구울 수 있습니다.

tip

우리말로 가능하다는 표현은 '~을/를 할 수 있다'이므로 목적격 조사 '을/를'을 쓰지만, 일본어의 가능형은 조사 「を」를 쓰지 않고 대부분 「が」를 씁니다.

運転 운전　　経験 경험　　焼く 굽다

회화체크

track 08 04

A: あの、すみません。セミナー室(しつ)は空(あ)いていますか。

B: はい、３階(がい)に３部屋(へやあ)空いています。

A: インターネットも使(つか)えますか。

B: はい、パソコンとインターネットも使(つか)えますので、ご自由(じゆう)に利用(りよう)してください。

A　저기, 실례합니다. 세미나실은 비어 있습니까?
B　네, 3층에 3개 비어 있습니다.
A　인터넷도 사용할 수 있습니까?
B　네, 컴퓨터와 인터넷도 사용할 수 있으니 자유롭게 이용하세요.

Mini test

보기와 같이 바꿔 보세요.

보기 日本語(にほんご)のニュースを聞(き)き取(と)る。 ➡ 日本語(にほんご)のニュースが聞(き)き取(と)れます。
일본어 뉴스를 알아들을 수 있습니다.

① 一日(いちにち)で100個(こ)の単語(たんご)を覚(おぼ)える。 ➡ 一日(いちにち)で100個(こ)の単語(たんご)＿＿＿＿＿＿＿＿。
하루에 100개의 단어를 외울 수 있습니다.

② 韓国語(かんこくご)と日本語(にほんご)を話(はな)す。 ➡ 韓国語(かんこくご)と日本語(にほんご)＿＿＿＿＿＿＿＿。
한국어와 일본어를 말할 수 있습니다.

③ スキーをする。 ➡ スキー＿＿＿＿＿＿＿＿。 스키를 탈 수 있습니다.

セミナー室 세미나실　空く 비다　～階 ～층　インターネット 인터넷　自由 자유　利用 이용　単語 단어　スキー 스키

track 08 05

3 大人(おとな)になって食(た)べられるようになったんだ。

어른이 되고 먹을 수 있게 되었어.

□ ～なる ～가 되다, ～해지다, ～하게 되다

「なる」는 변화를 나타내는 말입니다. 「なる」가 명사, な형용사 い형용사와 접속할 때는 의사가 아니었는데 의사가 되었다거나, 전에는 요리가 맛없었는데 맛있어지는 등 사람이나 사물의 변화를 나타낼 때 씁니다. 동사와 접속할 때는 상황, 능력 등의 변화를 나타냅니다.

품사 종류	접속 방법	접속 예
명사	명사+になる	医者(いしゃ)になる 의사가 되다
な형용사	어간+になる	暇(ひま)になる 한가해지다
い형용사	어간+くなる	おいしくなる 맛있어지다
동사	보통형+ようになる	食(た)べるようになる 먹게 되다

来年(らいねん)、大学生(だいがくせい)になります。 내년에 대학생이 됩니다.

先輩(せんぱい)は元気(げんき)になりました。 선배는 건강해졌습니다.

背(せ)が高(たか)くなりました。 키가 커졌습니다.

漢字(かんじ)が読(よ)めるようになりました。 한자를 읽을 수 있게 되었습니다.

회화체크

track 08 06

A: いい匂(にお)いだね。何(なに)を作(つく)っているの？

B: トマトスープだよ。夏(なつ)になって野菜(やさい)が安(やす)くなったから買(か)ってきたんだ。トマトスープは好(す)き？

A: うん、好(す)き。実(じつ)は子供(こども)の時(とき)はトマトが食(た)べられなかったけど、大人(おとな)になってから食(た)べられるようになったんだ。

B: 本当(ほんとう)？ 私(わたし)と同(おな)じだね。私(わたし)も前(まえ)は嫌(きら)いだったけど、今(いま)は大好(だいす)きになったんだ。

A　좋은 냄새네. 뭘 만들고 있어?
B　토마토수프야. 여름이 되고 채소가 싸져서 사왔어. 토마토수프는 좋아해?
A　응, 좋아해. 실은 어렸을 때는 토마토를 못 먹었지만, 어른이 되고 나서 먹을 수 있게 되었어.
B　정말? 나랑 똑같네. 나도 전에는 싫어했지만 지금은 엄청 좋아하게 되었거든.

Mini test

보기와 같이 바꿔 보세요.

보기 3月(がつ) / なる → 3月(がつ)になりました。 3월이 되었습니다.

① 有名(ゆうめい)だ / なる → あの人(ひと)は ________________。 저 사람은 유명해졌습니다.

② 安(やす)い / なる → ぶどうの値段(ねだん)が ________________。 포도의 가격이 싸졌습니다.

③ はく / なる → 最近(さいきん)スカートをよく ________________。
최근 치마를 자주 입게 되었습니다.

匂い 냄새　トマトスープ 토마토수프　～けど ~지만　～月 ~월　はく(하의 종류) 입다

track 08 07

4 毎日(まいにち)、英語(えいご)の勉強(べんきょう)をするようにしています。

매일 영어 공부를 하도록 하고 있어요.

☐ ～ようにする ～하기로(하도록) 하다

「동사의 기본형+ようにする」는 어떤 일을 실현시키기 위해 노력하거나 애쓴다는 의미입니다. 부정으로 말할 때는 「동사의 ない형+ないようにする」로 표현합니다.

ご飯(はん)を食(た)べてから３０分(ぷん)歩(ある)くようにしています。 밥을 먹고 나서 30분 걷도록 하고 있습니다.

タバコはできるだけ吸(す)わないようにしています。 담배는 되도록 피우지 않기로 하고 있습니다.

☐ ～ことになる ～하게 되다

「동사의 기본형+ことになる」 는 어떤 일이 자신의 의지와 상관없이 외부 요인에 의해 결정된 것을 나타냅니다. 학교나 회사 등 단체의 규칙을 나타낼 때도 쓰입니다.

来月(らいげつ)、セミナーに行(い)くことになりました。 다음달 세미나에 가게 되었습니다.

うちの会社(かいしゃ)は夏(なつ)でもジャケットを着(き)ることになっています。

우리 회사는 여름에도 재킷을 입게 되어 있습니다.

☐ ～ことにする ～하기로 하다

「동사의 기본형+ことにする」 는 본인 의지로 스스로 결정한다는 의미입니다. 부정으로 말할 때는 「동사의 ない형+ないことにする」로 표현합니다.

自分(じぶん)のために毎朝(まいあさ)野菜(やさい)ジュースを飲(の)むことにしました。

나를 위해서 매일 아침 채소 주스를 마시기로 했습니다.

寝(ね)る前(まえ)にケータイを見(み)ないことにしました。 잠자기 전에 휴대폰을 보지 않기로 했습니다.

회화체크

track 08 08

A 実(じつ)は私(わたし)、退職(たいしょく)することになったんです。

B え、本当(ほんとう)ですか。これからどうするんですか。

A 世界一周旅行(せかいいっしゅうりょこう)に行(い)くことにしました。
それで最近(さいきん)は毎日(まいにち)、英語(えいご)の勉強(べんきょう)をするようにしています。

B それはうらやましいですね。

A 실은 저, 퇴직하게 되었습니다.
B 아, 정말입니까? 이제부터 어떻게 할 건가요?
A 세계일주 여행을 가기로 했습니다. 그래서 최근에 매일 영어 공부를 하도록 하고 있어요.
B 그것 참 부럽네요.

Mini test

보기와 같이 제시된 문장의 해석을 보고 알맞은 것을 골라 보세요.

보기 韓国(かんこく)では男(おとこ)の人(ひと)は軍隊(ぐんたい)に行(い)く (ようになっています / ことになっています)。
한국에서는 남자는 군대에 가게 되어 있습니다.

① ダイエットのためにできるだけ運動(うんどう)をする (ようにしています / ことにしています)。
다이어트를 위해서 되도록 운동을 하도록 하고 있습니다.

② 来週(らいしゅう)、出張(しゅっちょう)に行(い)く (ことになりました / ことにしました)。
다음 주에 출장을 가게 되었습니다.

③ 今(いま)からタバコを吸(す)わない (ことになります / ことにします)。
이제부터 담배를 피우지 않기로 하겠습니다.

退職する 퇴직하다　世界一周 세계일주　うらやましい 부럽다　軍隊 군대　出張 출장

문형연습

track 08 09

「～ことができる」를 연습해 봅시다.

カップラーメンはコンビニで買(か)うことができます。
컵라면은 편의점에서 살 수 있습니다.

ペットは中(なか)に入(はい)ることができません。
반려동물은 안에 들어올 수 없습니다.

いつ来(く)ることができますか。
언제 올 수 있습니까?

中国語(ちゅうごくご)を話(はな)すことができますか。
중국어를 말할 수 있습니까?

疲(つか)れていて、出(で)かけることができないです。
피곤해서 나갈 수 없습니다.

カップラーメン 컵라면
コンビニ 편의점
ペット 반려동물

track 08 10

「동사의 가능형」을 연습해 봅시다.

その話(はなし)は秘密(ひみつ)ですから話(はな)せません。
그 이야기는 비밀이니까 말할 수 없습니다.

いつも早(はや)く寝(ね)るので朝早(あさはや)く起(お)きられます。
늘 일찍 자서 아침 일찍 일어날 수 있습니다.

目(め)が悪(わる)くて、小(ちい)さい字(じ)は読(よ)めないです。
눈이 나빠서 작은 글자는 읽을 수 없습니다.

応援(おうえん)の練習(れんしゅう)はいつできますか。
응원 연습은 언제 할 수 있습니까?

その問題(もんだい)は難(むずか)しくて解(と)けませんでした。
그 문제는 어려워서 풀 수 없었습니다.

秘密 비밀
字 글자
応援 응원
解く (문제를) 풀다

track 08 11

○「～(に)なる」를 연습해 봅시다.

子供の時は医者になりたかったです。

어릴 때는 의사가 되고 싶었습니다.

この町は前は静かでしたが、最近にぎやかになりました。

이 거리는 전에는 조용했지만 최근 번화해졌습니다.

最近、暖かくなりました。

최근에 따뜻해졌습니다.

一人暮らしをしてから家事をするようになりました。

혼자 살고 나서 집안일을 하게 되었습니다.

暖かい 따뜻하다

一人暮らし 독신 생활, 혼자 삶

家事 집안일

track 08 12

○「～ようにする / ～ことになる / ～ことにする」를 연습해 봅시다.

大会に出るために毎日テニスの練習をするようにしています。

대회에 나가기 위해 매일 테니스 연습을 하도록 하고 있습니다. 〈노력〉

お酒が好きですが、できるだけ飲まないようにしています。

술을 좋아하지만 되도록 마시지 않도록 하고 있습니다. 〈노력〉

来週から出勤することになりました。

다음 주부터 출근하게 되었습니다. 〈외부 결정〉

この研究は私が担当することになりました。

이 연구는 제가 담당하게 되었습니다. 〈외부 결정〉

夜はスマホを見ないで、本を読むことにしました。

밤에는 스마트폰을 보지 않고 책을 읽기로 했습니다. 〈스스로 결정〉

留学に行かないことにしました。

유학을 가지 않기로 했습니다. 〈스스로 결정〉

大会 대회

出勤する 출근하다

担当する 담당하다

연습 문제

1 보기와 같이 바꿔 보세요.

> 보기 日本語(にほんご)を話(はな)すことができますか。 ➡ 日本語(にほんご)が話(はな)せますか。

① スマホを使(つか)うことができますか。 ➡ ____________________。

② いつまでも待(ま)つことができます。 ➡ ____________________。

③ 歩(ある)いて行(い)くことができますか。 ➡ ____________________。

④ 一万円(いちまんえん)で何(なに)を買(か)うことができますか。 ➡ ____________________。

2 보기와 같이 빈칸을 채워보세요.

보기 食(た)べる	食(た)べられる 食(た)べられない	忘(わす)れる	
見(み)る		選(えら)ぶ	
する		借(か)りる	
動(うご)かす		飲(の)む	
泳(およ)ぐ		来(く)る	
笑(わら)う		削(けず)る	

3 보기와 같이 제시된 문장의 해석을 보고 알맞은 것을 골라 보세요.

보기 今(いま)からタバコは吸(す)わない (ように / ことに) します。
오늘부터 담배는 피우지 않도록 하겠습니다.

① 来月(らいげつ)、出勤(しゅっきん)する (ように / ことに) なりました。
다음 달에 출근하게 되었습니다.

② できるだけ遅刻(ちこく)はしないように (して / なって) います。
가능한 한 지각은 하지 않도록 하고 있습니다.

③ 今日(きょう)から毎日(まいにち)、日記(にっき)を書(か)くことに (なりました / しました)。
오늘부터 매일 일기를 쓰기로 했습니다.

④ 日本語(にほんご)が上手(じょうず)に話(はな)せるように (し / なり) ました。
일본어를 능숙하게 말할 수 있게 되었습니다.

4 빈칸에 들어갈 알맞은 말을 써 보세요.

① 子供(こども)の時(とき)、先生(せんせい)__________________。 어렸을 때 선생님이 되고 싶었습니다.

② 掃除(そうじ)をしたので、部屋(へや)が__________________。 청소를 해서 방이 깨끗해졌습니다.

③ 猫(ねこ)がずいぶん__________________ね。 고양이가 정말 많이 컸네요.

④ 勉強(べんきょう)のためにゲームは__________________。 공부를 위해 게임은 하지 않기로 했습니다.

5 잘 듣고 대답으로 알맞은 것을 고르세요. track 08 13

① ☐ ② ☐ ③ ☐

단어정리

track 08 14

☐ 空く（あ） 비다
☐ 暖かい（あたた） 따뜻하다
☐ 以上（いじょう） 이상
☐ インターネット 인터넷
☐ うらやましい 부럽다
☐ 運転（うんてん） 운전
☐ 応援（おうえん） 응원
☐ 折る（お） 접다
☐ ～階（かい） ～층
☐ 家事（かじ） 집안일
☐ ～月（がつ） ～월
☐ カップラーメン 컵라면
☐ 簡単に（かんたん） 간단하게
☐ 聞き取る（き と） 알아듣다
☐ 軍隊（ぐんたい） 군대
☐ 経験（けいけん） 경험
☐ 削る（けず） 줄이다, 삭감하다
☐ ～けど ～지만
☐ コンビニ 편의점
☐ 字（じ） 글자
☐ 自由（じゆう） 자유
☐ 出勤する（しゅっきん） 출근하다
☐ 出張（しゅっちょう） 출장
☐ スキー 스키
☐ 世界一周（せかいいっしゅう） 세계일주
☐ セミナー室（しつ） 세미나실
☐ 大会（たいかい） 대회
☐ 退職する（たいしょく） 퇴직하다
☐ 単語（たんご） 단어
☐ 担当する（たんとう） 담당하다
☐ できる 할 수 있다
☐ 通る（とお） 지나가다
☐ 解く（と） (문제를) 풀다
☐ トマトスープ 토마토수프
☐ 取り消す（と け） 취소하다
☐ 匂い（にお） 냄새
☐ ニュース 뉴스
☐ バイオリン 바이올린
☐ はく (하의 종류) 입다
☐ 弾く（ひ） 켜다, 치다
☐ 一人暮らし（ひとり ぐ） 독신 생활, 혼자 삶
☐ 秘密（ひみつ） 비밀
☐ ペット 반려동물
☐ 焼く（や） 굽다
☐ 予算（よさん） 예산
☐ 利用（りよう） 이용

UNIT

9

買(か)い物(もの)もいっぱいしよう!

쇼핑도 실컷 하자!

학습 내용

- 동사의 의지형
- 의지·의향 ~(よ)うと思(おも)う
- 의지·의도 ~つもりだ
- 예정 ~予定(よてい)だ

동영상 강의

문형체크

track 09 01

1 買い物もいっぱいしよう！

쇼핑도 실컷 하자!

동사의 의지형

동사의 의지형은 '~해야지'라는 자신의 가벼운 결심이나 의지를 나타내며, 상대방에게 '~할래? ~하자' 등 권유를 할 때도 사용합니다. 정중하게 권유할 때는 「～ましょう(~합시다)」를 사용합니다.

〈그룹별 동사의 의지형〉

- 3그룹 동사는 불규칙 활용을 합니다.
- 2그룹 동사는 어미 「る」를 없애고 「よう」를 붙입니다.
- 1그룹 동사는 어미 「う단」을 「お단」으로 고치고 「う」를 붙입니다.

동사의 종류	기본형	활용 방법	의지형
3그룹 동사	する 하다	불규칙 활용	しよう 해야지, 하자
	来る 오다		来よう 와야지, 오자
2그룹 동사	食べる 먹다	食べる+よう → 食べよう	食べよう 먹어야지, 먹자
	見る 보다		見よう 봐야지, 보자
1그룹 동사	買う 사다	買う → 買お+う → 買おう	買おう 사야지, 사자
	話す 말하다		話そう 말해야지, 말하자
	帰る 돌아가다		帰ろう 돌아가야지, 돌아가자

後でまた来よう。 나중에 또 와야지.

庭に木を植えよう。 정원에 나무를 심어야지.

たまねぎを刻もう。 양파를 썰어야지.

一緒に散歩しようか。 같이 산책할래?

さとうと小麦粉を混ぜましょう。 설탕과 밀가루를 섞읍시다.

植える 심다　たまねぎ 양파　刻む 잘게 썰다　小麦粉 밀가루　混ぜる 섞다

회화체크

track 09 02

A: 夏休み(なつやす)に東京(とうきょう)へ旅行(りょこう)に行(い)かない？

B: いいね！ 行(い)こう！

A: 花火大会(はなびたいかい)も行(い)こう！

B: うん！ 買(か)い物(もの)もいっぱいしよう！

A　여름방학에 도쿄로 여행가지 않을래?
B　좋아! 가자!
A　불꽃놀이도 가자!
B　응! 쇼핑도 실컷 하자!

Mini test

보기와 같이 바꿔 보세요.

보기 ご飯(はん)を食(た)べてから洗濯物(せんたくもの)を<u>干(ほ)します</u>。
➡ ご飯(はん)を食(た)べてから洗濯物(せんたくもの)を<u>干(ほ)そう</u>。 밥을 먹고 나서 세탁물을 말려야지(말리자).

① 今夜(こんや)は<u>外食(がいしょく)します</u>。 ➡ 今夜(こんや)は＿＿＿＿＿＿＿＿＿＿。 오늘 밤은 외식해야지(외식하자).

② データを<u>集(あつ)めます</u>。 ➡ データを＿＿＿＿＿＿＿＿＿＿。 데이터를 모아야지(모으자).

③ 展示会(てんじかい)に<u>行(い)きます</u>。 ➡ 展示会(てんじかい)に＿＿＿＿＿＿＿＿＿＿。 전시회에 가야지(가자).

④ そろそろ<u>寝(ね)ます</u>。 ➡ そろそろ＿＿＿＿＿＿＿＿＿＿。 슬슬 자야지(자자).

花火大会 불꽃놀이　洗濯物 세탁물　干す 말리다　今夜 오늘 밤　データ 데이터　集める 모으다
展示会 전시회　そろそろ 슬슬

track 09 03

2 私(わたし)は就職(しゅうしょく)しようと思(おも)っています。

저는 취직할까 생각하고 있어요.

□ ~(よ)うと思(おも)う ~하려고 생각한다, ~할까 한다

「동사의 의지형+(よ)うと思(おも)う」는 말하는 사람의 마음 속 생각을 남에게 밝힐 때 쓰는 말입니다. 이는 어떤 행동을 구체적으로 계획한 '예정'과는 구분이 되어 마음먹은 상태, 하려는 의지, 의향, 의도를 나타냅니다.

今(いま)からうどんを食(た)べに行(い)こうと思(おも)う。 지금부터 우동을 먹으러 갈까 한다.

新(あたら)しい情報(じょうほう)を集(あつ)めようと思(おも)います。 새로운 정보를 모으려고 합니다.

週末(しゅうまつ)は公園(こうえん)で遊(あそ)ぼうと思(おも)っています。 주말에는 공원에서 놀까 합니다.

田舎(いなか)に引(ひ)っ越(こ)そうと思(おも)っています。 시골로 이사하려고 합니다.

今度(こんど)の日曜日(にちようび)、美術館(びじゅつかん)に行(い)こうと思(おも)っています。 이번 일요일에 미술관에 가려고 해요.

そろそろマラソンの練習(れんしゅう)を始(はじ)めようと思(おも)っています。 슬슬 마라톤 연습을 시작하려고 합니다.

tip

「~(よ)うと思(おも)う」는 말하는 시점에서 마음먹은 상태를 나타내며, 「~(よ)うと思(おも)っている」는 어느 정도 지속적으로 마음먹은 상태를 나타냅니다.

就職する 취직하다　情報 정보　田舎 시골　引っ越す 이사하다　美術館 미술관　マラソン 마라톤

회화 체크

track 09 04

A: 森池(もりいけ)さんは卒業(そつぎょう)した後(あと)どうしますか。

B: 私(わたし)は就職(しゅうしょく)しようと思(おも)っています。村本(むらもと)さんはどうですか。

A: 私(わたし)は留学(りゅうがく)に行(い)きたいですが、まだ決(き)めていません。両親(りょうしん)と相談(そうだん)しようと思(おも)っています。

B: そうなんですね。

A　모리이케 씨는 졸업한 다음 어떻게 할 겁니까?

B　저는 취직할까 생각하고 있어요. 무라모토 씨는 어떻습니까?

A　저는 유학 가고 싶은데 아직 정하지 않았어요. 부모님과 의논하려고 생각하고 있어요.

B　그렇군요.

Mini test

보기와 같이 바꿔 보세요.

보기 行(い)く ➡ 週末(しゅうまつ)、友達(ともだち)と映画(えいが)を見(み)に行(い)こうと思(おも)っています。
주말에 친구와 영화를 보러 갈까 합니다.

① 焼(や)く ➡ 明日(あした)は家(うち)でケーキを＿＿＿＿＿＿と思(おも)っています。
내일은 집에서 케이크를 구울까 합니다.

② 送(おく)る ➡ 母(はは)の誕生日(たんじょうび)にお花(はな)とお金(かね)を＿＿＿＿＿＿と思(おも)っています。
엄마 생신 때 꽃과 돈을 보내려고 생각하고 있어요.

③ する ➡ 週末(しゅうまつ)は運動(うんどう)を＿＿＿＿＿＿と思(おも)っています。
주말에는 운동을 하려고 생각하고 있어요.

卒業する 졸업하다　　相談する 상담하다, 의논하다

track 09 05

3 図書館で勉強するつもり。

도서관에서 공부할 생각이야.

～つもりだ ～할 작정이다, ～할 생각이다

「つもり」는 '의도, 생각, 예정, 작정' 등의 뜻으로, 「동사의 기본형+つもりだ」는 '~할 작정이다'라는 의미입니다. 「동사의 의지형+(よ)うと思う」와 비슷한 표현이지만 좀 더 확정적 예정이나 실천을 위한 노력의 의미가 강합니다. 「～つもりだ」를 부정으로 말할 때는 「동사의 ない형+ないつもりだ」, 「동사의 기본형+つもりはない」로 표현합니다.

山田さんも招待するつもりだ。 야마다 씨도 초대할 작정이다.

運転免許を取るつもりです。 운전면허를 딸 생각입니다.

夜は何も食べないつもりだ。 밤에는 아무것도 먹지 않을 작정이다.

明日からお酒を飲まないつもりです。 내일부터 술을 마시지 않을 작정입니다.

彼と結婚するつもりはないです。 그와 결혼할 생각은 없습니다.

森さんの秘密を誰かに話すつもりはありません。
모리 씨의 비밀을 누군가에게 말할 생각은 없습니다.

tip

「つもり」는 윗사람이나 친하지 않은 사람에게 쓰면 무례한 느낌을 주거나 실례가 되는 경우가 있으므로 주의해야 합니다.

先生も来週、木村さんの演奏会に行きますか。(○)
先生も来週、木村さんの演奏会に行くつもりですか。(×)

招待する 초대하다　運転免許 운전면허　取る 따다, 취득하다　演奏会 연주회

회화체크

track 09 06

A: 夏休(なつやす)みは何(なに)するの？

B: 就職(しゅうしょく)の準備(じゅんび)のために図書館(としょかん)で勉強(べんきょう)するつもり。

A: バイトもしないの？

B: うん、バイトもしないつもりだよ。

A　여름방학에는 뭐 할 거야?
B　취직 준비를 위해 도서관에서 공부할 생각이야.
A　아르바이트도 안 할 거야?
B　응, 아르바이트도 하지 않을 작정이야.

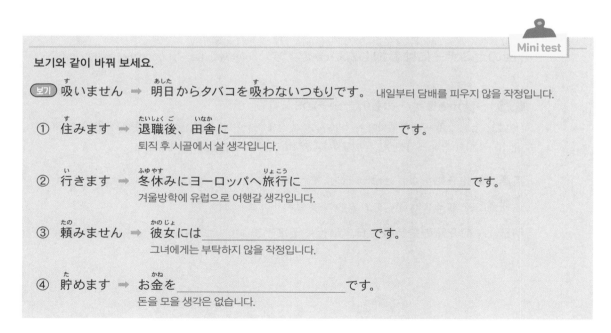

Mini test

보기와 같이 바꿔 보세요.

보기 吸(す)いません ➡ 明日(あした)からタバコを<u>吸(す)わないつもり</u>です。 내일부터 담배를 피우지 않을 작정입니다.

① 住(す)みます ➡ 退職後(たいしょくご)、田舎(いなか)に＿＿＿＿＿＿＿＿＿＿です。
퇴직 후 시골에서 살 생각입니다.

② 行(い)きます ➡ 冬休(ふゆやす)みにヨーロッパへ旅行(りょこう)に＿＿＿＿＿＿＿＿＿＿です。
겨울방학에 유럽으로 여행갈 생각입니다.

③ 頼(たの)みません ➡ 彼女(かのじょ)には＿＿＿＿＿＿＿＿＿＿です。
그녀에게는 부탁하지 않을 작정입니다.

④ 貯(た)めます ➡ お金(かね)を＿＿＿＿＿＿＿＿＿＿です。
돈을 모을 생각은 없습니다.

ヨーロッパ 유럽　　頼む 부탁하다　　貯める 모으다

track 09 07

4 朝11時の飛行機に乗る予定です。

아침 11시 비행기를 탈 예정입니다.

～予定だ ～예정이다

여행 날짜, 비행 시간 등 구체적으로 계획되어 있는 것, 확실히 예정된 것을 나타낼 때 쓰는 표현입니다.

품사 종류	접속 방법	접속 예
명사	명사+の予定だ	出張の予定だ 출장 예정이다
동사	기본형+予定だ	行く予定だ 갈 예정이다

* 부정 표현은 동사의 경우 「동사의 ない형+ない予定だ」의 형태를 취합니다.

来週、海に遊びに行きますが、日帰りの予定です。
다음 주 바다에 놀러가는데, 당일치기 예정입니다.

来月の18日に帰国する予定です。 다음 달 18일에 귀국할 예정입니다.

今年の試験は受けない予定です。 올해 시험은 보지 않을 예정입니다.

今回のセミナーには参加しない予定です。 이번 세미나에는 참가하지 않을 예정입니다.

tip ～(よ)うと思う / ～つもりだ / ～予定だ

「～(よ)うと思う」는 구체적 계획이 아니라 마음먹은 상태를, 「～つもりだ」는 이보다 좀 더 확정적일 경우나 결심, 의지를 나타내며, 「～予定だ」는 이들보다 확정적이고 구체적인 예정을 나타냅니다.

英語の勉強を始めようと思っています。 영어 공부를 시작하려고 생각하고 있습니다.

運転免許を取るつもりです。 운전면허를 딸 작정입니다.

明日、午前9時の飛行機で日本に行く予定です。 내일 오전 9시 비행기로 일본에 갈 예정입니다.

予定 예정　帰国する 귀국하다　日帰り 당일치기　参加する 참가하다

회화체크

track 09 08

A 明日から日本旅行ですよね。何時の飛行機ですか。

B 朝11時の飛行機に乗る予定です。

A 日本ではホテルに泊まりますか。

B 旅館に泊まる予定です。

A 내일부터 일본 여행이네요? 몇 시 비행기인가요?

B 아침 11시 비행기를 탈 예정입니다.

A 일본에서는 호텔에 묵습니까?

B 전통 여관에 묵을 예정입니다.

Mini test

보기와 같이 바꿔 보세요.

보기 行きます → 来月、日本に留学に<u>行く予定です</u>。 다음 달에 일본에 유학 갈 예정입니다.

① 10時 → 会議は________________。 회의는 10시 예정입니다.

② 来週 → 出張は________________。 출장은 다음 주 예정입니다.

③ 結婚します → 二人は________________。 두 사람은 결혼할 예정입니다.

④ 引っ越す → 5月に________________。 5월에 이사할 예정입니다.

泊まる 묵다, 머무르다　　旅館 여관(일본 전통 여관)

문형연습

track 09 09

○「동사의 의지형」을 연습해 봅시다.

日本語(にほんご)で話(はな)そう。

일본어로 말해야지.

一緒(いっしょ)に遊(あそ)ぼう。

같이 놀자.

明日(あした)は早(はや)く起(お)きよう。

내일은 빨리 일어나야지.

みんな集(あつ)まったから始(はじ)めようか。

모두 모였으니 시작할까?

チャンピオンに挑戦(ちょうせん)しよう。

챔피언에 도전해야지.

集まる 모이다
チャンピオン 챔피언
挑戦する 도전하다

track 09 10

○「~(よ)うと思(おも)う」를 연습해 봅시다.

暇(ひま)な時(とき)は漫画(まんが)を描(か)こうと思(おも)います。

한가할 때는 만화를 그릴까 합니다.

ピアノを習(なら)おうと思(おも)っています。

피아노를 배울까 합니다.

毎朝(まいあさ)野菜(やさい)ジュースを飲(の)もうと思(おも)っています。

매일 아침 채소 주스를 마시려고 생각하고 있습니다.

海外旅行(かいがいりょこう)の計画(けいかく)を立(た)てようと思(おも)っています。

해외여행 계획을 세우려고 생각하고 있습니다.

日本(にほん)で勉強(べんきょう)しようと思(おも)っています。

일본에서 공부하려고 생각하고 있습니다.

海外 해외
計画 계획
立てる 세우다

track
09 11

○「〜つもりだ」를 연습해 봅시다.

会社(かいしゃ)を辞(や)めるつもりです。
회사를 그만둘 생각입니다.

友達(ともだち)の結婚式(けっこんしき)に黄色(きいろ)いドレスを着(き)て行(い)くつもりです。
친구 결혼식에 노란 드레스를 입고 갈 생각입니다.

忙(いそが)しいので今回(こんかい)のセミナーには参加(さんか)しないつもりです。
바쁘니까 이번 세미나에는 참가하지 않을 작정입니다.

その人(ひと)と話(はな)すつもりはない。
그 사람과 이야기할 생각은 없다.

あそこに二度(にど)と行(い)くつもりはありません。
거기에 두 번 다시 갈 생각은 없습니다.

辞める 그만두다
結婚式 결혼식
ドレス 드레스
二度と
두 번 다시, 다시는

track
09 12

○「〜予定(よてい)だ」를 연습해 봅시다.

一人(ひとり)で発表(はっぴょう)する予定(よてい)だ。
혼자서 발표할 예정이다.

出発(しゅっぱつ)は午前(ごぜん)7時(じ)の予定(よてい)です。
출발은 오전 7시 예정입니다.

動物園(どうぶつえん)で山田(やまだ)さんに会(あ)う予定(よてい)です。
동물원에서 야마다 씨를 만날 예정입니다.

会議(かいぎ)は11時(じ)に終(お)わる予定(よてい)です。
회의는 11시에 끝날 예정입니다.

運転免許(うんてんめんきょ)は取(と)らない予定(よてい)です。
운전면허는 따지 않을 예정입니다.

出発 출발
動物園 동물원

연습 문제

1 보기와 같이 빈칸을 채워보세요.

보기 食べる	食べよう	待つ	
見る		辞める	
する		行く	
作る		飲む	
泳ぐ		来る	
話す		帰る	

2 (　　) 안의 단어를 사용해 보기와 같이 답해 보세요.

보기
A 仕事が終わって何をしますか。 (休む)
B すぐ家に帰って休もうと思っています。

① A これからどうしますか。 (試験を受ける)
B 留学に行くために＿＿＿＿＿＿＿＿＿＿＿＿＿＿＿＿。

② A レポートはもう書きましたか。 (書く)
B 明日、図書館で＿＿＿＿＿＿＿＿＿＿＿＿＿＿＿＿。

③ A 週末、何をしますか。 (家事をする)
B 掃除や洗濯など、＿＿＿＿＿＿＿＿＿＿＿＿＿＿＿＿。

④ A 卒業してから何をしますか。 (勉強する)
B 日本で＿＿＿＿＿＿＿＿＿＿＿＿＿＿＿＿。

3 (　　) 안의 단어를 사용해 보기와 같이 답해 보세요.

보기
A 英語(えいご)の勉強(べんきょう)のためにどうしますか。(英語(えいご)の本(ほん)を読(よ)む)
B 毎日(まいにち)、英語(えいご)の本(ほん)を読(よ)むつもりです。

① A 今度(こんど)の日曜日(にちようび)、何(なに)をしますか。(マラソンの練習(れんしゅう)をする)
B 友達(ともだち)と＿＿＿＿＿＿＿＿＿＿＿＿＿＿＿＿。

② A 夏休(なつやす)みに何(なに)をしますか。(運転免許(うんてんめんきょ)を取(と)る)
B 就職(しゅうしょく)のために＿＿＿＿＿＿＿＿＿＿＿＿＿＿＿＿。

4 스케줄 메모를 보고 빈칸에 들어갈 알맞은 말을 써 보세요.

09:00	東京駅(とうきょうえき)を出発(しゅっぱつ)
11:00	大阪駅(おおさかえき)で宮部(みやべ)さんに会(あ)う
13:00~18:00	大阪大学(おおさかだいがく)でセミナー
19:00	山田先生(やまだせんせい)と食事(しょくじ)

① A セミナーは何時(なんじ)に終(お)わりますか。
B ＿＿＿＿＿＿＿＿＿＿＿＿＿＿＿＿予定(よてい)です。

② A 東京(とうきょう)から何時(なんじ)に出発(しゅっぱつ)しますか。
B ＿＿＿＿＿＿＿＿＿＿＿＿＿＿＿＿の予定(よてい)です。

5 잘 듣고 대답으로 알맞은 것을 고르세요. track 09 13

① ☐　　② ☐　　③ ☐

단어정리

track 09 14

- ☐ 集(あつ)まる 모이다
- ☐ 集(あつ)める 모으다
- ☐ 田舎(いなか) 시골
- ☐ 植(う)える 심다
- ☐ 運転免許(うんてんめんきょ) 운전면허
- ☐ 演奏会(えんそうかい) 연주회
- ☐ 海外(かいがい) 해외
- ☐ 帰国(きこく)する 귀국하다
- ☐ 刻(きざ)む 잘게 썰다
- ☐ 計画(けいかく) 계획
- ☐ 結婚式(けっこんしき) 결혼식
- ☐ 小麦粉(こむぎこ) 밀가루
- ☐ 今夜(こんや) 오늘 밤
- ☐ 参加(さんか)する 참가하다
- ☐ 就職(しゅうしょく)する 취직하다
- ☐ 出発(しゅっぱつ) 출발
- ☐ 招待(しょうたい)する 초대하다
- ☐ 情報(じょうほう) 정보
- ☐ 洗濯物(せんたくもの) 세탁물
- ☐ 相談(そうだん)する 상담하다, 의논하다
- ☐ 卒業(そつぎょう)する 졸업하다
- ☐ そろそろ 슬슬
- ☐ 立(た)てる 세우다
- ☐ 頼(たの)む 부탁하다
- ☐ たまねぎ 양파
- ☐ 貯(た)める 모으다
- ☐ チャンピオン 챔피언
- ☐ 挑戦(ちょうせん)する 도전하다
- ☐ データ 데이터
- ☐ 展示会(てんじかい) 전시회
- ☐ 動物園(どうぶつえん) 동물원
- ☐ 泊(と)まる 묵다, 머무르다
- ☐ 取(と)る 따다, 취득하다
- ☐ ドレス 드레스
- ☐ 二度(にど)と 두 번 다시, 다시는
- ☐ 花火大会(はなびたいかい) 불꽃놀이
- ☐ 日帰(ひがえ)り 당일치기
- ☐ 美術館(びじゅつかん) 미술관
- ☐ 引(ひ)っ越(こ)す 이사하다
- ☐ 干(ほ)す 말리다
- ☐ 混(ま)ぜる 섞다
- ☐ マラソン 마라톤
- ☐ 辞(や)める 그만두다
- ☐ ヨーロッパ 유럽
- ☐ 予定(よてい) 예정
- ☐ 旅館(りょかん) 여관(일본 전통 여관)

UNIT 10

どちらを使(つか)ったほうがいいと思(おも)いますか。

어느 쪽을 쓰는 편이 좋다고 생각합니까?

학습 내용

- **의견** ～と思(おも)う
- **추측1** ～でしょう
- **추측2** ～かもしれません
- **추측3** ～はずだ

동영상 강의

track 10 01

1 どちらを使ったほうがいいと思いますか。

어느 쪽을 쓰는 편이 좋다고 생각합니까?

~と思う ~라고 생각한다, ~인 것 같다

잘 모르는 상황에서 정황을 보고 추측할 때, 감상·의견·소견 등을 말할 때 사용합니다.

품사 종류	접속 방법	접속 예
명사	보통형+と思う	休みだと思う 휴일이라고 생각한다
な형용사		暇だと思う 한가하다고 생각한다
い형용사		おいしいと思う 맛있다고 생각한다
동사		見ると思う 본다고 생각한다

あの人は本田さんのお父さんだと思う。 저 사람은 혼다 씨의 아버지인 것 같다.

彼は前は警察官だったと思います。 그는 전에는 경찰관이었던 것 같습니다.

このアプリはあまり便利じゃないと思う。 이 앱은 그다지 편리하지 않다고 생각한다.

最近の物価はとても高いと思います。 최근 물가는 매우 비싸다고 생각합니다.

高校時代はよかったと思います。 고교 시절은 좋았다고 생각합니다.

先輩は一緒に行けないと思います。 선배는 함께 갈 수 없을 것 같습니다.

鈴木さんは最近、無理していると思います。 스즈키 씨는 최근에 무리하고 있다고 생각합니다.

物価 물가　　高校時代 고교 시절

회화체크

track 10 02

A 紙コップとタンブラーとどちらを使ったほうがいいと思いますか。

B タンブラーは重いし、洗わなければならないので、ちょっと不便だと思います。でも紙コップは環境に悪いので少し不便でもやっぱりタンブラーを使ったほうがいいと思います。

A 私もそう思います。紙コップやビニール袋など、使い捨てのものはできるだけ使わないほうがいいと思います。

A 종이컵과 텀블러 중에 어느 쪽을 쓰는 편이 좋다고 생각하나요?

B 텀블러는 무겁고, 씻어야 하기 때문에 조금 불편하다고 생각해요. 하지만 종이컵은 환경에 나쁘기 때문에 조금 불편해도 역시 텀블러를 쓰는 편이 좋다고 생각합니다.

A 저도 그렇게 생각해요. 종이컵이나 비닐봉지 등, 일회용 물건은 되도록 사용하지 않는 편이 좋다고 생각해요.

Mini test

보기와 같이 바꿔 보세요.

보기 勉強しています。 → 弟は今、勉強していると思います。
남동생은 지금 공부하고 있는 것 같습니다.

① 先生です。 → あの人は____________。 저 사람은 선생님인 것 같습니다.

② 嫌いです。 → 鈴木さんは野菜が____________。
스즈키 씨는 채소를 싫어하는 것 같습니다.

③ 高くありません。 → 値段は____________。 가격은 비싸지 않다고 생각합니다.

④ 運転をしません。 → 昨日、彼は____________。 어제 그는 운전을 하지 않은 것 같습니다.

紙コップ 종이컵　タンブラー 텀블러　不便だ 불편하다　環境 환경　やっぱり 역시　ビニール袋 비닐봉지
～など ～등, 따위　使い捨て 한 번 쓰고 버림, 일회용

문형체크

track 10 03

2 台風(たいふう)の影響(えいきょう)で雨(あめ)が降(ふ)るでしょう。

태풍의 영향으로 비가 내리겠습니다.

□ ～でしょう ～겠지요

「～でしょう」는 미래의 일이나 확실치 않은 일에 대해 아마 그럴 것이라고 추측하는 표현입니다. 자연 징후, 정보, 이유 등을 근거로 상황을 판단, 추측하는 표현으로 주로 일기예보 등에 쓰이며 「たぶん(아마), おそらく(아마)」 등과 함께 쓰기도 합니다. 추측 외에 확인을 할 때도 쓰이는데 이 경우는 말끝을 올려 「～でしょう⤴」라고 합니다. 「～でしょう」의 반말 표현은 「～だろう」이며, 「～でしょう、～だろう」는 모든 품사의 보통형에 접속하지만, 명사와 な형용사의 현재긍정형은 「だ」를 없애고 연결합니다.

품사 종류	접속 방법	접속 예
명사	보통형+でしょう	休(やす)みでしょう 휴일이겠지요
な형용사		暇(ひま)でしょう 한가하겠지요
い형용사		おいしいでしょう 맛있겠지요
동사		見(み)るでしょう 보겠지요

明日(あした)もいい天気(てんき)でしょう。 내일도 날씨가 좋겠지요.

会社(かいしゃ)を辞(や)めたので彼(かれ)は明日(あした)暇(ひま)でしょう。 회사를 그만뒀으니 그는 내일 한가하겠지요.

山田(やまだ)さんのおすすめなのでたぶんおいしいでしょう。 야마다 씨의 추천이니 아마 맛있겠지요.

彼(かれ)はたぶん来(こ)ないでしょう。 그는 아마 안 오겠지요.

このカードはたぶん使(つか)えないでしょう。⤴ 이 카드는 아마 쓸 수 없겠지요?〈확인〉

森(もり)さんは大学生(だいがくせい)だろう。 모리 씨는 대학생이겠지.

今回(こんかい)はおそらくAチームが優勝(ゆうしょう)するだろう。 이번에는 아마 A팀이 우승하겠지.

台風 태풍　影響 영향　おすすめ 추천　たぶん 아마　おそらく 아마　チーム 팀　優勝する 우승하다

회화체크

track 10 04

A

明日の天気予報です。全国的に台風の影響で雨が降るでしょう。北海道は大雨が降る所が多いでしょう。東京も雨で強風も吹くでしょう。沖縄も雨で雷を伴い激しく降る所があるでしょう。

B

え！雨！松田さん、明日の山登りは無理ですよね。

C

残念ですが、そうですね。

A　내일 일기 예보입니다. 전국적으로 태풍의 영향으로 비가 내리겠습니다. 홋카이도는 큰 비가 내리는 곳이 많겠습니다. 도쿄도 비가 오는데 강풍도 불겠습니다. 오키나와도 비가 오는데, 천둥을 동반하여 세차게 내리는 곳이 있겠습니다.

B　어! 비! 마쓰다 씨, 내일 등산은 무리겠네요.

C　아쉽지만 그렇겠네요.

Mini test

보기와 같이 바꿔 보세요.

보기 晴れます ➡ 明日も晴れるでしょう。/ 明日も晴れるだろう。 내일도 맑겠지요. / 내일도 맑겠지.

① 幸せです ➡ 彼は＿＿＿＿＿＿＿＿＿＿。/ 彼は＿＿＿＿＿＿＿＿＿＿。
그는 행복하겠지요. / 그는 행복하겠지.

② お金持ちです ➡ ＿＿＿＿＿＿＿＿＿＿。/ ＿＿＿＿＿＿＿＿＿＿。
부자겠지요. / 부자겠지.

③ 帰ってきます ➡ 遅く＿＿＿＿＿＿＿＿＿＿。/ 遅く＿＿＿＿＿＿＿＿＿＿。
늦게 돌아오겠지요. / 늦게 돌아오겠지.

④ 甘いです ➡ そのコーヒーは＿＿＿＿＿＿＿＿＿＿。/ そのコーヒーは＿＿＿＿＿＿＿＿＿＿。
그 커피는 달겠지요. / 그 커피는 달겠지.

全国的 전국적　北海道 홋카이도〈지명〉　強風 강풍　吹く (바람이) 불다　沖縄 오키나와〈지명〉　雷 천둥
伴う 동반하다　激しい 세차다, 격심하다　残念だ 유감이다, 아쉽다　お金持ち 부자

track 10 05

3 それが悪(わる)かったかもしれませんね。

그게 안 좋았던 건지도 모르겠네요.

□ ～かもしれません ～일지도 모릅니다

어떤 상황이나 사건이 일어날 가능성이 있음을 추측하는 표현입니다. 보통형에 접속하지만, 명사와 な형용사의 현재긍정형은 「だ」를 없애고 연결합니다.

품사 종류	접속 방법	접속 예
명사	보통형+かもしれません	学生(がくせい)かもしれません 학생일지도 모릅니다
な형용사		きれいかもしれません 예쁠지도 모릅니다
い형용사		おいしいかもしれません 맛있을지도 모릅니다
동사		来(く)るかもしれません 올지도 모릅니다

あの人(ひと)は弁護士(べんごし)かもしれません。 저 사람은 변호사일지도 모릅니다.

斉藤(さいとう)さんは警察官(けいさつかん)だったかもしれません。 사이토 씨는 경찰관이었을지도 모릅니다.

先生(せんせい)はコーヒーが好(す)きかもしれません。 선생님은 커피를 좋아할지도 모릅니다.

その仕事(しごと)は大変(たいへん)だったかもしれません。 그 일은 힘들었을지도 모릅니다.

彼(かれ)は忙(いそが)しいかもしれません。 그는 바쁠지도 모릅니다.

大雪(おおゆき)ですから、彼(かれ)は遅(おく)れるかもしれません。 큰눈이 오니까 그는 늦을지도 모릅니다.

tip

「～かもしれません」을 반말로 할 때는 「～かもしれない」라고 하며, 친한 사이에서는 「～かも」라고 줄여서 말하기도 합니다.

田中君(たなかくん)は今日(きょう)授業(じゅぎょう)に来(こ)ないかもしれない。 다나카 군은 오늘 수업에 안 올지도 모른다.

田中君(たなかくん)は今日(きょう)授業(じゅぎょう)に来(こ)ないかも。 다나카 군은 오늘 수업에 안 올지도 몰라.

大雪 큰눈, 대설

회화체크

track 10 06

A 昨日(きのう)からお腹(なか)が痛(いた)くて吐(は)き気(け)がします。

B え！ それ、もしかしたら食中毒(しょくちゅうどく)かもしれませんよ。昨日(きのう)何(なに)を食(た)べたんですか。

A すしを食(た)べました。

B それが悪(わる)かったかもしれませんね。

A 어제부터 배가 아프고 구역질이 납니다.
B 아! 그거, 어쩌면 식중독일지도 몰라요. 어제 뭘 먹은 거예요?
A 초밥을 먹었습니다.
B 그게 안 좋았던 건지도 모르겠네요.

Mini test

보기와 같이 바꿔 보세요.

보기 招待(しょうたい)しません ➡ 彼(かれ)を招待(しょうたい)しないかもしれません。 그를 초대하지 않을지도 모릅니다.

① おいしくありません ➡ ケーキは ____________。 케이크는 맛없을지도 모릅니다.

② 会(あ)えます ➡ 彼女(かのじょ)に ____________。 그녀를 만날 수 있을지도 모릅니다.

③ 元気(げんき)じゃありません ➡ 彼(かれ)は ____________。 그는 건강하지 않을지도 모릅니다.

④ 美術館(びじゅつかん)です ➡ あれは ____________。 저것은 미술관일지도 모릅니다.

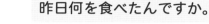

吐き気 구역질　　もしかしたら 어쩌면　　食中毒 식중독　　すし 초밥

track 10 07

4 地下鉄で来るはずですから間に合うと思います。

지하철로 올 터이니 시간에 맞출 수 있을 거라 생각합니다.

□ ～はずだ ～일 것이다, 당연히 ～할 터이다

「～はずだ」는 객관적인 근거 또는 논리적 판단의 결과 확신을 가지고 추측할 때 쓰는 표현입니다. 「～はずだ」는 보통형에 접속하지만, 명사의 현재긍정형은 「명사+の+はずだ」의 형태로, な형용사의 현재긍정형은 「어미+な+はずだ」의 형태로 접속하는 것에 주의합니다. 「～はずだ」는 「きっと(분명, 꼭)」와 함께 쓰이는 경우가 많습니다.

품사 종류	접속 방법	접속 예
명사	보통형+はずだ	学生のはずだ 학생일 것이다
な형용사		きれいなはずだ 예쁠 것이다
い형용사		おいしいはずだ 맛있을 것이다
동사		来るはずだ 올 것이다

姉は旅行中だから留守のはずだ。 언니는 여행 중이라서 부재중일 것이다.

暗くてよく見えないけどあの人は部長じゃないはずだ。背が低いから。
어두워서 잘 안 보이지만 저 사람은 부장님이 아닐 것이다. 키가 작기 때문에.

彼は大学でデザインを勉強したので絵が上手なはずです。
그는 대학에서 디자인을 공부했으니까 그림을 잘 그릴 것입니다.

昨日は店にお客さんが一人しかいなかったから静かだったはずだ。
어제는 가게에 손님이 한 명 밖에 없었기 때문에 조용했을 것이다.

有名なシェフの料理なのできっとおいしいはずです。
유명한 셰프의 요리이니까 분명 맛있을 겁니다.

森さんは今、韓国にいないはずだ。先週、日本に帰ったから。
모리 씨는 지금 한국에 없을 것이다. 지난 주 일본에 돌아갔기 때문에.

間に合う 시간에 대다　　留守 부재중, 외출하고 집에 없음　　デザイン 디자인　　シェフ 셰프

회화 체크

track 10 08

A もうすぐ映画(えいが)が始(はじ)まりますが、上田(うえだ)さんは間(ま)に合(あ)うでしょうか。

B 地下鉄(ちかてつ)で来(く)るはずですから間(ま)に合(あ)うと思(おも)います。

A 途中(とちゅう)で入(はい)るのはちょっと…。

B まだ時間(じかん)がありますから、もうちょっと待(ま)ってみましょう。

A 이제 곧 영화가 시작되는데 우에다 씨는 시간에 맞출 수 있을까요?
B 지하철로 올 터이니 시간에 맞출 수 있을 거라 생각합니다.
A 도중에 들어가는 건 좀….
B 아직 시간이 있으니 좀 더 기다려 봅시다.

Mini test

보기와 같이 바꿔 보세요.

보기 来(き)ません ➡ 中田(なかた)さんは来(こ)ないはずです。 나카타 씨는 오지 않을 것입니다.

① 必要(ひつよう)です ➡ その映画(えいが)は予約(よやく)が＿＿＿＿＿＿＿＿。 그 영화는 예약이 필요할 것입니다.

② 難(むずか)しくありません ➡ 試験(しけん)は＿＿＿＿＿＿＿＿。 시험은 어렵지 않을 것입니다.

③ できます ➡ スミスさんは日本語(にほんご)が＿＿＿＿＿＿＿＿。
스미스 씨는 일본어를 할 수 있을 것입니다.

④ 弁護士(べんごし)です ➡ 彼女(かのじょ)は＿＿＿＿＿＿＿＿。 그녀는 변호사일 것입니다.

途中 도중　　必要だ 필요하다

문형 연습

track 10 09

○「～と思う」를 연습해 봅시다.

その男の人は中国人だと思う。
그 남자는 중국인인 것 같다.

このカメラは操作が簡単だと思います。
이 카메라는 조작이 간단한 것 같습니다.

このかばんは質がいいのでこれくらいの値段は高くないと思います。
이 가방은 질이 좋기 때문에 이 정도 가격은 비싸지 않다고 생각합니다.

自分の人生は自分で決めなければならないと思います。
자신의 인생은 스스로 결정하지 않으면 안 된다고 생각합니다.

操作 조작
質 질
人生 인생

track 10 10

○「～でしょう/～だろう」를 연습해 봅시다.

明日は曇りのち晴れでしょう。
내일은 흐린 뒤 맑겠습니다.

一人でその仕事をするのは無理でしょう。
혼자서 그 일을 하는 것은 무리겠지요.

ひらがなで書いてもいいのでテストは難しくないでしょう。
히라가나로 써도 괜찮으니까 시험은 어렵지 않겠지요.

山田さんも博物館に行くだろう。
야마다 씨도 박물관에 가겠지.

頭が痛いが薬を飲んだのですぐ治るだろう。
머리가 아프지만 약을 먹었으니 곧 낫겠지.

８月ですから日本はとても暑いでしょう。
8월이니까 일본은 굉장히 덥겠지요?

曇り 흐림
のち 후, 뒤
晴れ 맑음

track 10 11

◦「～かもしれません」을 연습해 봅시다

熱(ねつ)があります。風邪(かぜ)かもしれません。

열이 있습니다. 감기일지도 모릅니다.

歩(ある)いて行(い)くのは危険(きけん)かもしれません。

걸어서 가는 것은 위험할지도 모릅니다.

子供(こども)には辛(から)いかもしれない。

아이에게는 매울지도 모른다.

これよりもっと安(やす)いものがあるかもしれない。

이것보다 더 싼 것이 있을지도 모른다.

弟(おとうと)が週末(しゅうまつ)よく出(で)かけるようになった。恋人(こいびと)ができたかも。

남동생이 주말에 자주 나가게 되었다. 애인이 생겼을지도.

危険だ 위험하다
恋人 애인

track 10 12

◦「～はずだ」를 연습해 봅시다

今日(きょう)は月曜日(げつようび)だから、デパートは休(やす)みのはずだ。

오늘은 월요일이니까 백화점을 휴일일 것이다.

本田(ほんだ)さんは韓国(かんこく)で勉強(べんきょう)したから韓国語(かんこくご)が上手(じょうず)なはずだ。

혼다 씨는 한국에서 공부했기 때문에 한국어를 잘 할 것이다.

さとうを入(い)れたから甘(あま)いはずです。

설탕을 넣었기 때문에 달 것입니다.

お金(かね)を貯(た)めているので３年後留学(ねんごりゅうがく)に行(い)けるはずです。

돈을 모으고 있으니 3년 후 유학갈 수 있을 것입니다.

風邪(かぜ)が治(なお)ったので彼(かれ)は学校(がっこう)に来(く)るはずです。

감기가 나았으니 그는 학교에 올 겁니다.

연습 문제

1 (　　) 안의 단어를 사용해 보기와 같이 답해 보세요.

> 보기
> A 村上(むらかみ)さんはどんな人(ひと)ですか。(優(やさ)しい人(ひと)です)
> B 村上(むらかみ)さんは<u>優(やさ)しい人(ひと)だと思(おも)います</u>。

① A 森(もり)さんはどこにいますか。(家(いえ)に帰(かえ)りました)

B 森(もり)さんは________________。

② A 朝(あさ)7時(じ)に起(お)きるのは早(はや)いですか。(早(はや)くありません)

B あまり________________。

③ A 彼(かれ)が話(はな)したのは本当(ほんとう)ですか。(うそです)

B いいえ、全部(ぜんぶ)________________。

2 (　　) 안의 단어를 사용해 보기와 같이 답해 보세요.

> 보기
> A このりんご、味(あじ)はどうでしょうか。(甘(あま)いです)
> B たぶん<u>甘(あま)いでしょう</u>。

① A 明日(あした)の天気(てんき)はどうでしょうか。(晴(は)れます)

B 明日(あした)は________________。

② A 中田君(なかたくん)は試験(しけん)に合格(ごうかく)できるでしょうか。(合格(ごうかく)します)

B 今年(ことし)はきっと試験(しけん)に________________。

③ A 吉田(よしだ)さんは家(いえ)にいるでしょうか。(いません)

B 毎週(まいしゅう)、日曜日(にちようび)は図書館(としょかん)に行(い)きますから、
今(いま)、家(いえ)には________________。

3 빈칸에 들어갈 알맞은 말을 써 보세요.

① スミスさんは何(なん)でもよく食(た)べるので、すしも＿＿＿＿＿＿＿＿＿＿。

스미스 씨는 뭐든지 잘 먹으니 초밥도 좋아할지도 모릅니다.

② 高(たか)い車(くるま)を持(も)っているから、彼(かれ)は＿＿＿＿＿＿＿＿＿＿。

비싼 자동차를 가지고 있으니, 그는 부자일지도 모릅니다.

③ あのスマホは＿＿＿＿＿＿＿＿＿＿。

저 스마트폰은 비쌀지도 모릅니다.

4 보기와 같이 답해 보세요.

보기

A 彼女(かのじょ)は今日(きょう)、家(うち)にいるでしょうか。

B 彼女(かのじょ)は毎日働(まいにちはたら)いているから、家(うち)にいないはずです。

① A 銀行(ぎんこう)は今(いま)、開(あ)いているでしょうか。

B 今(いま)、午前(ごぜん)10時(じ)ですから、銀行(ぎんこう)は＿＿＿＿＿＿＿＿＿＿。

② A 彼(かれ)は幸(しあわ)せでしょうか。

B 好(す)きな人(ひと)と結婚(けっこん)したので、彼(かれ)はきっと＿＿＿＿＿＿＿＿＿＿。

③ A 宮部(みやべ)さんは約束(やくそく)の時間(じかん)に間(ま)に合(あ)うでしょうか。

B 1時間前(じかんまえ)に出発(しゅっぱつ)したから、宮部(みやべ)さんは＿＿＿＿＿＿＿＿＿＿。

5 잘 듣고 대답으로 알맞은 것을 고르세요. track 10 13

① ☐　　② ☐　　③ ☐

단어정리

track 10 14

- [ ] 影響(えいきょう) 영향
- [ ] 大雪(おおゆき) 큰눈, 대설
- [ ] お金持ち(かねも) 부자
- [ ] 沖縄(おきなわ) 오키나와〈지명〉
- [ ] おすすめ 추천
- [ ] おそらく 아마
- [ ] 紙(かみ)コップ 종이컵
- [ ] 雷(かみなり) 천둥
- [ ] 環境(かんきょう) 환경
- [ ] 危険(きけん)だ 위험하다
- [ ] 強風(きょうふう) 강풍
- [ ] 曇(くも)り 흐림
- [ ] 恋人(こいびと) 애인
- [ ] 高校時代(こうこうじだい) 고교 시절
- [ ] 残念(ざんねん)だ 유감이다, 아쉽다
- [ ] シェフ 셰프
- [ ] 質(しつ) 질
- [ ] 食中毒(しょくちゅうどく) 식중독
- [ ] 人生(じんせい) 인생
- [ ] すし 초밥
- [ ] 全国的(ぜんこくてき) 전국적
- [ ] 操作(そうさ) 조작
- [ ] 台風(たいふう) 태풍
- [ ] たぶん 아마
- [ ] タンブラー 텀블러
- [ ] チーム 팀
- [ ] 使(つか)い捨(す)て 한 번 쓰고 버림, 일회용
- [ ] デザイン 디자인
- [ ] 途中(とちゅう) 도중
- [ ] 伴(ともな)う 동반하다
- [ ] ～など ～등, 따위
- [ ] のち 후, 뒤
- [ ] 吐(は)き気(け) 구역질
- [ ] 激(はげ)しい 세차다, 격심하다
- [ ] 晴(は)れ 맑음
- [ ] 必要(ひつよう)だ 필요하다
- [ ] ビニール袋(ぶくろ) 비닐봉지
- [ ] 吹(ふ)く (바람이) 불다
- [ ] 物価(ぶっか) 물가
- [ ] 不便(ふべん)だ 불편하다
- [ ] 北海道(ほっかいどう) 홋카이도〈지명〉
- [ ] 間(ま)に合(あ)う 시간에 대다
- [ ] もしかしたら 어쩌면
- [ ] やっぱり 역시
- [ ] 優勝(ゆうしょう)する 우승하다
- [ ] 留守(るす) 부재중, 외출하고 집에 없음

UNIT 11

とてもおもしろいそうです。

아주 재미있다고 해요.

학습 내용

- **전문** ～そうだ
- **추량·양태** ～そうだ
- **～そうだ의 활용**
- **추측** ～ようだ

동영상 강의

track 11 01

1 とてもおもしろいそうです。

아주 재미있다고 해요.

～そうだ ～라고 한다 〈전문(伝聞): 뉴스, 소문, 지식 등을 전하는 말〉

들은 정보를 본인의 의견이나 견해 없이 그대로 전달하는 표현으로, 보통형에 접속합니다. 전해 들은 출처를 밝힐 때는 「～によると(～에 의하면)」라는 말을 사용합니다.

품사 종류	접속 방법	접속 예
명사	보통형+そうだ	学生だそうだ 학생이라고 한다
な형용사		有名だそうだ 유명하다고 한다
い형용사		高いそうだ 비싸다고 한다
동사		行くそうだ 간다고 한다

彼は画家だそうだ。그는 화가라고 한다.

このカメラは操作が簡単だそうです。 이 카메라는 조작이 간단하다고 합니다.

友達によるとあの映画はおもしろくないそうです。 친구에 의하면 저 영화는 재미없다고 합니다.

うちの学校はなくなったそうです。 우리 학교는 없어졌다고 합니다.

tip 「～って」 ～래

친한 사이에서는 「～そうだ」 대신 「～って」를 씁니다. 「～って」는 「～そうだ」보다 회화적인 표현으로 보통형에 접속하여 사용합니다.

新しいお店はとてもおいしいって。 새로 생긴 가게는 아주 맛있대.

彼女は明日暇だって。 그녀는 내일 한가하대.

画家 화가　　なくなる 없어지다

회화체크

track 11 02

A 『大地震(おおじしん)』という映画(えいが)見(み)ましたか。

B 私(わたし)はまだ見(み)ていませんが、池田(いけだ)さんによると、とてもおもしろいそうです。

A あ、そうなんですね。

B 漫画(まんが)が原作(げんさく)で、とても人気(にんき)があったそうですよ。

A 『대지진』이라는 영화 봤어요?
B 저는 아직 보지 않았는데 이케다 씨에 의하면 아주 재미있다고 해요.
A 아, 그렇군요.
B 만화가 원작으로 아주 인기가 있었다고 해요.

Mini test

보기와 같이 바꿔 보세요.

보기 曇(くも)りです ➡ 明日(あした)の天気(てんき)は曇(くも)りだそうです。 내일 날씨는 흐리다고 합니다.

① よかったです ➡ 若(わか)い時(とき)は目(め)が＿＿＿＿＿＿＿＿＿＿。 젊을 때에는 눈이 좋았다고 합니다.

② 政治家(せいじか)じゃありません ➡ あの人(ひと)は＿＿＿＿＿＿＿＿＿＿。 그 사람은 정치가가 아니라고 합니다.

③ 生(う)まれました ➡ 赤(あか)ちゃんが＿＿＿＿＿＿＿＿＿＿。 아기가 태어났다고 합니다.

④ 便利(べんり)です ➡ このカーナビは＿＿＿＿＿＿＿＿＿＿。 이 카 내비게이션은 편리하다고 합니다.

大地震 대지진　原作 원작　若い 젊다　政治家 정치가　赤ちゃん 아기　カーナビ 카 내비게이션

track 11 03

2 さとうもなくなりそうなんだ。

설탕도 떨어질 것 같아.

～そうだ ～인 것 같다, ～할 것 같다

말하는 사람이 본 상황이나 외적인 모양, 인상을 근거로 추측하는 표현입니다. 동사의 ます형에 「そうだ」가 접속하면 '~할 것 같다'는 어떤 일이 일어나기 직전 상황을 나타내거나 예측, 어떤 행위를 할 가능성의 여부를 나타내는 표현이 됩니다. 「そうだ」는 な형용사 활용을 합니다.

품사 종류		접속 방법	접속 예
な형용사	긍정	어간+そうだ	暇(ひま)そうだ 한가할 것 같다, 한가해 보인다
	부정	어간+じゃなさそうだ	暇(ひま)じゃなさそうだ 한가하지 않은 것 같다, 한가하지 않아 보인다
い형용사	긍정	어간+そうだ	おいしそうだ 맛있을 것 같다, 맛있어 보인다
	부정	어간+くなさそうだ	おいしくなさそうだ 맛있을 것 같지 않다, 맛없어 보인다
동사	긍정	ます형+そうだ	雨(あめ)が止(や)みそうだ 비가 그칠 것 같다
	부정	ない형+なさそうだ	雨(あめ)が止(や)まなさそうだ 비가 그칠 것 같지 않다

たくさん勉強(べんきょう)したので明日(あした)の試験(しけん)は大丈夫(だいじょうぶ)そうです。
공부를 많이 해서 내일 시험은 괜찮을 것 같습니다.

この机(つくえ)はあまり丈夫(じょうぶ)じゃなさそうです。 이 책상은 그다지 튼튼해 보이지 않습니다.

そのかばんはあまり高(たか)くなさそうだが、実(じつ)は高(たか)いそうだ。
그 가방은 그다지 비싸 보이지 않는데, 실은 비싸다고 한다.

今(いま)にも雨(あめ)が降(ふ)りそうだ。 금방이라도 비가 내릴 것 같다.

財布(さいふ)が小(ちい)さくて、お金(かね)が中(なか)に入(はい)らなさそうです。
지갑이 작아서 돈이 안에 들어갈 것 같지 않습니다.

tip

- そうだ의 부정형은 동사의 경우 「동사 ます형+そうにもない」를 쓰기도 합니다.
  雨(あめ)が止(や)みそうにもない。비가 그칠 것 같지도 않다.
- い형용사 「いい」가 「そうだ」와 접속할 때는 「よさそうだ」로 활용하는 점에 주의합니다.
  今日(きょう)は体(からだ)の調子(ちょうし)がよさそうだ。오늘은 몸 상태가 좋은 것 같다.

회화 체크

track 11 04

A: 歯磨き粉（はみがこ）がなくなりそうだから、スーパーに買（か）いに行（い）ってくる。

B: あ、さとうもなくなりそうだから買（か）ってきてくれる？

A: わかった。他（ほか）に必要（ひつよう）なものある？

B: チーズケーキが食（た）べたいな。この前（まえ）スーパーにあったんだけど、とてもおいしそうだったの。

A　치약이 떨어질 것 같으니까 슈퍼마켓에 사러 갔다올게.
B　아, 설탕도 떨어질 것 같으니까 사다 줄래?
A　알았어. 그 외에 필요한 것 있어?
B　치즈 케이크가 먹고 싶네. 요전에 슈퍼마켓에 있었는데, 정말 맛있어 보였어.

Mini test

보기와 같이 바꿔 보세요.

보기 頭（あたま）がいい ⇒ その学生（がくせい）は頭（あたま）が<u>よさそうです</u>。 그 학생은 머리가 좋은 것 같습니다.

① 甘（あま）い ⇒ このケーキはかなり＿＿＿＿＿＿＿＿＿＿。 이 케이크는 꽤 달 것 같습니다.

② 真面目（まじめ）だ ⇒ 彼（かれ）はとても＿＿＿＿＿＿＿＿＿＿。 그는 아주 성실할 것 같습니다.

③ ぶつかる ⇒ 車（くるま）に＿＿＿＿＿＿＿＿＿＿。 자동차에 부딪칠 것 같습니다.

歯磨き粉 치약　チーズケーキ 치즈케이크　かなり 상당히, 꽤　ぶつかる 부딪치다

track 11 05

3 おいしそうなケーキですね。

맛있어 보이는 케이크네요.

~そうな+명사 ~인 듯한, ~해 보이는

「~そうだ」는 「そうです, そうでした, そうだった」 등 な형용사와 같은 활용을 하며, 명사 수식형과 부사를 만드는 방법도 な형용사와 같습니다. 「~そうだ」가 명사를 수식할 때는 어미 「だ」를 「な」로 바꾸어 줍니다. 부정형은 「~じゃなさそうな(~하지 않은 것 같은)」로 활용합니다.

赤(あか)ちゃんが泣(な)きそうな顔(かお)をしています。 아기가 울 것 같은 얼굴을 하고 있습니다.

新鮮(しんせん)じゃなさそうな果物(くだもの)がいっぱいある。 신선하지 않아 보이는 과일이 가득 있다.

~そうに+동사 ~인 듯이, ~것처럼

「~そうだ」의 어미 「だ」가 「に」로 바뀌어 「~そうに」의 형태가 되면 동사를 꾸며주는 부사의 역할을 합니다.

彼女(かのじょ)は嬉(うれ)しそうに笑(わら)いました。 그녀는 기쁜 듯이 웃었습니다.

このゲームは簡単(かんたん)そうに見(み)えます。 이 게임은 간단한 듯 보입니다.

tip

추측을 나타내는 「そうだ」는 사람이나 사물의 겉모습, 외양 등을 보고 주관적인 판단을 하는 표현이므로, 당연한 경우에 사용하면 어색합니다.

あの人(ひと)は背(せ)が高(たか)いです。(○) (키가 큰 사람을 보고) 저 사람은 키가 큽니다.

あの人(ひと)は背(せ)が高(たか)そうです。(×)

新鮮だ 신선하다　　嬉しい 기쁘다　　見える 보이다

회화체크

track 11 06

A わあ、おいしそうなケーキですね。

B ここ、有名(ゆうめい)なんですよ。友達(ともだち)によると、本当(ほんとう)においしいそうです。でも値段(ねだん)は高(たか)いかもしれませんね。

A 今日(きょう)はボーナスももらったし、一(ひと)つ買(か)って帰(かえ)ろうかな。

B それはいいかもしれませんね。甘(あま)そうに見(み)えますがそんなに甘(あま)くないそうですから。

A 우와, 맛있어 보이는 케이크네요.

B 여기 유명하거든요. 친구가 그러는데 정말로 맛있다고 해요. 그런데 가격은 비쌀지도 모르겠네요.

A 오늘은 보너스도 받았고, 하나 사 갈까.

B 그것도 좋을지 모르겠네요. 달아 보이지만 그렇게 달지 않다고 하니까요.

Mini test

보기와 같이 바꿔 보세요.

보기 優(やさ)しい ➡ 優(やさ)しそうな人(ひと) 상냥해 보이는 사람

① 幸(しあわ)せだ ➡ ____________ 家族(かぞく) 행복해 보이는 가족

② 降(ふ)る ➡ 雨(あめ)が____________ 天気(てんき) 비가 내릴 것 같은 날씨

③ 元気(げんき)だ ➡ ____________ 見(み)えます。 건강한 듯이 보입니다.

④ 悲(かな)しい ➡ ____________ 泣(な)いています。 슬픈듯이 울고 있습니다.

～かな ～할까? 〈혼자서 망설일 때 쓰는 말〉　そんなに 그렇게　悲しい 슬프다

track 11 07

4 家(いえ)にはいないようです。

집에는 없는 모양이에요.

～ようだ ～인 듯하다, ～인 것 같다

「～ようだ」는 어떤 상황을 보고 판단하거나 자신의 체험, 느낌 등의 결과를 주관적으로 추측할 때 사용하는 표현입니다. 「～ようだ」는 보통형에 접속하지만, 명사의 현재긍정형은 「명사+の+ようだ」의 형태로, な형용사의 현재긍정형은 「어미+な+ようだ」의 형태로 접속하는 점에 주의합니다. 「～そうだ」와 마찬가지로 「～ようだ」도 な형용사 활용을 합니다. 또한 「명사+の+ようだ」는 모양이나 상태를 무언가에 비유할 때 사용하기도 합니다.

품사	접속 방법	접속 예
명사	보통형+ようだ	休(やす)みのようだ 휴일인 듯 하다
な형용사		暇(ひま)なようだ 한가한 것 같다, 한가해 보인다
い형용사		おいしいようだ 맛있을 것 같다, 맛있어 보인다
동사		行(い)くようだ 갈 것 같다

この子犬(こいぬ)はまるでぬいぐるみのようですね。 이 강아지는 마치 봉제 인형 같네요.

先生(せんせい)はうどんが好(す)きなようです。今日(きょう)もうどんですね。

선생님은 우동을 좋아하는 것 같습니다. 오늘도 우동이네요.

森(もり)さんはまだ仕事(しごと)をしていますね。本当(ほんとう)に忙(いそが)しいようです。

모리 씨는 아직 일을 하고 있네요. 정말로 바쁜 듯합니다.

昨日(きのう)の夜(よる)、雨(あめ)が降(ふ)ったようです。 〈땅이 젖은 것을 보고〉 어젯밤 비가 왔던 것 같습니다.

まるで 마치

회화체크

track 11 08

A 電話(でんわ)をしても出(で)ません。家(いえ)にはいないようです。
ケータイにも出(で)ないし、木村(きむら)さんはどこにいるんでしょうか。

B 最近(さいきん)は仕事(しごと)が大変(たいへん)なようでした。残業(ざんぎょう)も多(おお)かったし。
どこかへリフレッシュしに行(い)ったかもしれません。

A 誰(だれ)にも言(い)わないでどこかへ行(い)く性格(せいかく)じゃないと思(おも)いますが。

B 私(わたし)もちょっと気(き)になりますが、まずは連絡(れんらく)が来(く)るまで待(ま)って
みましょう。

A 전화를 해도 안 받아요. 집에는 없는 모양이에요. 휴대전화도 안 받고, 기무라 씨는 어디에 있을까요?
B 최근에는 일이 힘든 것 같았어요. 잔업도 많았고. 어딘가 쉬러 갔을지도 몰라요.
A 아무에게도 말하지 않고 어딘가에 갈 성격은 아니라고 생각하는데요.
B 저도 좀 걱정이 되지만, 우선 연락이 올 때까지 기다려 봅시다.

Mini test

보기와 같이 바꿔 보세요.

보기 しました ➡ 誰(だれ)かが掃除(そうじ)をしたようです。 누군가가 청소를 한 것 같습니다.

① 有名(ゆうめい)です ➡ 韓国(かんこく)のアイドルは日本(にほん)でも＿＿＿＿＿＿ようです。
한국의 아이돌은 일본에서도 유명한 것 같습니다.

② 留守(るす)です ➡ 電話(でんわ)に出(で)ません。＿＿＿＿＿＿ようです。
전화를 받지 않습니다. 부재중인 것 같습니다.

③ 降(ふ)っています ➡ 雨(あめ)が＿＿＿＿＿＿ようです。 비가 오고 있는 것 같습니다.

電話に出る 전화를 받다　残業 잔업　どこか 어딘가　リフレッシュする 리프레시하다, 재충전하다　性格 성격
気になる 걱정되다　まずは 우선, 일단　連絡 연락　アイドル 아이돌

문형연습

track 11 09

○「전문의 そうだ」를 연습해 봅시다.

ニュースによると、明日(あした)は晴(は)れだそうだ。
뉴스에 의하면 내일은 맑다고 한다.

その作家(さっか)は韓国(かんこく)ではあまり有名(ゆうめい)じゃないそうです。
그 작가는 한국에서는 그다지 유명하지 않다고 합니다.

新(あたら)しい部長(ぶちょう)は怖(こわ)いそうです。
새로운 부장님은 무섭다고 합니다.

うわさによると、二人(ふたり)は別(わか)れたそうです。
소문에 의하면 둘은 헤어졌다고 합니다.

中村(なかむら)さん、宝(たから)くじに当(あ)たったって。
나카무라 씨 복권에 당첨되었대.

うわさ 소문
別れる 헤어지다
宝くじ 복권
当たる 당첨되다

track 11 10

○「추량·양태의 そうだ」를 연습해 봅시다.

初(はじ)めて会(あ)った時(とき)、彼(かれ)は真面目(まじめ)そうでした。
처음 만났을 때 그는 성실해 보였습니다.

昔(むかし)、彼(かれ)は幸(しあわ)せそうでしたが、今(いま)は幸(しあわ)せじゃなさそうです。
예전에 그는 행복한 것 같았는데 지금은 행복하지 않은 것 같습니다.

一生懸命(いっしょうけんめい)勉強(べんきょう)したので、今年(ことし)は試験(しけん)に受(う)かりそうです。
열심히 공부했으니까 올해는 시험에 합격할 것 같습니다.

お腹(なか)がいっぱいなので、これ以上(いじょう)食(た)べられなさそうです。
배불러서 더 이상 못 먹을 것 같습니다.

デートの時(とき)、二人(ふたり)は仲(なか)がよさそうでしたが、今(いま)はよくなさそうです。
데이트 때 두 사람은 사이가 좋아 보였는데, 지금은 안 좋은 것 같습니다.

初めて 처음
受かる 합격하다

track 11 11

「～そうな・～そうに」를 연습해 봅시다.

彼女(かのじょ)は静(しず)かで、口(くち)が軽(かる)くなさそうな印象(いんしょう)です。

그녀는 조용하고 입이 가볍지 않을 것 같은 인상입니다.

弟(おとうと)は何(なに)か言(い)いたそうな顔(かお)をしている。

남동생은 뭔가 말하고 싶은 듯한 얼굴을 하고 있다.

子供(こども)たちが走(はし)りながら楽(たの)しそうに笑(わら)っています。

아이들이 뛰면서 즐거운 듯이 웃고 있습니다.

木村(きむら)さんは口(くち)が堅(かた)そうに見(み)えます。

기무라 씨는 입이 무거운 듯이 보입니다.

赤(あか)ちゃんが幸(しあわ)せそうに寝(ね)ています。

아기가 행복한 듯이 자고 있습니다.

口が軽い
입이 가볍다

印象 인상

口が堅い
입이 무겁다

track 11 12

「～ようだ」를 연습해 봅시다.

どうやら交通事故(こうつうじこ)のようだ。

아무래도 교통사고인 듯하다.

新(あたら)しいスマホは高(たか)くても機能(きのう)は便利(べんり)なようです。

새로 나온 스마트폰은 비싸도 기능은 편리한 것 같습니다.

いつも人(ひと)が並(なら)んでいるので、あのお店(みせ)はおいしいようです。

항상 사람이 줄서 있어서, 저 가게는 맛있는 것 같습니다.

研究室(けんきゅうしつ)に誰(だれ)かいるようだ。

연구실에 누군가 있는 것 같다.

いつも汚(きたな)かった部屋(へや)が今日(きょう)はきれいですね。誰(だれ)かが掃除(そうじ)をしたようです。

항상 지저분했던 방이 오늘은 깨끗하네요. 누군가 청소를 한 듯합니다.

どうやら
아무래도

機能 기능

並ぶ
줄서다, 늘어서다

연습 문제

1 보기와 같이 빈칸을 채워보세요.

보기 おいしい	おいしそうです	おいしくなさそうです
真面目(まじめ)だ		
高(たか)い		
受(う)かる		
いい		

2 (　　) 안의 단어를 사용해 보기와 같이 답해 보세요.

보기
A　新(あたら)しいお店(みせ)に行(い)ってみましたか。(おいしいです)
B　いいえ、でも森(もり)さんによると安(やす)くておいしいそうです。

① A　池田(いけだ)さんは最近元気(さいきんげんき)がありませんね。(別(わか)れました)
B　友達(ともだち)によると恋人(こいびと)と＿＿＿＿＿＿＿＿＿＿。

② A　リンさんはまた日本(にほん)に行(い)きましたか。(山(やま)が好(す)きです)
B　ええ、細田(ほそだ)さんによるとリンさんは日本(にほん)の＿＿＿＿＿＿＿＿＿＿。

③ A　このお店(みせ)はお客(きゃく)さんがいませんね。(おいしくありません)
B　部長(ぶちょう)によると高(たか)いし、＿＿＿＿＿＿＿＿＿＿。

④ A　原(はら)さんは歌(うた)が上手(じょうず)ですね。(したいです)
B　それで音楽(おんがく)の勉強(べんきょう)が＿＿＿＿＿＿＿＿＿＿。

3 「そうに・そうな」 중 하나를 활용하여 보기와 같이 바꿔 보세요.

보기 降(ふ)る ➡ 雨(あめ)が降(ふ)りそうな天気(てんき)です。

① 頭(あたま)がいい ➡ 頭(あたま)が＿＿＿＿＿＿＿＿学生(がくせい)です。

② おいしい ➡ ＿＿＿＿＿＿＿＿見(み)えますが、おいしくありません。

③ 丈夫(じょうぶ)だ ➡ 部屋(へや)の中(なか)に＿＿＿＿＿＿＿＿テーブルが置(お)いてあります。

④ 嬉(うれ)しい ➡ ＿＿＿＿＿＿＿＿笑(わら)っています。

4 「ようだ」를 활용하여 보기와 같이 바꿔 보세요.

보기 きれいになりました。
➡ 山下(やました)さんは何(なに)かいいことでもあったようです。(ありました)

① いつもスカートをはいています。 ➡ スカートが＿＿＿＿＿＿。(大好(だいす)きです)

② 椅子(いす)に座(すわ)って寝(ね)ています。 ➡ 疲(つか)れて＿＿＿＿＿＿。(います)

③ 何(なに)も食(た)べていません。 ➡ お腹(なか)の調子(ちょうし)が＿＿＿＿＿＿。(よくありません)

④ 料理(りょうり)がおいしくなりました。 ➡ 料理教室(りょうりきょうしつ)にでも＿＿＿＿＿＿。(通(かよ)っています)

5 잘 듣고 대답으로 알맞은 것을 고르세요. track 11 13

① ☐　　② ☐　　③ ☐

단어정리

track 11 14

- ☐ アイドル 아이돌
- ☐ 赤ちゃん(あか) 아기
- ☐ 当たる(あ) 당첨되다
- ☐ 印象(いんしょう) 인상
- ☐ 受かる(う) 합격하다
- ☐ 嬉しい(うれ) 기쁘다
- ☐ うわさ 소문
- ☐ 大地震(おおじしん) 대지진
- ☐ カーナビ 카 내비게이션
- ☐ 画家(がか) 화가
- ☐ ～かな ～할까? 〈혼자서 망설일 때 쓰는 말〉
- ☐ 悲しい(かな) 슬프다
- ☐ かなり 상당히, 꽤
- ☐ 気になる(き) 걱정되다
- ☐ 機能(きのう) 기능
- ☐ 口が堅い(くち・かた) 입이 무겁다
- ☐ 口が軽い(くち・かる) 입이 가볍다
- ☐ 原作(げんさく) 원작
- ☐ 残業(ざんぎょう) 잔업
- ☐ 新鮮だ(しんせん) 신선하다
- ☐ 性格(せいかく) 성격
- ☐ 政治家(せいじか) 정치가
- ☐ そんなに 그렇게
- ☐ 宝くじ(たから) 복권
- ☐ チーズケーキ 치즈케이크
- ☐ 電話に出る(でんわ・で) 전화를 받다
- ☐ どうやら 아무래도
- ☐ どこか 어딘가
- ☐ なくなる 없어지다
- ☐ 並ぶ(なら) 줄서다, 늘어서다
- ☐ 初めて(はじ) 처음
- ☐ 歯磨き粉(はみが・こ) 치약
- ☐ ぶつかる 부딪치다
- ☐ まずは 우선, 일단
- ☐ まるで 마치
- ☐ 見える(み) 보이다
- ☐ リフレッシュする 리프레시하다, 재충전하다
- ☐ 連絡(れんらく) 연락
- ☐ 若い(わか) 젊다
- ☐ 別れる(わか) 헤어지다

UNIT

12

このボタンを押(お)すとチケットが出(で)ます。

이 버튼을 누르면 티켓이 나옵니다.

학습 내용

- 가정·조건1 ~と
- 가정·조건2 ~たら
- 가정·조건3 ~なら
- 가정·조건4 ~ば

동영상 강의

문형체크

track 12 01

1 このボタンを押(お)すとチケットが出(で)ます。

이 버튼을 누르면 티켓이 나옵니다.

□ ～と ～면, ～하면

「～と」는 '앞의 조건이 성립되면 반드시 뒤의 사항이 성립된다는 의미로, 사실을 가정하는 데 쓰여 '사실 조건'이라고도 합니다. 자연 현상, 기계 조작, 길 안내, 반복적인 일이나 습관 등에 쓰입니다.

품사	접속 방법	접속 예
명사	보통형+と	学生(がくせい)だと 학생이면
な형용사		有名(ゆうめい)だと 유명하면
い형용사		高(たか)いと 비싸면
동사		行(い)くと 가면

日本(にほん)では20歳(はたち)以上(いじょう)だとお酒(さけ)が飲(の)めます。 일본에서는 스무살 이상이면 술을 마실 수 있습니다.

静(しず)かだといつも眠(ねむ)ってしまいます。 조용하면 언제나 잠들어 버립니다.

部屋(へや)が暗(くら)いと本(ほん)が読(よ)めません。 방이 어두우면 책을 읽을 수 없습니다.

2に1を足(た)すと3になります。 2에 1을 더하면 3이 됩니다.

tip

「～と」는 반복적이고 필연적인 의존관계를 나타내기 때문에 「～と」 뒤에 주관적 표현인 의지, 명령, 희망 등의 표현이 올 수 없습니다.

春(はる)になると、遊(あそ)びに行(い)きたいです。 봄이 되면 놀러 가고 싶습니다. (×)

PLUS ➕

- **～てしまう ～해 버리다**

「동사의 て형+てしまう」는 동작의 완료, 유감, 후회를 나타낼 때 사용합니다.

宿題(しゅくだい)を忘(わす)れてしまいました。 숙제를 잊어 버렸습니다.

眠る 자다　　足す 더하다

회화체크

track 12 02

A すみません。チケットが出(で)ないんですが…。

B パスポートをスキャンしてこのボタンを押(お)すとチケットが出(で)ます。

A ありがとうございます。あの、13番(ばん)ゲートはどこにありますか。

B まっすぐ行(い)って、右(みぎ)に曲(ま)がるとあります。

A 저기요. 티켓이 안 나오는데요….

B 여권을 스캔하고 이 버튼을 누르면 티켓이 나옵니다.

A 감사합니다. 저, 13번 게이트는 어디에 있나요?

B 쭉 가서 오른쪽으로 돌면 있습니다.

Mini test

보기와 같이 바꿔 보세요.

보기 押(お)します → このスイッチを<u>押(お)すと</u>電気(でんき)が消(き)えます。 이 스위치를 누르면 전기가 꺼집니다.

① 行(い)きます → まっすぐ__________駅(えき)があります。 곧장 가면 역이 있습니다.

② 降(お)ります → 次(つぎ)の駅(えき)で__________乗(の)り換(か)えができません。
다음 역에서 내리지 않으면 환승할 수 없습니다.

③ 飲(の)みます → 私(わたし)はお酒(さけ)を__________いつも顔(かお)が赤(あか)くなります。
나는 술을 마시면 항상 얼굴이 빨개집니다.

パスポート 패스포트, 여권　スキャンする 스캔하다　ゲート 게이트, 출입구　スイッチ 스위치
乗り換え 갈아탐, 환승

track 12 03

2 宝(たから)くじが当(あ)たったらどうしますか。

복권이 당첨된다면 어떻게 할 건가요?

□ ～たら ～면, ～하면

「～たら」는 가정 및 조건을 나타내는 말로, 특정적, 일회적인 가정을 나타냅니다. 따라서 「～たら」 뒤에 오는 말은 말하는 이의 주관적 표현(의지, 명령, 금지, 의뢰, 희망 등)이 오는 것이 특징입니다. 「～たら」는 과거 보통형에 접속하지만 과거의 뜻이 없는 것에 주의합니다.

품사		접속 방법	접속 예
명사	긍정	명사+だったら	日本人(にほんじん)だったら 일본인이라면
	부정	명사+じゃなかったら	日本人(にほんじん)じゃなかったら 일본인이 아니라면
な형용사	긍정	어간+だったら	親切(しんせつ)だったら 친절하다면
	부정	어간+じゃなかったら	親切(しんせつ)じゃなかったら 친절하지 않다면
い형용사	긍정	어간+かったら	安(やす)かったら 싸다면
	부정	어간+くなかったら	安(やす)くなかったら 싸지 않다면
동사	긍정	동사의 た형+たら	飲(の)んだら 마신다면
	부정	동사의 ない형+なかったら	飲(の)まなかったら 마시지 않는다면

いい天気(てんき)だったら、一緒(いっしょ)に散歩(さんぽ)しませんか。 좋은 날씨라면 같이 산책하지 않겠습니까?

雨(あめ)じゃなかったら、山登(やまのぼ)りに行(い)くつもりです。 비가 안 온다면 등산하러 갈 생각입니다.

嫌(いや)だったら会(あ)わなくてもいいです。 싫으면 만나지 않아도 좋습니다.

安(やす)かったらもう一(ひと)つ買(か)いたいです。 싸면 하나 더 사고 싶습니다.

駅(えき)に着(つ)いたら、電話(でんわ)してください。 역에 도착하면 전화해 주세요.

山登り 등산

회화 체크

track 12 04

A: 木村さん、もし、宝くじが当たったらどうしますか。

B: 私は世界一周旅行に行きたいです。林さんは?

A: 私はお金持ちになったら、プールつきの大きい家を建てたいです。

B: それもいいですね。想像するだけで幸せですね。

A　기무라 씨, 만일 복권이 당첨된다면 어떻게 할 건가요?
B　나는 세계일주 여행을 가고 싶어요. 하야시 씨는요?
A　나는 부자가 된다면, 수영장 딸린 큰 집을 짓고 싶어요.
B　그것도 좋겠네요. 상상하는 것만으로 행복하네요.

Mini test

보기와 같이 바꿔 보세요.

보기 暇だ ➡ 明日暇だったら遊びに来てください。 내일 한가하면 놀러 오세요.

① いい ➡ 天気が＿＿＿＿＿＿散歩に行きましょう。 날씨가 좋으면 산책하러 갑시다.

② おいしくない ➡ ＿＿＿＿＿＿食べなくてもいいです。 맛이 없으면 먹지 않아도 돼요.

③ 飲む ➡ お酒を＿＿＿＿＿＿運転しないでください。 술을 마시면 운전하지 마세요.

④ 外国人 ➡ ＿＿＿＿＿＿韓国語が分からないでしょう。 외국인이라면 한국어를 모르겠네요.

プール 풀, 수영장　～つき 붙어 있음　建てる 세우다, 짓다　想像する 상상하다

track 12 05

3 東京に行くなら上野公園はどうですか。

도쿄에 간다면 우에노 공원은 어때요?

~なら ~하면, ~라면

「~なら」는 '비가 오면 다음에 가자'처럼 '조건'을 내세울 때 쓰는 말입니다. 보통형에 접속하나 명사와 な형용사의 경우 「だ」를 빼고 접속합니다. 또한 「なら」는 상대방이 한 말에 대한 본인의 조언이나 충고, 견해, 판단, 의견을 말할 때 씁니다. 따라서 「~が一番いいです / ~たほうがいいです / ~ないほうがいいです」 등의 표현과 함께 쓰이는 경우가 많습니다.

품사	접속 방법	접속 예
명사	보통형だ+なら	学生なら 학생이면
な형용사	보통형だ+なら	有名なら 유명하면
い형용사	보통형+なら	高いなら 비싸면
동사	보통형+なら	行くなら 가면

明日雨なら、海に行くのは今度にしましょう。

내일 비가 온다면 바다에 가는 것은 다음으로 합시다.

暇なら手伝ってくださいませんか。 한가하다면 도와주지 않겠습니까?

お腹の調子が悪いなら、何も食べないほうがいいですよ。

속이 안 좋으면 아무것도 안 먹는 게 좋아요.

日本旅行に行きたいなら、この本を読んでください。

일본 여행을 가고 싶다면 이 책을 읽으세요.

tip

「~なら」는 대표적이거나 특정적인 것을 내세워 말할 때도 쓰입니다.

日本語ならスミスさんがうちのクラスの中で一番上手です。

일본어라면 스미스 씨가 우리 반에서 제일 잘합니다.

東京 도쿄〈지명〉　上野 우에노〈지명〉

회화체크

track 12 06

A 夏休みに東京に遊びに行く予定です。東京でどこに行ったらいいでしょうか。

B 東京に行くなら上野公園はどうですか。

A 上野公園は博物館で有名なところですよね。

B ええ。広い公園、美術館、科学博物館などいろいろな見どころがたくさんありますよ。

A 여름휴가에 도쿄로 놀러 갈 예정입니다. 도쿄에서 어디에 가면 좋을까요?
B 도쿄에 간다면 우에노 공원은 어때요?
A 우에노 공원은 박물관으로 유명한 곳이지요?
B 네. 넓은 공원, 미술관, 과학박물관 등 여러 가지 볼거리가 많이 있어요.

Mini test

보기와 같이 바꿔 보세요.

보기 やせたいです ⇒ やせたいならラーメンは食べないほうがいいですよ。
살을 빼고 싶다면 라면은 먹지 않는 편이 좋아요.

① 暇だ ⇒ 明日＿＿＿＿＿＿＿＿、一緒に遊びに行きませんか。
내일 한가하면 함께 놀러 가지 않겠습니까?

② 引っ越します ⇒ 新しい家に＿＿＿＿＿＿＿＿、どこに住みたいですか。
새 집으로 이사하면 어디에 살고 싶습니까?

③ ピアノ ⇒ ＿＿＿＿＿＿＿＿、うちの学校の中で森君が一番です。
피아노라면 우리 학교에서 모리 군이 제일입니다.

科学 과학　見どころ 볼거리　やせる 마르다, 살이 빠지다

track
12 07

4 よければ貸(か)してあげますよ。

괜찮다면 빌려줄게요.

～ば ～하면, ～면

「～ば」는 '값이 싸다면'처럼 비싼지 싼지 확인 전까지는 알 수 없는 경우를 가정하는 가정조건과, '날씨가 좋다면(전건) 와 주세요(후건)'처럼 후건이 성립하기 위한 조건을 내걸 때 쓰는 표현입니다. 「～ば」의 후건에는 부정적 의미가 오면 어색하며, 전건에 부합하는 바람직한 내용이 옵니다. 형용사가 「～ば」와 접속할 경우 후건에 명령, 희망, 금지, 권유 등의 표현이 올 수 있으며, 가능, 의지 표현도 옵니다.

품사		접속 방법	접속 예
명사	긍정	명사+なら(ば)	学生(がくせい)なら(ば) 학생이라면
	부정	명사+じゃなければ	学生(がくせい)じゃなければ 학생이 아니라면
な형용사	긍정	어간+なら(ば)	親切(しんせつ)なら(ば) 친절하다면
	부정	어간+じゃなければ	親切(しんせつ)じゃなければ 친절하지 않다면
い형용사	긍정	어간+ければ	高(たか)ければ 비싸다면
	부정	어간+くなければ	高(たか)くなければ 비싸지 않다면

* ( )는 존재하는 말이기는 하나 회화체에서는 거의 쓰이지 않습니다.

彼(かれ)なら(ば)できる。 그라면 할 수 있다.

暇(ひま)なら(ば)映画(えいが)でも見(み)に行(い)きませんか。 한가하다면 영화라도 보러 가지 않겠습니까?

安(やす)ければ買(か)いたいです。 싸면 사고 싶습니다.

天気(てんき)がよくなければ行(い)きたくありません。 날씨가 좋지 않으면 가고 싶지 않습니다.

tip

い형용사 「いい」가 「～ば」와 접속할 때는 「よければ」로 활용하는 점에 주의합니다.

天気(てんき)がよければ山(やま)に行(い)こう。 날씨가 좋다면 산에 가자.

質(しつ)がよくなければ買(か)いません。 질이 좋지 않다면 사지 않겠습니다.

회화 체크

track 12 08

A: スミスさん、この日本語(にほんご)の本(ほん)、とてもおもしろいんですが、読(よ)んでみませんか。

B: 難(むずか)しくなければ読(よ)めるかもしれませんが、難(むずか)しければ無理(むり)だと思(おも)います。

A: かわいい絵(え)もたくさんあるし、漢字(かんじ)も少(すく)ないので難(むずか)しくないと思(おも)います。よければ貸(か)してあげますよ。

B: それなら一度(いちど)読(よ)んでみます。ありがとうございます。

A　스미스 씨, 이 일본어 책 아주 재미있는데 읽어보지 않을래요?

B　어렵지 않다면 읽을 수 있을지도 모르지만, 어려우면 무리일 거예요.

A　귀여운 그림도 많이 있고 한자도 적어서 어렵지 않을 거라 생각해요. 괜찮다면 빌려줄게요.

B　그렇다면 한 번 읽어 보겠습니다. 고맙습니다.

Mini test

보기와 같이 바꿔 보세요.

보기 高(たか)い ➡ 高(たか)ければ買(か)いません。 비싸면 사지 않겠습니다.

① 暑(あつ)い ➡ ＿＿＿＿＿＿ばクーラーをつけてください。 더우면 에어컨을 켜세요.

② 近(ちか)い ➡ 駅(えき)から＿＿＿＿＿＿ば引(ひ)っ越(こ)したいです。 역에서 가까우면 이사하고 싶어요.

③ 悪(わる)くない ➡ 性格(せいかく)が＿＿＿＿＿＿ば会(あ)ってみます。 성격이 나쁘지 않다면 만나 볼게요.

それなら 그렇다면, 그러면　　クーラー 쿨러, 냉방장치

track 12 09

5 どこで乗り換えればいいですか。

어디서 갈아타면 됩니까?

동사의 가정형 (~ば) ~하면

아직 이루어지지 않은 일을 가정하여, 그것을 조건으로 어떤 일이 일어나는 경우에 쓰입니다. 즉, 「~ば」에 해당하는 일이 일어난다면 뒤의 일이 일어난다는 의미이며, 그 반대도 성립합니다. 동사와 「~ば」가 접속할 때는 후건에 명령, 희망, 의지, 허가, 권유 등의 내용이 올 수 없습니다.

〈그룹별 동사의 가정형〉

- 3그룹 동사는 불규칙 활용을 합니다.
- 2그룹 동사는 어미 「る」를 떼고 「れば」를 붙입니다.
- 1그룹 동사는 어미 「う단」을 「え단」으로 고치고 「ば」를 붙입니다.

동사의 종류	기본형	활용 방법	가정형(~ば)
3그룹 동사	する 하다	불규칙 활용	すれば 하면
	来る 오다		来れば 오면
2그룹 동사	食べる 먹다	食べる+れば → 食べれば	食べれば 먹으면
1그룹 동사	買う 사다	買う → 買え+ば → 買えば	買えば 사면

* 부정 표현의 경우 「동사의 ない형+なければ」의 형태를 취합니다.

予約すればよかったのに。 예약하면 좋았을텐데.

彼が来なければ私もセミナーに行かない。 그가 오지 않는다면 나도 세미나에 가지 않겠다.

明日晴れれば公園で運動をするつもりです。 내일 맑으면 공원에서 운동을 할 생각입니다.

時間があれば遊びに来てください。 시간이 있으면 놀러 오세요.

tip

존재를 나타내는 동사(ある、いる)가 「~ば」와 접속하면 뒤에 명령, 희망, 의지, 허가, 권유 등의 표현이 올 수 있습니다.

お金があればかばんを買いたいです。 돈이 있으면 가방을 사고 싶습니다.

乗り換える 갈아타다, 환승하다

회화체크

track 12 10

A 渋谷駅(しぶやえき)に行(い)きたいんですが、どこで乗(の)り換(か)えればいいですか。

B 渋谷駅(しぶやえき)なら、ここから三(みっ)つ目(め)の駅(えき)で乗(の)り換(か)えればいいですよ。

A 渋谷駅(しぶやえき)に行(い)けばハチ公(こう)の像(ぞう)がありますか。

B はい、渋谷駅(しぶやえき)のハチ公口(こうぐち)を出(で)るとハチ公(こう)の像(ぞう)があります。

A　시부야역에 가고 싶은데요, 어디서 갈아타면 됩니까?
B　시부야역이라면 여기서 세 번째 역에서 갈아타면 됩니다.
A　시부야역에 가면 하치코 동상이 있습니까?
B　네, 시부야역 하치코 입구를 나가면 하치코 동상이 있습니다.

Mini test

보기와 같이 바꿔 보세요.

보기 行(い)く ➡ 東京(とうきょう)に行(い)けばおいしいおすしが食(た)べられます。
도쿄에 가면 맛있는 초밥을 먹을 수 있습니다.

① かける ➡ 眼鏡(めがね)を＿＿＿＿＿＿新聞(しんぶん)が読(よ)めません。 안경을 쓰지 않으면 신문을 읽을 수 없습니다.

② 読(よ)む ➡ 説明書(せつめいしょ)を＿＿＿＿＿＿わかります。 설명서를 읽으면 알 거예요.

③ ある ➡ 機会(きかい)が＿＿＿＿＿＿日本(にほん)に行(い)きたいです。 기회가 있으면 일본에 가고 싶습니다.

渋谷 시부야〈지명〉　ハチ公 하치코〈충견의 이름〉　像 동상　ハチ公口 하치코 출입구　説明書 설명서　機会 기회

문형연습

track 12 11

○ 「～と」를 연습해 봅시다.

成績(せいせき)が８０点(てん)以上(いじょう)だと合格(ごうかく)です。

성적이 80점 이상이면 합격입니다.

部屋(へや)が静(しず)かだと集中(しゅうちゅう)して勉強(べんきょう)できます。

방이 조용하면 집중해서 공부할 수 있습니다.

図書館(としょかん)は左(ひだり)に曲(ま)がるとあります。

도서관은 왼쪽으로 돌면 있습니다.

その小説(しょうせつ)は予約(よやく)しないと買(か)えません。

그 소설은 예약하지 않으면 살 수 없습니다.

雨(あめ)が降(ふ)ると、雪(ゆき)が溶(と)けます。

비가 내리면 눈이 녹습니다.

点 점
集中する 집중하다
小説 소설
溶ける 녹다

track 12 12

○ 「～たら」를 연습해 봅시다.

雪(ゆき)だったら野球(やきゅう)の練習(れんしゅう)はありません。

눈이 오면 야구 연습은 없습니다.

暇(ひま)だったら、コンサートに行(い)きませんか。

한가하면 콘서트에 가지 않겠습니까?

林(はやし)さんに会(あ)ったらこれを渡(わた)してください。

하야시 씨를 만나면 이것을 전해 주세요.

デパートに到着(とうちゃく)したら電話(でんわ)してください。

백화점에 도착하면 전화해 주세요.

気(き)に入(い)らなかったら買(か)わなくてもいいです。

마음에 들지 않으면 사지 않아도 됩니다.

野球 야구
渡す (물건을) 전달하다
到着する 도착하다
気に入る 마음에 들다

track
12 13

○「～なら」를 연습해 봅시다.

高校生(こうこうせい)ならこのくらいはできるでしょう。

고등학생이면 이 정도는 할 수 있겠지요.

嫌(いや)なら止(や)めてもいいです。

싫으면 그만둬도 됩니다.

遠(とお)くないなら歩(ある)いて行(い)きましょう。

멀지 않으면 걸어서 갑시다.

日本語(にほんご)を習(なら)いたいなら、日本語学校(にほんごがっこう)に通(かよ)ったほうがいいですよ。

일본어를 배우고 싶다면 일본어학교에 다니는 게 좋습니다.

カレーなら野菜(やさい)カレーが好(す)きです。

카레라면 야채 카레를 좋아합니다.

止める 그만두다

カレー 카레

track
12 14

○「～ば」를 연습해 봅시다.

姉(あね)も一緒(いっしょ)に来(く)ればよかったのに。

언니도 함께 오면 좋았을 텐데.

地下鉄(ちかてつ)ができればソウルまで３０分(ぷん)で行(い)けます。

지하철이 생기면 서울까지 30분에 갈 수 있습니다.

説明書(せつめいしょ)を読(よ)まなければ使(つか)い方(かた)がわかりません。

설명서를 읽지 않으면 사용법을 모릅니다.

天気(てんき)がよければドライブに行(い)こう。

날씨가 좋으면 드라이브 하러 가자.

早(はや)ければ明日(あした)には届(とど)くと思(おも)います。

이르면 내일은 도착할 거라 생각합니다.

使い方 사용법

ドライブ 드라이브

届く 도착하다, 닿다

연습 문제

1 보기와 같이 빈칸을 채워보세요.

	～と	～たら	～なら	～ば
보기 飲(の)みます	飲(の)むと	飲(の)んだら	飲(の)むなら	飲(の)めば
① 忙(いそが)しいです				
② しません				
③ 来(き)ます				
④ 真面目(まじめ)です				
⑤ いいです				
⑥ よくありません				
⑦ 休(やす)み				
⑧ 書(か)く				

2 보기와 같이 바꿔 보세요.

> 보기 大学(だいがく)を卒業(そつぎょう)します。留学(りゅうがく)に行(い)きたいです。
> ➡ 大学(だいがく)を<u>卒業(そつぎょう)したら</u>留学(りゅうがく)に行(い)きたいです。

① 日本語(にほんご)が嫌(いや)です。勉強(べんきょう)はしなくてもいいです。

➡ 日本語(にほんご)が________________勉強(べんきょう)はしなくてもいいです。

② かばんが高(たか)いです。買(か)いたくありません。

➡ かばんが________________買(か)いたくありません。

③ お金(かね)があります。車(くるま)を買(か)いたいです。

➡ お金(かね)が________________車(くるま)を買(か)いたいです。

3 (　) 안의 단어를 사용해 보기와 같이 답해 보세요.

> 보기
> A その化粧品(けしょうひん)がほしいですがどこで買(か)えますか。(行(い)く)
> B これはデパートに<u>行(い)けば</u>買(か)えます。

① A どうすればおいしい料理(りょうり)が作(つく)れますか。(通(かよ)う)
B 料理教室(りょうりきょうしつ)に____________________おいしい料理(りょうり)が作(つく)れますよ。

② A どうすれば日本語(にほんご)が上手(じょうず)になれますか。(見(み)る)
B 毎日日本(まいにちにほん)のドラマを____________________上手(じょうず)になれますよ。

③ A いつ旅行(りょこう)に行(い)けますか。(なる)
B 夏休(なつやす)みに____________________旅行(りょこう)に行(い)けます。

4 제시된 문장의 해석을 보고 알맞은 것을 골라 보세요.

① 頭(あたま)が(痛(いた)いなら / 痛(いた)いと)ゆっくり休(やす)んだほうがいい。 머리가 아프면 푹 쉬는 게 좋아.

② 冬(ふゆ)に(なると / なったら)スキーに行(い)きたい。 겨울이 되면 스키타러 가고 싶다.

③ (辛(から)くないと / 辛(から)くなければ) 食(た)べてみたいです。 맵지 않다면 먹어 보고 싶습니다.

④ 夏(なつ)に(なると / なるなら) 暑(あつ)くなります。 여름이 되면 더워집니다.

5 잘 듣고 대답으로 알맞은 것을 고르세요. track ⑫ 15

① ☐　　② ☐　　③ ☐

단어정리

track 12 16

- 上野(うえの) 우에노〈지명〉
- 科学(かがく) 과학
- カレー 카레
- 機会(きかい) 기회
- 気(き)に入(い)る 마음에 들다
- クーラー 쿨러, 냉방장치
- ゲート 게이트, 출입구
- 渋谷(しぶや) 시부야〈지명〉
- スイッチ 스위치
- スキャンする 스캔하다
- 集中(しゅうちゅう)する 집중하다
- 小説(しょうせつ) 소설
- 説明書(せつめいしょ) 설명서
- 想像(そうぞう)する 상상하다
- 像(ぞう) 동상
- それなら 그렇다면, 그러면
- 足(た)す 더하다
- 建(た)てる 세우다, 짓다
- 使(つか)い方(かた) 사용법
- ～つき 붙어 있음
- 点(てん) 점
- 東京(とうきょう) 도쿄〈지명〉
- 到着(とうちゃく)する 도착하다
- 溶(と)ける 녹다
- 届(とど)く 도착하다, 닿다
- ドライブ 드라이브
- 眠(ねむ)る 잠들다
- 乗(の)り換(か)え 갈아탐, 환승
- 乗(の)り換(か)える 갈아타다, 환승하다
- ハチ公(こう) 하치코〈충견의 이름〉
- ハチ公口(こうぐち) 하치코 출입구〈하치코 동상이 있는 지하철 출입구의 이름〉
- パスポート 패스포트, 여권
- プール 풀, 수영장
- 見(み)どころ 볼거리
- 野球(やきゅう) 야구
- やせる 마르다, 살이 빠지다
- 止(や)める 그만두다
- 山登(やまのぼ)り 등산
- 渡(わた)す(물건을) 전달하다

UNIT 13

どうやら蚊(か)に刺(さ)されたようです。

아무래도 모기에 물린 것 같아요.

학습 내용

- 동사의 수동형
- 직접 수동
- 간접 수동(피해 수동)
- 무생물 수동

동영상 강의

문형체크

track 13 01

1 どうやら蚊(か)に刺(さ)されたようです。

아무래도 모기에 물린 것 같아요.

동사의 수동형

수동 표현은 어떤 행위의 영향을 받은 사람을 주어로 내세워 그 사람의 입장에서 서술하는 것을 말합니다.

- 나는 그에게 발을 밟혔다. 〈행위를 당한 사람이 주어에 위치하면 '수동문'〉
- 그가 내 발을 밟았다. 〈행위를 한 사람이 주어에 위치하면 '능동문'〉

〈그룹별 동사의 수동형〉

- 3그룹 동사는 불규칙 활용을 합니다.
- 2그룹 동사는 어미 「る」를 없애고 「られる」를 붙입니다.
- 1그룹 동사는 어미 「う단」을 「あ단」으로 고치고 「れる」를 붙입니다. 단, 어미가 「う」로 끝나는 동사는 「う」를 「わ」로 바꾸고 「れる」를 붙입니다.
- 수동형으로 바꾸면 동사는 전부 2그룹 동사가 되며, 2그룹 동사 활용을 합니다.

동사의 종류	기본형	활용 방법	수동형
3그룹 동사	する 하다	불규칙 활용	される 당하다
	来(く)る 오다		来(こ)られる 와서 곤란하다
2그룹 동사	食(た)べる 먹다	食べる+られる → 食(た)べられる	食(た)べられる 먹히다
	ほめる 칭찬하다		ほめられる 칭찬받다
1그룹 동사	刺(さ)す 쏘다, 물다	刺(さ)す → 刺(さ)さ+れる → 刺(さ)される	刺(さ)される 쏘이다, 물리다
	叱(しか)る 야단치다		叱(しか)られる 야단맞다
	思(おも)う 생각하다		思(おも)われる 생각되다

部長(ぶちょう)にいろいろなことを質問(しつもん)された。 부장님에게 여러 가지 것을 질문받았다.

私(わたし)は先生(せんせい)にほめられた。 나는 선생님에게 칭찬받았다.

お母(かあ)さんに叱(しか)られました。 엄마에게 야단맞았습니다.

蚊 모기 **刺す** 쏘다, 물다 **ほめる** 칭찬하다 **叱る** 야단치다

회화체크

track 13 02

A: どうしたんですか。辛(つら)そうな顔(かお)をして。

B: 腕(うで)がかゆいんです。どうやら蚊(か)に刺(さ)されたようです。

A: ちょうど塗(ぬ)り薬(くすり)を持(も)っていますが、使(つか)いますか。

B: それは助(たす)かります。どうもありがとう。

A　왜 그래요? 괴로운 얼굴을 하고.
B　팔이 가려워서요. 아무래도 모기에 물린 것 같아요.
A　마침 바르는 약을 가지고 있는데, 쓸래요?
B　그거 도움이 되겠네요. 고맙습니다.

Mini test

보기와 같이 바꿔 보세요.

보기 踏(ふ)む ➡ 足(あし)を踏(ふ)まれました。 발을 밟혔습니다.

① 叱(しか)る ➡ 先輩(せんぱい)に＿＿＿＿＿＿＿＿＿＿＿。 선배에게 혼났습니다.

② 頼(たの)む ➡ 友達(ともだち)に＿＿＿＿＿＿＿＿＿＿＿。 친구에게 부탁받았습니다.

③ 呼(よ)ぶ ➡ 先生(せんせい)に名前(なまえ)を＿＿＿＿＿＿＿＿＿＿＿。 선생님에게 이름을 불렸습니다.

④ 認(みと)める ➡ 社長(しゃちょう)に＿＿＿＿＿＿＿＿＿＿＿。 사장님에게 인정받았습니다.

辛い 괴롭다, 고통스럽다　腕 팔　かゆい 가렵다　ちょうど 마침, 딱　塗り薬 바르는 약
助かる 도움이 되다, 살아나다　踏む 밟다　認める 인정하다

track 13 03

2 パーティーに招待(しょうたい)されたんです。

파티에 초대 받았거든요.

□ 직접 수동

직접 수동문은 가장 일반적인 형태의 수동문으로, 주어가 행위를 한 사람의 동작의 영향을 직접 받습니다. 이 때 영향을 끼친 사람에게는 조사「に」 또는「から」가 붙습니다.

〈능동문을 수동문으로 만드는 법〉

- 능동문: 先生(せんせい)が学生(がくせい)をほめました。 선생님이 학생을 칭찬했습니다.
- 수동문: 学生(がくせい)は先生(せんせい)に(から)ほめられました。 학생은 선생님에게 칭찬받았습니다.

猫(ねこ)に手(て)を噛(か)まれました。 고양이에게 손을 물렸습니다.

後輩(こうはい)に悪口(わるくち)を言(い)われました。 후배에게 험담을 들었습니다.

知(し)らない人(ひと)に写真(しゃしん)を撮(と)られました。 모르는 사람에게 사진을 찍혔습니다.

彼女(かのじょ)に振(ふ)られて悲(かな)しいです。 여자친구에게 차여서 슬픕니다.

学校(がっこう)で友達(ともだち)にいじめられたことがあります。 학교에서 친구에게 괴롭힘을 당했던 적이 있습니다.

tip

「言(い)う(말하다)」의 수동형「言(い)われる(말을 당하다)」는 '듣다'라고 해석하는 것이 자연스럽습니다.

噛む 물다　　悪口 욕, 험담　　振(ふ)る 차다, 퇴짜 놓다　　いじめる 괴롭히다

회화체크

track 13 04

A: 気分(きぶん)がよさそうですね。何(なに)かいいことでもあったんですか。

B: パーティーに招待(しょうたい)されたんです。林(はやし)さんも一緒(いっしょ)に行(い)くんですよ。

A: よかったですね。それでこんなきれいなドレスを買(か)ったんですね。

B: いいえ、私(わたし)のじゃありません。林(はやし)さんに頼(たの)まれて買(か)ってきたんです。

A　기분이 좋아 보이네요. 뭔가 좋은 일이라도 있었어요?
B　파티에 초대 받았거든요. 하야시 씨도 함께 갈 거예요.
A　잘 되었네요. 그래서 이런 예쁜 드레스를 산 거군요?
B　아뇨, 제 거 아니에요. 하야시 씨에게 부탁 받고 사 온 거예요.

Mini test

보기와 같이 바꿔 보세요.

보기 恋人(こいびと)が私(わたし)を振(ふ)りました。 ➡ 私(わたし)は恋人(こいびと)に振(ふ)られました。 나는 애인에게 차였습니다.

① 友達(ともだち)が私(わたし)をいじめました。 ➡ ________は________に____________________。
나는 친구에게 괴롭힘을 당했습니다.

② 犬(いぬ)が私(わたし)を噛(か)みました。 ➡ ________は________に____________________。
나는 개에게 물렸습니다.

③ 泥棒(どろぼう)が財布(さいふ)を盗(ぬす)みました。 ➡ ________に________を____________________。
도둑에게 지갑을 도둑맞았습니다.

気分 기분　　泥棒 도둑　　盗む 훔치다

문형체크

track 13 05

3 赤ちゃんに泣かれて全然眠れなかったんです。

아기가 울어서 전혀 못 잤어요.

간접 수동(피해 수동)

일본어는 자기 자신 또는 자신과 가까운 사람을 중심으로 이야기하는 특징이 있습니다. 타인의 행위로 인해 영향을 받을 때 본인의 입장에서 서술하는 수동 표현을 쓰는데, 특히 곤란하거나 피해를 입은 경우 등 좋지 않은 감정을 간접적으로 나타내고자 할 때 수동형을 써서 표현합니다. 이러한 수동 표현을 간접 수동, 또는 피해 수동이라고 합니다. 능동문을 간접 수동문으로 바꾸면 능동문에는 없던 주어가 나타나는데, 이 주어는 수동문에서 생략이 가능합니다.

- 능동문: 赤ちゃんが泣いて眠れませんでした。 아기가 울어서 못 잤습니다.
- 간접 수동문: (私は) 赤ちゃんに泣かれて眠れませんでした。
  (나는) 아기가 울어서 못 잤습니다. 〈그래서 곤란했습니다〉

急に友達に来られて宿題ができませんでした。

갑자기 친구가 와서 숙제를 못했습니다. 〈친구가 온 상황이 달갑지 않다는 감정 포함〉

幼い時、両親に死なれました。

어렸을 때 부모님이 돌아가셨습니다. 〈부모님이 돌아가셔서 힘들게 살았다는 감정 포함〉

妹に私のパソコンを壊されました。

여동생이 내 컴퓨터를 고장냈습니다. 〈여동생이 고장내서 유감이고 곤란하다는 감정 포함〉

母に彼氏の写真を見られました。

엄마가 남자친구 사진을 봤습니다. 〈엄마가 남자친구 사진을 봐서 화나고 곤란한 감정 포함〉

tip

간접 수동문인 「赤ちゃんに泣かれて」를 직역하면 '아이에게 울음을 당하여'가 됩니다. 이처럼 간접 수동은 우리말에는 없는 표현이므로 능동문으로 해석하는 것이 자연스럽습니다.

急に 갑자기　幼い 어리다　壊す 부수다, 고장내다

회화 체크

track 13 06

A　とても疲れているようですが、何かあったんですか。

B　赤ちゃんに泣かれて全然眠れなかったんです。

A　実は私も同じなんです。毎日夜中に起こされて大変ですよ。

B　子育てって簡単じゃないですね。

A　아주 피곤해 보이는데 무슨 일 있어요?
B　아기가 울어서 전혀 못 잤어요.
A　실은 저도 마찬가지예요. (아이 때문에) 매일 한밤중에 깨서 힘들어요.
B　육아라는 건 간단하지 않네요.

Mini test

보기와 같이 바꿔 보세요.

보기 父が漫画の本を捨てました。 아버지가 만화책을 버렸습니다.
➡ 父に漫画の本を捨てられました。

① 子供が白い手袋を汚しました。 아이가 흰 장갑을 더럽혔습니다.
➡ 子供____白い手袋を________________。

② 彼氏がスマホを見ました。 남자친구가 스마트폰을 봤습니다.
➡ 彼氏____スマホを________________。

③ 部長が怒りました。 부장님이 화냈습니다.
➡ 部長________________。

夜中 한밤중　起こす 깨우다　子育て 아이 키우기, 육아　～って ～란, ～라는 것은　汚す 더럽히다　怒る 화내다

track 13 07

4 いつ発売されるか知っていますか。

언제 발매되는지 알아요?

□ 무생물 수동

'널리 읽힌다', '행사가 개최된다'와 같이 특정한 동작의 주체가 없거나 주어가 사람이 아닌 경우에 수동 표현을 씁니다.

この小説は世界中の人に広く読まれています。

이 소설은 전 세계의 사람에게 널리 읽히고 있습니다.

スイスで英語が話されていますか。

스위스에서 영어가 사용되고 있습니까?(영어가 말이 되어지고 있습니까?)

展示会が東京で開かれました。 전시회가 도쿄에서 개최되었습니다.

エアコンはキャリアというアメリカの発明家によって発明されました。

에어컨은 캐리어라는 미국의 발명가에 의해 발명되었습니다.

> **tip ~によって ~에 의해**
>
> 「書く(쓰다), 作る(만들다, 창조하다), 発見する(발견하다), 発明する(발명하다), 設計する(설계하다), 建てる(건물을 세우다, 짓다)」 등의 동사는 수동문에서 「행위자に」가 아니고 「행위자によって」라고 써서 '~에 의해 발명되다, ~에 의하여 만들어지다' 등의 뜻이 됩니다.

発売する 발매하다　世界中 온 세계, 전 세계　スイス 스위스　開く 개최하다　発明家 발명가
～によって ～에 의해　発明する 발명하다

회화 체크

track 13 08

A 吉田(よしだ)さん、このスマホの新(あたら)しいモデル、いつ発売(はつばい)されるか知(し)っていますか。

B 来月(らいげつ)の一日(ついたち)から販売(はんばい)されると聞(き)きました。

A そうですか。思(おも)ったより早(はや)いですね。新(あたら)しいモデルは値段(ねだん)も安(やす)くなったし、画面(がめん)も大(おお)きくなって、たぶん売(う)れるでしょう。

B そうでしょうね。私(わたし)もそれを買(か)うためにバイトをしていますから。

A 요시다 씨, 이 스마트폰 새 모델, 언제 발매되는지 알아요?
B 다음 달 1일부터 판매된다고 들었어요.
A 그래요? 생각보다 이르네요. 새 모델은 가격도 싸졌고, 화면도 커져서 아마 잘 팔리겠지요.
B 그렇겠죠. 저도 그걸 사기 위해 아르바이트를 하고 있으니까요.

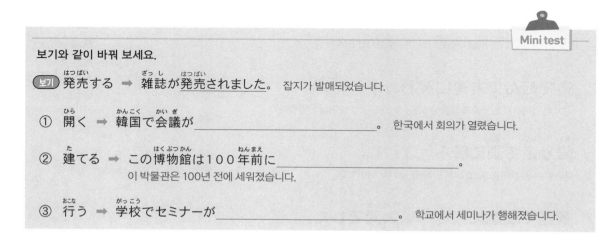

Mini test

보기와 같이 바꿔 보세요.

보기 発売(はつばい)する ➡ 雑誌(ざっし)が発売(はつばい)されました。 잡지가 발매되었습니다.

① 開(ひら)く ➡ 韓国(かんこく)で会議(かいぎ)が＿＿＿＿＿＿＿＿。 한국에서 회의가 열렸습니다.

② 建(た)てる ➡ この博物館(はくぶつかん)は１００年前(ねんまえ)に＿＿＿＿＿＿＿＿。
이 박물관은 100년 전에 세워졌습니다.

③ 行(おこな)う ➡ 学校(がっこう)でセミナーが＿＿＿＿＿＿＿＿。 학교에서 세미나가 행해졌습니다.

モデル 모델, 본보기　販売する 판매하다　売れる 팔리다　行う 행하다

문형연습

track 13 09

○「직접 수동」을 연습해 봅시다.

蚊に手を刺されてかゆいです。
모기에게 손을 물려 가렵습니다.

先輩に頼まれて日本で化粧品を買ってきました。
선배에게 부탁받아서 일본에서 화장품을 사 왔습니다.

ケータイを壊して姉に叩かれました。
휴대전화를 고장내서 누나에게 맞았습니다.

男の人に振られたことがありますか。
남자에게 차인 적이 있습니까?

隣の人に足を踏まれました。
옆 사람에게 발을 밟혔습니다.

叩く 때리다

track 13 10

○「간접 수동」을 연습해 봅시다.

母に漫画雑誌を捨てられてしまいました。
엄마가 만화 잡지를 버려 버렸습니다. 〈만화 잡지를 버려서 당황했다〉

道で転んで友達に笑われました。
길에서 넘어져서 친구에게 웃음을 샀습니다. 〈친구가 웃어서 곤란했다〉

帰り道で雨に降られました。
돌아가는 길에 비를 맞았습니다. 〈비를 맞아서 곤란했다〉

夜遅く友達に来られて大変でした。
밤늦게 친구가 와서 힘들었습니다. 〈친구가 오는 행위를 당해 곤란했다〉

隣の人に騒がれて勉強ができませんでした。
이웃 사람이 시끄럽게 해서 공부를 못했습니다. 〈시끄러워서 곤란했다〉

転ぶ 넘어지다
帰り道 돌아가는(오는) 길
騒ぐ 떠들다, 시끄러워지다
せい 탓

バイトに休(やす)まれました。

아르바이트생이 쉬었습니다. 〈아르바이트생이 쉬어서 곤란했다〉

楽(たの)しみにしていたアイスクリームを妹(いもうと)に食(た)べられました。

기대하던 아이스크림을 여동생이 먹었습니다. 〈여동생이 먹어서 언짢았다〉

先輩(せんぱい)にお酒(さけ)を飲(の)まれました。

선배가 내 술을 마셨습니다. 〈내 술을 마셔서 언짢았다〉

課長(かちょう)にドアを閉(し)められて、入(はい)れませんでした。

과장님이 문을 닫아서 못 들어갔습니다. 〈들어가지 못해서 곤란했다〉

友達(ともだち)のせいで私(わたし)も先生(せんせい)に怒(おこ)られてしまったんです。

친구 탓에 나에게도 선생님이 화냈습니다. 〈친구 탓에 선생님이 화내서 곤란했다〉

track 13 11

「무생물 수동」을 연습해 봅시다.

新(あたら)しい問題点(もんだいてん)が発見(はっけん)されました。

새로운 문제점이 발견되었습니다.

発見する
발견하다

韓国(かんこく)で本田(ほんだ)さんの展示会(てんじかい)が開(ひら)かれます。

한국에서 혼다 씨의 전시회가 열립니다.

この本(ほん)は高校生(こうこうせい)に広(ひろ)く読(よ)まれています。

이 책은 고교생에게 널리 읽히고 있습니다

その歌(うた)は多(おお)くの人(ひと)に歌(うた)われています。

그 노래는 많은 사람에게 불려지고 있습니다.

あの建物(たてもの)は５００年前(ねんまえ)に建(た)てられたそうです。

저 건물은 500년 전에 지어졌다고 합니다.

このおもちゃは木(き)と紙(かみ)で作(つく)られています。

이 장난감은 나무와 종이로 만들어져 있습니다.

연습 문제

1 보기와 같이 바꿔 보세요.

> 보기
> 先輩(せんぱい)が吉田君(よしだくん)を叱(しか)りました。
> ➡ <u>吉田君(よしだくん)は先輩(せんぱい)に叱(しか)られました。</u>

① 知(し)らない人(ひと)が声(こえ)をかけました。 ➡ ______________________________。

② 森(もり)さんが足(あし)を踏(ふ)みました。 ➡ ______________________________。

③ 山田(やまだ)さんが私(わたし)を招待(しょうたい)しました。 ➡ ______________________________。

④ 先生(せんせい)が兄(あに)をほめました。 ➡ ______________________________。

2 빈칸에 들어갈 알맞은 것을 골라 보세요.

① 夜中(よなか)に子供(こども)に熱(ねつ)を______________________________。

ⓐ 出(だ)す　ⓑ 出(だ)した　ⓒ 出(だ)しません　ⓓ 出(だ)されたんです

② 休(やす)みなのに、朝早(あさはや)く母(はは)に______________________________。

ⓐ 起(お)こされました　ⓑ 起(お)こします
ⓒ 起(お)こしませんか　ⓓ 起(お)こしてしまいました

③ 忙(いそが)しいのに、同僚(どうりょう)に先(さき)に______________________________。

ⓐ 帰(かえ)られたんです　ⓑ 帰(かえ)った　ⓒ 帰(かえ)ってください　ⓓ 帰(かえ)ろう

④ 帰(かえ)り道(みち)で雨(あめ)に______________________________。

ⓐ 降(ふ)りました　ⓑ 降(ふ)られました　ⓒ 降(ふ)りません　ⓓ 降(ふ)っています

3 보기와 같이 바꿔 보세요.

보기 開(ひら)く ➡ 展示会(てんじかい)は東京(とうきょう)で開(ひら)かれました。

① 発売(はつばい)する ➡ 先週(せんしゅう)、新(あたら)しいケータイが ______________________。

② 建(た)てる ➡ この建物(たてもの)はスイス人(じん)によって ______________________。

③ 書(か)く ➡ この本(ほん)はオンライン作家(さっか)によって ______________________。

④ 作(つく)る ➡ カップラーメンは誰(だれ)によって初(はじ)めて ______________________ か。

4 빈칸에 들어갈 알맞은 말을 써 보세요.

① 泥棒(どろぼう)に財布(さいふ)を ______________________。 도둑에게 지갑을 도둑맞았습니다.

② 友達(ともだち)に悪口(わるくち)を ______________________。 친구에게 험담을 들었습니다.

③ 恋人(こいびと)に ______________________ 悲(かな)しいです。 애인에게 차여서 슬픕니다.

④ 彼氏(かれし)にスマホを ______________________ 困(こま)りました。

남자친구가 스마트폰을 봐서 곤란했습니다.

5 잘 듣고 대답으로 알맞은 것을 고르세요. track 13 12

① ☐　　② ☐　　③ ☐

단어정리

track 13

- [ ] いじめる 괴롭히다
- [ ] 腕(うで) 팔
- [ ] 売(う)れる 팔리다
- [ ] 起(お)こす 깨우다
- [ ] 行(おこな)う 행하다
- [ ] 怒(おこ)る 화내다
- [ ] 幼(おさな)い 어리다
- [ ] 蚊(か) 모기
- [ ] 帰(かえ)り道(みち) 돌아가는(오는) 길
- [ ] 噛(か)む 물다
- [ ] かゆい 가렵다
- [ ] 気分(きぶん) 기분
- [ ] 急(きゅう)に 갑자기
- [ ] 子育(こそだ)て 아이 키우기, 육아
- [ ] 転(ころ)ぶ 넘어지다
- [ ] 壊(こわ)す 부수다, 고장내다
- [ ] 刺(さ)す 쏘다, 물다
- [ ] 騒(さわ)ぐ 떠들다, 시끄러워지다
- [ ] 叱(しか)る 야단치다
- [ ] スイス 스위스
- [ ] せい 탓
- [ ] 世界中(せかいじゅう) 온 세계, 전 세계
- [ ] 助(たす)かる 도움이 되다, 살아나다
- [ ] 叩(たた)く 때리다
- [ ] ちょうど 마침, 딱
- [ ] 〜って 〜란, 〜라는 것은
- [ ] 辛(つら)い 괴롭다, 고통스럽다
- [ ] 泥棒(どろぼう) 도둑
- [ ] 〜によって 〜에 의해
- [ ] 盗(ぬす)む 훔치다
- [ ] 塗(ぬ)り薬(くすり) 바르는 약
- [ ] 発見(はっけん)する 발견하다
- [ ] 発売(はつばい)する 발매하다
- [ ] 発明家(はつめいか) 발명가
- [ ] 発明(はつめい)する 발명하다
- [ ] 販売(はんばい)する 판매하다
- [ ] 開(ひら)く 개최하다
- [ ] 踏(ふ)む 밟다
- [ ] 振(ふ)る 차다, 퇴짜 놓다
- [ ] ほめる 칭찬하다
- [ ] 認(みと)める 인정하다
- [ ] モデル 모델, 본보기
- [ ] 汚(よご)す 더럽히다
- [ ] 夜中(よなか) 한밤중
- [ ] 悪口(わるくち) 욕, 험담

UNIT 14

先生(せんせい)が体育館(たいいくかん)の掃除(そうじ)をさせたんだ。

선생님이 체육관 청소를 시켰어.

학습 내용

- 동사의 사역형
- 강제·지시 사역
- 허가·방임 사역
- 감정 유발 사역
- 동사의 사역수동형

동영상 강의

track 14 01

1 先生が体育館の掃除をさせたんだ。

선생님이 체육관 청소를 시켰어.

동사의 사역형

말하는 이가 어떤 행동을 남에게 하도록 시키거나 허용할 때 쓰는 표현입니다. 우리말로는 '~하게 하다, ~하게 시키다, ~하도록 만들다'로 해석됩니다.

〈그룹별 동사의 사역형〉

- 3그룹 동사는 불규칙 활용을 합니다.
- 2그룹 동사는 어미 「る」를 없애고 「させる」를 붙입니다.
- 1그룹 동사는 어미 「う단」을 「あ단」으로 고치고 「せる」를 붙입니다. 단, 어미가 「う」로 끝나는 동사는 「う」를 「わ」로 고치고 「せる」를 붙입니다.
- 사역형으로 바꾸면 동사는 전부 2그룹 동사가 되며, 2그룹 동사 활용을 합니다.

동사의 종류	기본형	활용 방법	사역형
3그룹 동사	する 하다	불규칙 활용	させる 시키다
	来る 오다		来させる 오게 하다
2그룹 동사	食べる 먹다	食べる+させる → 食べさせる	食べさせる 먹게 하다
	見る 보다		見させる 보게 하다
1그룹 동사	書く 쓰다	書く → 書か+せる → 書かせる	書かせる 쓰게 하다
	話す 이야기하다		話させる 이야기하게 하다
	買う 사다		買わせる 사게 하다

インフルエンザにかかって親を心配させた。 독감에 걸려서 부모님을 걱정시켰다.

父は妹に魚を食べさせた。 아버지는 여동생에게 생선을 먹게 했다.

先生は私に机を拭かせました。 선생님은 나에게 책상을 닦게 했습니다.

お母さんは弟を塾に通わせました。 엄마는 남동생을 학원에 다니게 했습니다.

体育館 체육관　インフルエンザ 인플루엔자, 유행성 감기　親 부모　拭く 닦다, 훔치다　塾 학원

회화체크

track 14 02

A 今日は帰りが遅かったわね。

B 先生が体育館の掃除をさせたんだ。

A それは大変だったわね。

B ううん、クラス全員でしたからそんなに大変じゃなかったよ。

A 오늘 돌아오는 게 늦었네.

B 선생님이 체육관 청소를 시켰어.

A 그거 힘들었겠네.

B 아니, 반 전체가 해서 그렇게 힘들지 않았어.

Mini test

보기와 같이 바꿔 보세요.

보기 書く ➡ 日記を<u>書かせました</u>。 일기를 쓰게 했습니다.

① 覚える ➡ 漢字を＿＿＿＿＿＿＿＿＿＿。 한자를 외우게 했습니다.

② する ➡ マラソンの練習を＿＿＿＿＿＿＿＿＿＿。 마라톤 연습을 시켰습니다.

③ 洗う ➡ 皿を＿＿＿＿＿＿＿＿＿＿。 접시를 닦게 했습니다.

④ 作る ➡ サンドイッチを＿＿＿＿＿＿＿＿＿＿。 샌드위치를 만들게 했습니다.

帰り 돌아옴, 귀가　　全員 전원　　皿 접시　　サンドイッチ 샌드위치

문형체크

track
14 03

2 どんなことをさせていますか。
무슨 일을 시키고 있습니까?

강제·지시 사역

'엄마가 나에게 접시를 닦게 했습니다(설거지 시켰습니다)'처럼 일방적으로 다른 이에게 어떤 행동을 시킬 경우 '강제의 사역'이라 합니다. 행위를 하는 사람의 의지와 상관없이 남이 강제로 시키거나 지시하는 경우에 씁니다.

社長(しゃちょう)は山田(やまだ)さんを会議室(かいぎしつ)に来(こ)させた。 사장님은 야마다 씨를 회의실로 오게 했다.

兄(あに)は弟(おとうと)に部屋(へや)を片付(かたづ)けさせた。 오빠는 남동생에게 방을 치우게 했다.

コーチは選手(せんしゅ)を走(はし)らせました。 코치는 선수를 달리게 했습니다.

部長(ぶちょう)は課長(かちょう)を出張(しゅっちょう)に行(い)かせました。 부장님은 과장님을 출장가게 했습니다.

PLUS

자동사와 타동사의 사역
사역은 형태상으로 자동사, 타동사 사역으로 나눌 수 있습니다.

- 자동사의 사역 : ～を(누구를)+자동사의 사역형

  先生(せんせい)は学生(がくせい)を帰(かえ)らせました。 선생님은 학생을 돌아가게 했습니다.

- 타동사의 사역 : ～に(에게)～を(을/를)+타동사의 사역형

  姉(あね)が弟(おとうと)に宿題(しゅくだい)をさせました。 누나가 남동생에게 숙제를 시켰습니다.

片付ける 치우다, 정리하다　　コーチ 코치　　選手 선수

회화체크

track 14 04

A: 木村君にどんなことをさせていますか。

B: お皿を洗わせたり、料理を手伝わせたりしています。

A: それなら、吉田君には他の仕事をさせてもいいでしょうか。

B: 吉田君なら力があるので、倉庫の整理をさせてもいいと思います。

A　기무라 군에게 어떤 일을 시키고 있습니까?
B　접시를 닦게 하거나 요리를 돕게 하거나 하고 있습니다.
A　그렇다면 요시다 군에게는 다른 일을 시켜도 될까요?
B　요시다 군이라면 힘이 좋으니까 창고 정리를 시켜도 좋을 것 같습니다.

Mini test

보기와 같이 바꿔 보세요.

보기 読む ➡ 先生が学生に本を読ませました。 선생님이 학생에게 책을 읽게 했습니다.

① 手伝う ➡ 先輩が課題を＿＿＿＿＿＿＿＿。 선배가 과제를 돕게 했습니다.

② する ➡ お父さんは毎日水泳の練習を＿＿＿＿＿＿＿＿。
아빠는 매일 수영 연습을 시켰습니다.

③ かぶる ➡ 母親は子供に帽子を＿＿＿＿＿＿＿＿。 어머니는 아이에게 모자를 쓰게 했습니다.

④ 別れる ➡ 父親は二人を＿＿＿＿＿＿＿＿。 아버지는 두 사람을 헤어지게 했습니다.

倉庫 창고　水泳 수영　母親 어머니　父親 아버지

문형체크

track 14 05

3 子供たちをもうちょっと遊ばせましょうか。

아이들을 좀더 놀게 할까요?

허가·방임 사역

사역은 기본적으로 어떤 행위를 남에게 하도록 시키는 것이지만, 이 외에도 하고 싶은 대로 하도록 허가하거나 내버려 두는 의미로도 사용됩니다. 이것을 허가·방임의 사역이라 합니다.

お母さんが子供を公園で遊ばせました。 엄마가 아이를 공원에서 놀게 했습니다.

子供がピアノを習いたいと言ったので、習わせました。

아이가 피아노를 배우고 싶다고 해서 배우게 했습니다.

허가·방임의 사역의 경우 수수표현 「くれる・もらう」와 함께 쓰이면, 남이 나에게 어떤 행동을 하도록 허락해준다는 의미를 나타냅니다. 따라서 「사역형의 て형+수수표현(〜てくれる・〜てもらう)」은 허용에 대한 고마움을 나타낼 수 있습니다. 「〜てもらう」는 내가 요청한 경우에 쓰이므로 '~하도록 내가 요청해서 허락을 받았다'라는 의미로 쓰입니다.

部長は私を日本出張に行かせてくれました。

부장님은 (고맙게도) 나를 일본 출장에 가게 해 주었습니다.

風邪を引いて、一日休ませてもらいました。

감기에 걸려서 (나의 요구로 고맙게도) 하루 쉬도록 허락 받았습니다.

PLUS

- **〜ていただけませんか ～해 주시지 않겠습니까?**

「いただく」는 「もらう(받다)」와 같은 의미이나 보다 겸손하고 공손한 표현입니다. 「いただけませんか」는 「いただく」의 가능형으로 '받을 수 없겠습니까?'라는 의미로, 「동사의 사역형+ていただけませんか」는 「〜たいですが、〜てもいいですか」라는 허락을 구하는 공손한 표현이 됩니다.

約束があるので今日は早く帰らせていただけませんか。

약속이 있는데 오늘은 빨리 돌아가게 해 주시지 않겠습니까?

회화체크

track 14 06

A　お母(かあ)さん、ミナちゃんともっと遊(あそ)びたい。

B　どうしましょうか、山田(やまだ)さん。子供(こども)たちをもうちょっと遊(あそ)ばせましょうか。

C　私(わたし)はいいですよ。子供(こども)たちは遊(あそ)ばせて、私(わたし)たちはコーヒーでも飲(の)みましょう。

A　엄마, 미나랑 좀더 놀고 싶어.

B　어떻게 할까요, 야마다 씨. 아이들을 좀더 놀게 할까요?

C　저는 좋습니다. 아이들은 놀게하고, 우리들은 커피라도 마셔요.

Mini test

보기와 같이 바꿔 보세요.

보기　食(た)べる ➡ 子供(こども)にハンバーガーを食(た)べさせました。 아이에게 햄버거를 먹게 했습니다.

① 退院(たいいん)する ➡ 患者(かんじゃ)を＿＿＿＿＿＿＿＿。 환자를 퇴원시켰습니다.

② 行(い)く ➡ 息子(むすこ)を海外(かいがい)に＿＿＿＿＿＿＿＿。 아들을 외국에 가게 했습니다.

③ 読(よ)む ➡ 漫画(まんが)を＿＿＿＿＿＿＿＿。 만화를 읽게 했습니다.

④ 帰(かえ)る ➡ 先生(せんせい)は学生(がくせい)を早(はや)く＿＿＿＿＿＿＿＿。 선생님은 학생을 빨리 가게했습니다.

ハンバーガー 햄버거　　退院 퇴원　　患者 환자

track 14 07

4 学校(がっこう)を辞(や)めて怒(おこ)らせました。

학교를 그만둬서 화나게 했습니다.

감정 유발 사역

'나를 웃겼어요' '나를 울게 만들었어요'와 같이 기분, 감정을 유발시키거나 변화시키는 경우 사역형으로 표현합니다. 이 경우 「母(はは)を笑(わら)わせる(엄마를 웃게 만들다)」처럼 「~を+사역동사」형태로 쓰입니다.

赤(あか)ちゃんを驚(おどろ)かせてはいけません。 아기를 놀라게 하면 안 됩니다.

その話(はなし)は私(わたし)を悲(かな)しませました。 그 이야기는 나를 슬프게 했습니다.

急(きゅう)に泣(な)いて、彼(かれ)は私(わたし)を困(こま)らせました。 갑자기 울어서 그는 나를 곤란하게 했습니다.

こっそりケーキを食(た)べてしまって弟(おとうと)を泣(な)かせました。
몰래 케이크를 다 먹어 버려서 남동생을 울렸습니다.

就職(しゅうしょく)をして両親(りょうしん)を喜(よろこ)ばせました。 취직을 해서 부모님을 기쁘게 했습니다.

いつも悲(かな)しんでいた私(わたし)をその子(こ)が笑(わら)わせてくれました。
항상 슬펐던 나를 그 아이가 웃게 해줬습니다.

tip

감정 유발의 사역 표현에는 감정을 나타내는 다음과 같은 동사가 많이 쓰입니다.

怒(おこ)る 화나다	驚(おどろ)く 놀라다	悲(かな)しむ 슬퍼하다	困(こま)る 곤란하다
楽(たの)しむ 즐기다	泣(な)く 울다	喜(よろこ)ぶ 기뻐하다	笑(わら)う 웃다

驚く 놀라다　こっそり 몰래, 살짝　喜ぶ 기뻐하다

회화체크

track 14 08

A: 両親を喜ばせたことがありますか。

B: 両親を怒らせたことはたくさんありますが、喜ばせたことはあまりありません。

A: あはは。何をして怒らせたんですか。

B: 学校を辞めて怒らせました。

A　부모님을 기쁘게 한 적이 있나요?

B　부모님을 화나게 한 적은 많이 있지만, 기쁘게 한 적은 별로 없습니다.

A　아하하. 무엇을 해서 화나게 했습니까?

B　학교를 그만둬서 화나게 했습니다.

Mini test

보기와 같이 바꿔 보세요.

보기 怒る ⇒ パソコンを壊して妹は兄を怒らせました。
컴퓨터를 고장내서 여동생은 오빠를 화나게 했습니다.

① 驚く ⇒ 学生の鋭い質問は＿＿＿＿＿＿＿＿＿＿。
학생의 예리한 질문은 선생님을 놀라게 했습니다.

② 泣く ⇒ 辛いラーメンを食べさせて、＿＿＿＿＿＿＿＿＿＿。
매운 라면을 먹게 해서 아이를 울게 만들었습니다.

③ がっかりする ⇒ 試験に落ちて＿＿＿＿＿＿＿＿＿＿。
시험에 떨어져서 부모님을 실망시켰습니다.

鋭い 예리하다　　がっかりする 실망하다

track 14 09

5 電車の事故があって1時間も待たされたんです。

전철 사고가 있어서 1시간이나 어쩔 수 없이 기다렸거든요.

동사의 사역수동형

사역수동이란 '남이 시켜서(사역) 어떤 행동을 당하다(수동형)'라는 뜻으로 사역형과 수동형이 합쳐진 말입니다. 내키지 않거나 하고 싶지 않은 일을 타인의 강요나 요구로 어쩔 수 없이, 억지로 하는 경우 동사를 '사역수동형'으로 활용하여 말합니다. 「～は(~은/는) ～に(~에게) ～を(~을/를)させられる(억지로 당하다)」라는 패턴으로, 동작을 한 사람은 주어에 위치하고 시킨 사람은 조사 「に」 앞에 옵니다.

〈그룹별 동사의 사역수동형〉

- 3그룹 동사는 불규칙 활용을 합니다.
- 2그룹 동사는 어미 「る」를 없애고 「させられる」를 붙입니다.
- 1그룹 동사는 어미 「う단」을 「あ단」으로 고치고 「せられる」를 붙입니다. 단 어미가 「う」로 끝나는 동사는 어미 「う」를 「わ」로 고치고 「せられる」를 붙입니다.
- 1그룹의 「せられる」는 회화체에서 「される」로 줄여서 씁니다. 단, 어미가 「す」로 끝나는 동사는 「される」 형태를 사용할 수 없습니다.
- 사역수동형으로 고치면 전부 2그룹 동사가 되며, 2그룹 동사 활용을 합니다.

동사의 종류	기본형	활용 방법	사역수동형
3그룹 동사	する	불규칙 활용	させられる 어쩔 수 없이 하다
	来る		来させられる 어쩔 수 없이 오다
2그룹 동사	食べる	食べる+させられる → 食べさせられる	食べさせられる 어쩔 수 없이 먹다
	見る		見させられる 어쩔 수 없이 보다
1그룹 동사	書く	書く → 書か+せられる → 書かせられる (=書かされる)	書かせられる(=書かされる) 어쩔 수 없이 쓰다
	話す		話させられる 어쩔 수 없이 이야기하다
	買う		買わせられる(=買わされる) 어쩔 수 없이 사다

母に英語の勉強をさせられました。 엄마가 영어 공부를 시켜서 어쩔 수 없이 했습니다.

子供の時、父にきゅうりを食べさせられた。 아이 때 아빠가 오이를 먹게 해서 어쩔 수 없이 먹었다.

先輩にお酒を飲まされた。(=飲ませられた) 선배 때문에 어쩔 수 없이 술을 마셨다.

課長に歌を歌わされました。(=歌わせられました)
과장님이 시켜서 어쩔 수 없이 노래를 했습니다.

회화체크

track 14 10

A: 今日(きょう)はずいぶん遅(おそ)かったですね。

B: すみません、電車(でんしゃ)の事故(じこ)があって１時間(じかん)も待(ま)たされたんです。

A: それは大変(たいへん)でしたね。

B: 今日(きょう)は部長(ぶちょう)に残業(ざんぎょう)をさせられるかもしれませんね。

A　오늘은 꽤나 늦었네요.

B　죄송합니다, 전철 사고가 있어서 1시간이나 어쩔 수 없이 기다렸거든요.

A　그거 참 힘들었겠어요.

B　오늘은 부장님이 잔업을 시켜서 (어쩔 수 없이) 해야 할지도 모르겠네요.

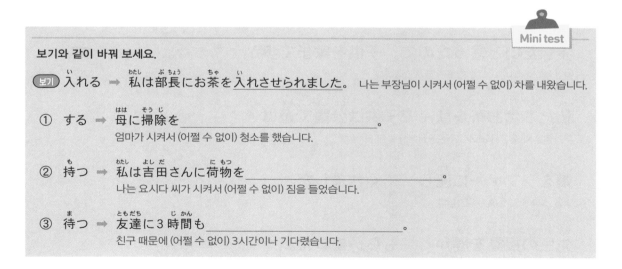

Mini test

보기와 같이 바꿔 보세요.

보기 入(い)れる ➡ 私(わたし)は部長(ぶちょう)にお茶(ちゃ)を入(い)れさせられました。 나는 부장님이 시켜서 (어쩔 수 없이) 차를 내왔습니다.

① する ➡ 母(はは)に掃除(そうじ)を＿＿＿＿＿＿＿＿＿＿＿＿。
엄마가 시켜서 (어쩔 수 없이) 청소를 했습니다.

② 持(も)つ ➡ 私(わたし)は吉田(よしだ)さんに荷物(にもつ)を＿＿＿＿＿＿＿＿＿＿＿＿。
나는 요시다 씨가 시켜서 (어쩔 수 없이) 짐을 들었습니다.

③ 待(ま)つ ➡ 友達(ともだち)に３時間(じかん)も＿＿＿＿＿＿＿＿＿＿＿＿。
친구 때문에 (어쩔 수 없이) 3시간이나 기다렸습니다.

ずいぶん 대단히, 몹시　　お茶を入れる 차를 내오다, 차를 끓이다

문형연습

track 14 11

○「강제·지시 사역」을 연습해 봅시다.

母が子供にドキュメンタリー映画を見させました。
엄마가 아이에게 다큐멘터리 영화를 보게 했습니다.

お父さんは子供にテレビを消させました。
아버지는 아이에게 텔레비전을 끄게 했습니다.

部長は私に新入社員の世話をさせました。
부장님은 나에게 신입사원을 돌보게 했습니다.

社長は課長に資料を持って来させました。
사장님은 과장님에게 자료를 가져오게 했습니다.

台所の掃除はいつも息子にさせています。
부엌 청소는 항상 아들에게 시키고 있습니다.

ドキュメンタリー
다큐멘터리

新入社員
신입사원

世話をする
돌보다, 보살피다

track 14 12

○「허가·방임 사역」을 연습해 봅시다.

歩きたいと言ったので、子供を家まで歩かせました。
걷고 싶다고 해서 아이를 집까지 걷게 했습니다.

私たちはお茶を飲んで子供は公園で遊ばせましょう。
우리들은 차를 마시고 아이들은 공원에서 놀게 합시다.

娘をソファーに座らせてくれました。
딸을 소파에 앉게 해 주었습니다.

先生の授業を聞かせてもらいました。
선생님 수업을 듣도록 허락 받았습니다.

空いている部屋がないので課長に会議室を使わせてもらいました。
비어 있는 방이 없어서 과장님에게 회의실을 사용하도록 허락 받았습니다.

ソファー 소파

track 14 13

「감정 유발 사역」을 연습해 봅시다.

私のプレゼントは友達を喜ばせた。

나의 선물은 친구를 기쁘게 했다.

うそをついて母を怒らせました。

거짓말을 해서 엄마를 화나게 했습니다.

おもしろい顔をして観客を笑わせました。

재미있는 얼굴을 해서 관객을 웃겼습니다.

難しい物理の問題を解いてみんなを驚かせました。

어려운 물리 문제를 풀어서 모두를 놀라게 했습니다.

恋人を悲しませたことがありますか。

연인을 슬프게 한 적이 있습니까?

うそをつく
거짓말을 하다

観客 관객

物理 물리

track 14 14

「사역수동」을 연습해 봅시다.

日曜日なのに会社に来させられた。

일요일인데도 어쩔 수 없이 회사에 왔다.

父にごみを捨てさせられた。

아빠가 시켜서 어쩔 수 없이 쓰레기를 버렸다.

毎日日本語の単語を50個ずつ覚えさせられました。

매일 일본어 단어를 50개씩 어쩔 수 없이 외웠습니다.

じゃんけんに負けて荷物を持たされました。

가위바위보에 져서 어쩔 수 없이 짐을 들었습니다.

お茶を入れさせられたり、残業をさせられたり、仕事は大変です。

시켜서 어쩔 수 없이 차를 내오기도 하고, 잔업을 하기도 하고 일은 힘듭니다.

じゃんけん
가위바위보

負ける
지다, 패하다

연습 문제

1 보기와 같이 빈칸을 채워보세요.

	사역형	사역수동형
보기 行(い)く	行(い)かせる 가게 하다	行(い)かされる =行(い)かせられる 어쩔 수 없이 가다
① 読(よ)む		
② 覚(おぼ)える		
③ 買(か)う		
④ する		
⑤ 来(く)る		

2 보기와 같이 바꿔 보세요.

보기
父(ちち)が私(わたし)を留学(りゅうがく)に行(い)かせました。
➡ 父(ちち)が私(わたし)を留学(りゅうがく)に行(い)かせてくれました。
➡ 私(わたし)は父(ちち)に留学(りゅうがく)に行(い)かせてもらいました。

① 先生(せんせい)が私(わたし)を家(いえ)に帰(かえ)らせました。
➡ 先生(せんせい)が私(わたし)を家(いえ)に＿＿＿＿＿＿＿＿＿＿。
➡ 私(わたし)は先生(せんせい)に家(いえ)に＿＿＿＿＿＿＿＿＿＿。

② 社長(しゃちょう)が私(わたし)を一日(いちにち)休(やす)ませました。
➡ 社長(しゃちょう)は私(わたし)を一日(いちにち)＿＿＿＿＿＿＿＿＿＿。
➡ 私(わたし)は社長(しゃちょう)に一日(いちにち)＿＿＿＿＿＿＿＿＿＿。

③ 田中(たなか)さんがパソコンを使(つか)わせました。
➡ 田中(たなか)さんがパソコンを＿＿＿＿＿＿＿＿＿＿。
➡ 田中(たなか)さんにパソコンを＿＿＿＿＿＿＿＿＿＿。

3 보기와 같이 바꿔 보세요.

보기 約束(やくそく)があったのに残業(ざんぎょう)をする。 ➡ 部長(ぶちょう)に残業(ざんぎょう)をさせられたんです。

① 10時(じ)に会(あ)う約束(やくそく)をしていたのに待(ま)つ。 ➡ 友達(ともだち)に3時間(じかん)も＿＿＿＿＿＿＿＿。

② 歌(うた)いたくなかったのに歌(うた)う。 ➡ 先輩(せんぱい)に歌(うた)を＿＿＿＿＿＿＿＿。

③ 宿題(しゅくだい)をしていたのに掃除(そうじ)をする。 ➡ 母(はは)に掃除(そうじ)を＿＿＿＿＿＿＿＿。

④ 映画(えいが)を見(み)ていたのにごみを捨(す)てに行(い)く。 ➡ ごみを捨(す)てに＿＿＿＿＿＿＿＿。

4 빈칸에 들어갈 알맞은 말을 써 보세요.

① 彼(かれ)はいつも私(わたし)を＿＿＿＿＿＿＿＿＿＿。 그는 항상 나를 웃게 합니다.

② 早(はや)く＿＿＿＿＿＿＿＿＿＿もらいました。 일찍 돌아가도록 허락 받았습니다.

③ 子供(こども)を友達(ともだち)の家(いえ)で＿＿＿＿＿＿＿＿＿＿。 아이를 친구 집에서 놀게 했습니다.

④ 母(はは)が弟(おとうと)に掃除(そうじ)を＿＿＿＿＿＿＿＿＿＿。 엄마가 동생에게 청소를 시켰습니다.

5 잘 듣고 대답으로 알맞은 것을 고르세요. track 14 15

① ☐ ② ☐ ③ ☐

단어정리

track 14 16

- インフルエンザ 인플루엔자, 유행성 감기
- うそをつく 거짓말을 하다
- お茶(ちゃ)を入(い)れる 차를 내오다, 차를 끓이다
- 驚(おどろ)く 놀라다
- 親(おや) 부모
- 帰(かえ)り 돌아옴, 귀가
- がっかりする 실망하다
- 片付(かたづ)ける 치우다, 정리하다
- 観客(かんきゃく) 관객
- 患者(かんじゃ) 환자
- コーチ 코치
- こっそり 몰래, 살짝
- 皿(さら) 접시
- サンドイッチ 샌드위치
- じゃんけん 가위바위보
- 塾(じゅく) 학원
- 新入社員(しんにゅうしゃいん) 신입사원
- 水泳(すいえい) 수영
- ずいぶん 대단히, 몹시
- 鋭(するど)い 예리하다
- 世話(せわ)をする 돌보다, 보살피다
- 全員(ぜんいん) 전원
- 選手(せんしゅ) 선수
- 倉庫(そうこ) 창고
- ソファー 소파
- 体育館(たいいくかん) 체육관
- 退院(たいいん) 퇴원
- 父親(ちちおや) 아버지
- ドキュメンタリー 다큐멘터리
- 母親(ははおや) 어머니
- ハンバーガー 햄버거
- 拭(ふ)く 닦다, 훔치다
- 物理(ぶつり) 물리
- 負(ま)ける 지다, 패하다
- 喜(よろこ)ぶ 기뻐하다

UNIT 15

原課長(はらかちょう)はどちらにいらっしゃいますか。

하라 과장님은 어디에 계십니까?

학습 내용

- 존경동사
- 동사의 존경형
- 존경 표현 お(ご)~になる
- 겸양동사
- 겸양 표현 お(ご)~する(いたす)

동영상 강의

track 15 01

1 原課長(はらかちょう)はどちらにいらっしゃいますか。

하라 과장님은 어디에 계십니까?

존경동사

존경어는 '하시다, 계시다'처럼 말하는 사람이 듣는 사람이나 제 3자에 대해 경의를 표하기 위해 상대방의 행위나 상태, 소유물을 직접적으로 높이는 말입니다. 그 중에서 단어 그 자체에 존경의 의미가 있는 동사를 존경동사라고 합니다.

동사	존경동사	존경동사 정중형
行(い)く 가다	いらっしゃる 가시다, 오시다, 계시다	いらっしゃいます 가십니다, 오십니다, 계십니다
来(く)る 오다		
いる 있다		
食(た)べる 먹다	召(め)し上(あ)がる 드시다	召(め)し上(あ)がります 드십니다
飲(の)む 마시다		
くれる 주다	くださる 주시다	くださいます 주십니다
する 하다	なさる 하시다	なさいます 하십니다
言(い)う 말하다	おっしゃる 말씀하시다	おっしゃいます 말씀하십니다
見(み)る 보다	ご覧(らん)になる 보시다	ご覧(らん)になります 보십니다
知(し)っている 알다	ご存(ぞん)じだ 아시다	ご存(ぞん)じです 아십니다

社長(しゃちょう)は毎日(まいにち)８時(じ)に会社(かいしゃ)にいらっしゃる。 사장님은 매일 8시에 회사에 오신다.

お茶(ちゃ)でも召(め)し上(あ)がりませんか。 차라도 드시지 않겠습니까?

このネクタイは鈴木先生(すずきせんせい)がくださった。 이 넥타이는 스즈키 선생님이 주셨다.

先生(せんせい)は今回(こんかい)の試験(しけん)は難(むずか)しいとおっしゃいました。
선생님은 이번 시험은 어렵다고 말씀하셨습니다.

회화 체크

track 15 02

A　原課長(はらかちょう)はどちらにいらっしゃいますか。

B　池田部長(いけだぶちょう)とセミナー室(しつ)にいらっしゃいます。

A　お客(きゃく)さんがいらっしゃったんですが、何階(なんがい)のセミナー室(しつ)にいらっしゃいますか。

B　5階(かい)にいらっしゃいます。

A　하라 과장님은 어디에 계십니까?
B　이케다 부장님과 세미나실에 계십니다.
A　손님이 오셨는데, 몇 층 세미나실에 계십니까?
B　5층에 계십니다.

tip

「こちら, そちら, あちら, どちら」는 방향을 나타내는 지시어이지만 존경어로 장소를 나타내기도 합니다.

山田先生(やまだせんせい)は**あちら**の会議室(かいぎしつ)にいらっしゃいます。 야마다 선생님은 저쪽 회의실에 계십니다.

Mini test

보기와 같이 바꿔 보세요.

보기 食(た)べますか ➡ 店内(てんない)で召(め)し上(あ)がりますか。 가게 안에서 드시겠습니까?

① 見(み)ますか ➡ 見本(みほん)を＿＿＿＿＿＿＿＿＿＿。 견본을 보시겠습니까?

② 知(し)っていますか ➡ その方(かた)のお名前(なまえ)を＿＿＿＿＿＿＿＿＿＿。 그 분의 성함을 알고 계십니까?

③ 出席(しゅっせき)します ➡ 社長(しゃちょう)も会議(かいぎ)に＿＿＿＿＿＿＿＿＿＿。 사장님도 회의에 참석하십니다.

店内 점내, 가게 안　　見本 견본　　～方 ～분　　出席する 출석하다, 참석하다

track 15 03

2 会議室で会議の資料を読まれています。

회의실에서 회의 자료를 읽고 계십니다.

동사의 존경형

특수하게 활용하는 존경동사 외에 동사의 어미를 활용하여 존경 표현을 할 수 있습니다. 활용 형태는 13과에서 배운 수동형과 같습니다.

〈그룹별 동사의 존경형〉

- 3그룹 동사는 불규칙 활용을 합니다.
- 2그룹 동사는 어미 「る」를 없애고 「られる」를 붙입니다.
- 1그룹 동사는 어미 「う단」을 「あ단」으로 고치고 「れる」를 붙입니다. 단, 어미가 「う」로 끝나는 동사는 「う」를 「わ」로 바꾸고 「れる」를 붙입니다.
- 존경형으로 바꾸면 동사는 전부 2그룹 동사가 되며, 2그룹 동사 활용을 합니다.

동사의 종류	기본형	활용 방법	존경형
3그룹 동사	する 하다	불규칙 활용	される 하시다
	来(く)る 오다		来(こ)られる 오시다
2그룹 동사	教(おし)える 가르치다	教(おし)える+られる → 教(おし)えられる	教(おし)えられる 가르치시다
	借(か)りる 빌리다		借(か)りられる 빌리시다
1그룹 동사	書(か)く 쓰다	書(か)く → 書(か)か+れる → 書(か)かれる	書(か)かれる 쓰시다
	帰(かえ)る 돌아가다		帰(かえ)られる 돌아가시다
	買(か)う 사다		買(か)われる 사시다

先輩(せんぱい)は時々(ときどき)料理(りょうり)をされますか。 선배님은 가끔 요리를 하십니까?

石田部長(いしだぶちょう)は会社(かいしゃ)をやめられました。 이시다 부장님은 회사를 그만두셨습니다.

先生(せんせい)、今朝(けさ)、新聞(しんぶん)を読(よ)まれましたか。 선생님, 오늘 아침 신문을 읽으셨습니까?

これを全部(ぜんぶ)買(か)われましたか。 이것을 전부 사셨습니까?

회화체크

track 15 04

A: 佐々木部長(ささきぶちょう)はどこか行(い)かれましたか。

B: 会議室(かいぎしつ)で会議(かいぎ)の資料(しりょう)を読(よ)まれています。

A: 佐々木部長(ささきぶちょう)と約束(やくそく)があるんですが、入(はい)らせていただけませんか。

B: もちろんです。

A　사사키 부장님은 어딘가 가셨습니까?
B　회의실에서 회의 자료를 읽고 계십니다.
A　사사키 부장님과 약속이 있는데 들어가도 됩니까?
B　물론입니다.

tip 존경형과 수동형 구별하기

존경형은 행위를 한 사람이 주어가 되지만, 수동형은 행위를 한 사람이 조사「に」앞에 옵니다.

先輩(せんぱい)は3時(じ)ごろ来(こ)られました。 선배님은 3시쯤 오셨습니다.〈존경〉

急(きゅう)に先輩(せんぱい)に来(こ)られました。 갑자기 선배님이 왔습니다.(와서 곤란했다.)〈수동〉

Mini test

보기와 같이 바꿔 보세요.

보기 読(よ)む ➡ 部長(ぶちょう)は毎朝新聞(まいあさしんぶん)を読(よ)まれます。 부장님은 매일 아침 신문을 읽으십니다.

① 来(く)る ➡ 会長(かいちょう)はいつ＿＿＿＿＿＿＿＿。 회장님은 언제 오십니까?

② 行(い)く ➡ 部長(ぶちょう)はいつも社員食堂(しゃいんしょくどう)に＿＿＿＿＿＿＿＿。 부장님은 항상 사원식당에 가십니다.

③ 出(で)る ➡ 先生(せんせい)は何時(なんじ)に＿＿＿＿＿＿＿＿。 선생님은 몇 시에 나오십니까?

～ごろ ～쯤, 경　　会長 회장(님)　　社員食堂 사원식당

문형체크

track 15 05

3 松本(まつもと)さんにもお会(あ)いになりましたか。

마쓰모토 씨도 만나셨어요?

□ お(ご)~になる　~하시다

동사로 존경 표현을 만드는 방식은 존경형(수동형) 활용을 하는 것 외에 「お(ご)+동사의 ます형+になる」, 「ご+동작성 명사+になる」 패턴이 있습니다. 「お」는 고유어, 「ご」는 한자어가 주로 붙으며, 동작성 명사는 대부분 한자어로 「利用(りよう), 出発(しゅっぱつ)」 등이 해당합니다.

先生(せんせい)が荷物(にもつ)をお持(も)ちになりました。　선생님이 짐을 드셨습니다.

石田部長(いしだぶちょう)にどこでお会(あ)いになりますか。　이시다 부장님을 어디서 만나십니까?

初(はじ)めてご利用(りよう)になる時(とき)は、お電話(でんわ)でご相談(そうだん)ください。

처음 이용하실 때는 전화로 상담해 주십시오.

tip

존경동사나 2그룹 동사 중 「見(み)る, 着(き)る」처럼 어간이 1음절인 동사는 「お(ご)+동사의 ます형+になる」를 사용하지 않습니다.

見(み)る ➡ お見(み)になる(×)　ご覧(らん)になる(○)

着(き)る ➡ お着(き)になる(×)　お召しになる(○)

PLUS

- **お(ご)~ください　~해 주십시오**

「お(ご)+동사의 ます형+ください」는 존경 표현을 써야 하는 대상에게 정중하게 명령, 요구, 부탁하는 표현입니다. 「~てください」보다 더 정중한 표현입니다.

こちらでお待(ま)ちください。　이쪽에서 기다려 주십시오.

ご連絡(れんらく)ください。　연락 주십시오.

회화체크

track 15 06

A: 日本(にほん)にはいつお戻(もど)りになりましたか。

B: 昨日(きのう)戻(もど)りました。

A: 松本(まつもと)さんにもお会(あ)いになりましたか。
彼女(かのじょ)は首(くび)を長(なが)くして待(ま)っていたんですよ。

B: これから会(あ)いに行(い)こうと思(おも)います。

A　일본에는 언제 돌아오셨어요?
B　어제 왔습니다.
A　마쓰모토 씨도 만나셨어요? 그녀는 몹시 기다리고 있었거든요.
B　지금 만나러 갈 겁니다.

Mini test

보기와 같이 바꿔 보세요.

보기 買(か)う ➡ お買(か)いになりますか。 사시겠습니까?

① 忘(わす)れる ➡ お________になりましたか。 잊으셨습니까?

② 帰(かえ)る ➡ お________になりました。 돌아오셨습니다.

③ 使(つか)う ➡ お________になります。 사용하십니다.

④ 見(み)る ➡ ご________になります。 보십니다.

戻る 돌아오다　　首を長くする 목이 빠지게 기다리다, 몹시 기다리다

track 15 07

4 昨日(きのう)メールでいただいた資料(しりょう)ですよね。

어제 이메일로 받은 자료 말이지요.

겸양동사

겸양어는 말하는 사람이 자신(자신이 속한 집단 : 가족, 회사 등)을 낮춤으로서 상대를 높이는 표현입니다. 그 중에서 단어 자체에 겸양의 의미가 있는 동사를 겸양동사라고 합니다. 일본어는 겸양어와 겸양표현이 많아 우리말로 해석하기 어려운 경우가 많으므로 정중형과 동일하게 해석합니다.

동사	겸양동사
行(い)く 가다	参(まい)る・伺(うかが)う 가다, 오다
来(く)る 오다	
いる 있다	おる 있다
言(い)う 말하다	申(もう)す 말하다
見(み)る 보다	拝見(はいけん)する 보다
食(た)べる 먹다	いただく 먹다, 마시다
飲(の)む 마시다	
知(し)っている 알다	存(ぞん)じておる 알다
会(あ)う 만나다	お目(め)にかかる 만나다, 뵙다
する 하다	いたす 하다
もらう 받다	いただく 받다
あげる 주다	差(さ)し上(あ)げる 드리다

父(ちち)は今(いま)、家(いえ)におりません。 아버지는 지금 집에 없습니다.

山田智(やまださとし)と申(もう)します。どうぞよろしくお願(ねが)いいたします。
야마다 사토시라고 합니다. 잘 부탁합니다.

村上(むらかみ)さんの電話番号(でんわばんごう)は存(ぞん)じております。 무라카미 씨의 전화번호는 알고 있습니다.

先生(せんせい)にマフラーを差(さ)し上(あ)げました。 선생님께 머플러를 드렸습니다.

회화체크

track 15 08

A 斉藤(さいとう)さん、資料(しりょう)は受(う)け取(と)りましたか。

B はい、昨日(きのう)メールでいただいた資料(しりょう)ですよね。拝見(はいけん)しました。

A 資料(しりょう)の整理(せいり)、明日(あした)までにできますか。

B はい、今日中(きょうじゅう)に準備(じゅんび)いたします。

A　사이토 씨, 자료는 받았나요?

B　네, 어제 이메일로 받은 자료 말이지요. 봤습니다.

A　자료 정리, 내일까지 가능한가요?

B　네, 오늘 중으로 준비하겠습니다.

tip **拝見(はいけん)する**

겸양어는 나를 낮추는 동시에 상대를 높이는 말이기 때문에 높일 상대가 없을 경우 사용하면 어색합니다. 「映画(えいが)を拝見(はいけん)しました」라는 표현을 쓰려면 그 영화가 상대방과 관련이 있는 영화(제작, 투자, 출연 등)여야 하며, 손윗사람과 대화 중이라도 상대방이 영화와 관련이 없다면 「見(み)ました」를 써야 자연스럽습니다.

Mini test

보기와 같이 바꿔 보세요.

보기 食(た)べました ➡ おいしくいただきました。 맛있게 먹었습니다.

① 会(あ)いたいです ➡ ぜひ社長(しゃちょう)に________________。
꼭 사장님을 뵙고 싶습니다.

② もらいました ➡ 課長(かちょう)に年賀状(ねんがじょう)を________________。
과장님에게 연하장을 받았습니다.

③ 行(い)きます ➡ すぐそちらに________________。 곧 그쪽으로 가겠습니다.

受け取る 받다, 수취하다　　ぜひ 꼭, 제발　　年賀状 연하장

track 15 09

5 私(わたし)がお手伝(てつだ)いいたします。
제가 도와 드리겠습니다.

□ お(ご)~する(いたす) ~해 드리다

동사를 겸양 표현으로 만드는 방식으로 「お+동사의 ます형+する(いたす)」, 「ご+동작성 명사+する(いたす)」 패턴이 있습니다. 동작성 명사는 주로 한자어로, 「連絡(れんらく), 招待(しょうたい), 確認(かくにん)」 등이 해당합니다.

メールでお送(おく)りします。 이메일로 보내 드리겠습니다.

スーツケースは私(わたし)がお持(も)ちいたします。 여행 가방은 제가 들겠습니다.

この件(けん)についてはすぐご連絡(れんらく)します。 이 건에 대해서는 곧 연락 드리겠습니다.

披露宴(ひろうえん)にご招待(しょうたい)いたします。 피로연에 초대하겠습니다.

PLUS +

● **보내 드리겠습니다**

「送(おく)る」에 「~てあげる(~해 주다)」 패턴이 접속하면 「送(おく)ってあげる」가 됩니다. 여기서 「あげる」를 겸양어인 「差(さ)し上(あ)げる」로 바꿔 쓰면 「送(おく)って差(さ)し上(あ)げる」가 되어 '보내 드리다'라는 표현이 됩니다. 하지만 이렇게 표현하면 윗사람에게 자신이 은혜를 베푼다는 느낌을 줄 수 있습니다. 「あげる」 자체에 '남에게 은혜를 베풀다'라는 뜻이 포함되어 있기 때문입니다. 그래서 이때에는 '~해 준다'는 의미를 빼고 「する」의 겸양어인 「いたす」를 사용해 「お送(おく)りいたします」라고 하는 편이 더욱 공손하며 적절합니다.

チケットをお送(おく)りいたします。(○) 티켓을 보내 드리겠습니다.

チケットを送(おく)って差(さ)し上(あ)げます。(×)

スーツケース 슈트케이스, 여행 가방 件 건 披露宴 피로연

회화체크

track 15 10

A: 今日(きょう)、実験室(じっけんしつ)の整理(せいり)をする予定(よてい)なんですが、時間(じかん)がある人(ひと)、いますか。

B: はい、私(わたし)がお手伝(てつだ)いいたします。

A: ありがとう。もう一人(ひとり)ほしいですね。

B: それなら、吉田君(よしだくん)も連(つ)れて行(い)きます。

A　　오늘 실험실 정리를 할 예정인데 시간 있는 사람 있나요?
B　　네, 제가 도와 드리겠습니다.
A　　고마워요. 한 사람 더 있으면 좋겠는데.
B　　그렇다면 요시다 군도 데려가겠습니다.

Mini test

보기와 같이 바꿔 보세요.

보기　呼(よ)ぶ ➡ お呼(よ)びします。/ お呼(よ)びいたします。 불러 드리겠습니다.

① 包(つつ)む ➡ お＿＿＿＿＿します。/ お＿＿＿＿＿いたします。 포장해 드리겠습니다.

② 配(くば)る ➡ お＿＿＿＿＿します。/ お＿＿＿＿＿いたします。 나눠 드리겠습니다.

③ 返信(へんしん) ➡ ご＿＿＿＿＿します。/ ご＿＿＿＿＿いたします。 회신해 드리겠습니다.

④ 準備(じゅんび) ➡ ご＿＿＿＿＿します。/ ご＿＿＿＿＿いたします。 준비해 드리겠습니다.

実験室 실험실　　包む 포장하다, 싸다　　配る 나누어 주다, 배포하다　　返信 회신

문형연습

track 15 11

○「존경동사」를 연습해 봅시다.

冷めないうちに召し上がってください。
식기 전에 드세요.

お客様、お支払いはどうなさいますか。
손님 계산은 어떻게 하시겠습니까?

課長は今、工場にいらっしゃいます。
과장님은 지금 공장에 계십니다.

冷める 식다
～ないうちに ～하기 전에
お支払い 지불
工場 공장

track 15 12

○「동사의 존경형」을 연습해 봅시다.

教授はこちらに毎日３時ごろ来られます。
교수님은 여기에 매일 3시쯤 오십니다.

部長は新しい仕事を始められたそうです。
부장님은 새 일을 시작하셨다고 합니다.

社長はもう帰られましたか。
사장님은 벌써 (집에) 돌아가셨습니까?

教授 교수(님)

track 15 13

○「お(ご)～になる」를 연습해 봅시다.

シナリオは竹内さんがお書きになりました。
시나리오는 다케우치 씨가 쓰셨습니다.

この箸はどちらでお買いになりましたか。
이 젓가락은 어디서 사셨습니까?

来週のパーティーには森先生もご出席になるそうです。
다음 주 파티에는 모리 선생님도 참석하신다고 합니다.

シナリオ 시나리오
箸 젓가락

track
15 14

◦ 「お(ご)~ください」를 연습해 봅시다

次(つぎ)の駅(えき)でお乗(の)り換(か)えください。

다음 역에서 환승해 주십시오.

試験(しけん)の日程(にってい)をご確認(かくにん)ください。

시험 일정을 확인해 주십시오.

こちらの製品(せいひん)はネットでご注文(ちゅうもん)ください。

이 제품은 인터넷에서 주문해 주십시오.

日程 일정
ネット 인터넷
注文 주문

track
15 15

◦ 「겸양동사」를 연습해 봅시다.

雑誌(ざっし)に載(の)った先生(せんせい)の写真(しゃしん)を拝見(はいけん)しました。

잡지에 실린 선생님 사진을 봤습니다.

明日(あした)の午後(ごご)、お宅(たく)へ伺(うかが)います。

내일 오후 댁으로 가겠습니다.

私(わたし)は沖縄(おきなわ)に住(す)んでおります。

저는 오키나와에 살고 있습니다.

載る 실리다
お宅 댁

track
15 16

◦ 「お(ご)~する(いたす)」를 연습해 봅시다.

お客様(きゃくさま)にお知(し)らせいたします。

손님에게 알려 드립니다.

この本(ほん)は明日(あした)お返(かえ)しします。

이 책은 내일 반납하겠습니다.

今(いま)から研究所(けんきゅうじょ)をご案内(あんない)いたします。

지금부터 연구소를 안내해 드리겠습니다.

知らせる
알리다, 통지하다
研究所 연구소

연습 문제

1 보기와 같이 빈칸을 채워보세요.

	존경동사	동사 존경형	겸양동사
보기 食(た)べる	召(め)し上(あ)がる	食(た)べられる	いただく
① 行(い)く			
② 見(み)る			
③ 飲(の)む			
④ する			
⑤ 来(く)る			

2 보기와 같이 존경표현으로 바꿔 보세요.

> 보기
> 社長(しゃちょう)はいつ<u>帰(かえ)りましたか</u>。
> ➡ 社長(しゃちょう)はいつ<u>お帰(かえ)りになりましたか</u>。

① 木村(きむら)さんは今(いま)、料理(りょうり)を作(つく)っています。

➡ 木村(きむら)さんは今(いま)、料理(りょうり)を＿＿＿＿＿＿＿＿＿＿＿＿。

② 会議(かいぎ)の資料(しりょう)は見(み)ましたか。

➡ 会議(かいぎ)の資料(しりょう)は＿＿＿＿＿＿＿＿＿＿＿＿。

③ 先生(せんせい)は今(いま)、パソコンを使(つか)っています。

➡ 先生(せんせい)は今(いま)、パソコンを＿＿＿＿＿＿＿＿＿＿＿＿。

④ 本田(ほんだ)さん、何時(なんじ)に出(で)かけますか。

➡ 本田(ほんだ)さん、何時(なんじ)に＿＿＿＿＿＿＿＿＿＿＿＿。

3 보기와 같이 겸양 표현으로 바꿔 보세요.

보기 連絡(れんらく)します ➡ 後(あと)で電話(でんわ)でご連絡(れんらく)いたします。

① 伝(つた)えます ➡ 先生(せんせい)に ________________。

② 渡(わた)します ➡ そのメモは私(わたし)が ________________。

③ 説明(せつめい)します ➡ 本日(ほんじつ)の日程(にってい)を ________________。

④ 紹介(しょうかい)します ➡ 友達(ともだち)のユキを ________________。

4 빈칸에 들어갈 알맞은 존경, 겸양 표현을 써 보세요.

① 掃除(そうじ)は私(わたし)が ________________。 청소는 제가 하겠습니다.

② 私(わたし)はユ・セミと ________________。 저는 유세미라고 합니다.

③ 課長(かちょう)は新(あたら)しい車(くるま)を ________________。 과장님은 새 차를 사셨습니다.

④ ケーキは林(はやし)さんが ________________。 케이크는 하야시 씨가 만드셨습니다.

5 잘 듣고 대답으로 알맞은 것을 고르세요. track 15 17

① ☐　　② ☐　　③ ☐

단어정리

track 15 18

- [ ] 受け取る(うけとる) 받다, 수취하다
- [ ] お支払い(おしはらい) 지불
- [ ] お宅(おたく) 댁
- [ ] 会長(かいちょう) 회장(님)
- [ ] ～方(かた) ～분
- [ ] 教授(きょうじゅ) 교수(님)
- [ ] 配る(くばる) 나누어 주다, 배포하다
- [ ] 首を長くする(くびをながくする) 목이 빠지게 기다리다, 몹시 기다리다
- [ ] 件(けん) 건
- [ ] 研究所(けんきゅうじょ) 연구소
- [ ] 工場(こうじょう) 공장
- [ ] ～ごろ ～쯤, 경
- [ ] 冷める(さめる) 식다
- [ ] 実験室(じっけんしつ) 실험실
- [ ] シナリオ 시나리오
- [ ] 社員食堂(しゃいんしょくどう) 사원식당
- [ ] 出席する(しゅっせきする) 출석하다, 참석하다
- [ ] 知らせる(しらせる) 알리다, 통지하다
- [ ] スーツケース 슈트케이스, 여행 가방
- [ ] ぜひ 꼭, 제발
- [ ] 注文(ちゅうもん) 주문
- [ ] 包む(つつむ) 포장하다, 싸다
- [ ] 店内(てんない) 점내, 가게 안
- [ ] ～ないうちに ～하기 전에
- [ ] 日程(にってい) 일정
- [ ] ネット 인터넷
- [ ] 年賀状(ねんがじょう) 연하장
- [ ] 載る(のる) 실리다
- [ ] 箸(はし) 젓가락
- [ ] 披露宴(ひろうえん) 피로연
- [ ] 返信(へんしん) 회신
- [ ] 見本(みほん) 견본
- [ ] 戻る(もどる) 돌아오다

부록

- Mini test 정답
- 연습문제 정답
- 연습문제 스크립트

UNIT 1

Mini test

p.013

① いない

② 来ない

③ 入れない

④ 答えない

p.015

① ない

② 会わない

③ 話さない

p.017

① 休まないほうがいいです

② 行かないほうがいいです

③ 帰らないほうがいいです

④ 来ないほうがいいです

연습 문제

p.020

1

보기 食べる	食べない 먹지 않는다	待つ	待たない 기다리지 않는다
見る	見ない 보지 않는다	死ぬ	死なない 죽지 않는다
ある	ない 없다	する	しない 하지 않는다
知る	知らない 모른다	消す	消さない 끄지 않는다
泳ぐ	泳がない 헤엄치지 않는다	来る	来ない 오지 않는다
話す	話さない 이야기하지 않는다	帰る	帰らない 돌아가지 않는다
持つ	持たない 들지 않는다	閉める	閉めない 닫지 않는다
寝る	寝ない 자지 않는다	乗る	乗らない 타지 않는다
歌う	歌わない 노래하지 않는다	借りる	借りない 빌리지 않는다
起きる	起きない 일어나지 않는다	買う	買わない 사지 않는다
書く	書かない 쓰지 않는다	いる	いない 없다
飲む	飲まない 마시지 않는다	遊ぶ	遊ばない 놀지 않는다

2 ① 会わないほうがいいです

② 入らないほうがいいです

③ 入れないほうがいいです

④ しないほうがいいです

3 ① 来ない

② 来なかったですか

③ しないほうがいいです

④ 使わないですか

⑤ 食べないほうがいいです

⑥ しなかった

⑦ 買わなかった

⑧ 聞かない

⑨ 読まないほうがいい

⑩ 見ないです

⑪ ない

⑫ いない

4 ①

Q 山下(やました)さんは行(い)かないですか。

① はい、行(い)かないです。

② はい、行(い)きました。

③ いいえ。行(い)かないほうがいいです。

UNIT 2

Mini test

p.025

① 書(か)かないでください

② 捨(す)てないでください

③ つけないでください

p.027

① 行(い)かなければなりません

② 出(で)なければなりません

③ 来(こ)なければなりません

④ 働(はたら)かなければなりません

p.029

① 来(こ)なくてもいいです

② 覚(おぼ)えなくてもいいです

③ しなくてもいいです

④ 乗(の)らなくてもいいです

p.031

① 洗(あら)わないで

② 入(い)れないで

③ 見(み)ないで

④ 待(ま)たないで

연습 문제 p.034

1 ① 買(か)わないでください

② 撮(と)らないでください

③ 走(はし)らないでください

④ 閉(し)めないでください

2 ① 行(い)かなければなりません

② 使(つか)わなければなりません

③ 書(か)かなければなりません

④ 予約(よやく)しなければなりません

3 ① 出(だ)さなくてもいいです

② 起(お)きなくてもいいです

③ 来(こ)なくてもいいです

4 ① 漢字(かんじ)で書(か)かないで

② ケータイを持(も)たないで

③ 電気(でんき)を消(け)さないで

5 ②

Q レポートを明後日(あさって)までに出(だ)さなければなりませんか。

① はい、明後日(あさって)までに出(だ)してもいいです。

② いいえ、明後日(あさって)までに出(だ)さなくてもいいです。

③ はい、明後日(あさって)までに出(だ)さないでください。

UNIT 3

Mini test

p.039

① おいしい
② 日本人だ
③ 好きだ

p.041

① 安くなかった
② 真面目だった
③ 飲まなかった
④ 待った

p.043

① 楽しくなかった旅行
② 行かなかった人
③ 選んだ後輩

연습 문제 p.046

1 ① ない
② ならない
③ 休みだった
④ 痛かった
⑤ 好きじゃない

2 ① 来ません(=来ないです)
② 土曜日じゃありませんでした
(=土曜日じゃなかったです)
③ よくありませんでした(=よくなかったです)
④ 書きました
⑤ 真面目でした

3 ① 吸う人
② 辛い料理
③ 乗らない時
④ 大学生じゃない人
⑤ 暑くなかった日
⑥ 好きだった先生
⑦ 病院だった所
⑧ 安全じゃない製品

4 ③

Q ケーキ食べる人？
① 私、食べたことある。
② 私、食べに行ったよ。
③ 私、食べる。

UNIT 4

Mini test

p.051

① 暇だったんです

② よくなかったんです

③ 吸うんですか

④ 誕生日なんです

p.053

① 出るし / 赤いし

② 疲れたし / 眠かったし

③ 作ったし / したし

p.055

① ハンサムだから

② 忙しかったから

③ 飲まないから

④ 休みだから

p.057

① あるので

② バーゲンセール中なので

③ ハンサムなので

p.059

① 起きたのに

② 待ったのに

③ 寒いのに

④ きれいなのに

연습문제 p.62

1 ① 好きじゃないんです

② 分からないんです

③ 忙しかったんです

2 ① おいしくないし / 高いし

② 寒かったし / 雨だったし

③ 疲れたし / 風邪も引いたし

3 ① 上手じゃないので

② 誕生日だったので

③ 見なかったので

4 ① 日曜日なのに

② 便利なのに

③ 作ったのに

④ 寒くないのに

5 ②

Q どうして遅れたんですか。

① バスが来なかったのに遅刻しました。

② バスが来なかったので遅刻しました。

③ バスが早く来たんです。

UNIT 5

Mini test

p.067

① は / に / あげました

② に / あげたいです

③ に / あげませんでした(=あげなかったです)

p.069

① は / に / くれました

② は / に / くれました

③ は / に / くれませんでした
(=くれなかったです)

p.071

① は / に(から) / もらいました

② もらいましたか

③ もらいませんでした
(=もらわなかったです)

연습문제 p.74

1 ① あげました

② くれました

③ もらいました

④ くれました

⑤ あげました

⑥ くれました

⑦ もらいました

⑧ あげました

2 ① 父(ちち) (➡) お金(かね) (➡) 弟(おとうと)

② 弟(おとうと) (⬅) 手紙(てがみ) (⬅) 私(わたし)

3 ① もらいましたか

② あげたくありません(=あげたくないです)

③ くれた

4 ③

Q 誕生日(たんじょうび)にケーキをもらいました。

① プレゼントをあげましたか。

② チケットをくれたんです。

③ 誰(だれ)からもらいましたか。

UNIT 6

Mini test

p.079

① に / を / てあげました

② は / に / を / てあげました

③ てあげたくありません
(=てあげたくないです)

p.081

① が / に / を / てくれました

② が / を / てくれました

③ が / を / てくれました

p.083

① に / を / てもらいました

② に / を / てもらいました

③ に / を / てもらいましたか

연습 문제 p.086

1 ① 貸(か)してあげました

② 読(よ)んであげました

③ 見(み)せてくれました

④ 教(おし)えてあげました

⑤ 作(つく)ってもらいました

⑥ 手伝(てつだ)ってくれました

⑦ 送(おく)ってもらいました

⑧ 待(ま)ってくれました

2 ① B1 案内(あんない)をしてもらいました

B2 案内(あんない)をしてくれました

② B1 手伝(てつだ)ってもらいました

B2 手伝(てつだ)ってくれました

③ B1 貸(か)してもらいました

B2 貸(か)してくれました

④ B1 直(なお)してもらいました

B2 直(なお)してくれました

3 ①

Q 誰(だれ)が教(おし)えてくれましたか。

① 母(はは)が教(おし)えてくれました。

② 友(とも)だちからもらいました。

③ 弟(おとうと)に教(おし)えてあげました。

UNIT 7

Mini test

p.091

① 開きました

② 始めます

③ 閉まりません(=閉まらないです)

p.093

① 상태지속

② 진행

③ 상태지속

p.095

① 働いています

② 優れています

③ 勉強しています

④ 曲がっています

p.097

① 決めていません

② 読んでいません

③ 作っていません

p.099

① つけて

② 並べて

③ 片付けて

④ 止めて

연습문제 p.102

1

보기 開く	열리다	자동사
入る	들어가다, 들어오다	자동사
消す	끄다	타동사
つく	(불, 전기가) 켜지다	자동사
閉める	닫다	타동사
始まる	시작되다	자동사
残す	남기다	타동사
壊れる	망가지다	자동사
回す	돌리다	타동사
治る	낫다	자동사

2 ① あります

② います

③ あります

④ います

3 ① もう買いました

② まだ来ていません

③ まだ終わっていません

4 ① 似ていますか

② 散歩しています

③ 勤めています

④ 結婚していますか

5 ①

Q 山田さん、あの人の名前知っていますか。

① はい、知っています。

② はい、知ります。

③ いいえ、知っていません。

UNIT 8

Mini test

p.107

① 折ることができます

② 作ることができます

③ 取り消すことができますか

④ 通ることができません
(=通ることができないです)

p.109

① が覚えられます

② が話せます

③ ができます

p.111

① 有名になりました

② 安くなりました

③ はくようになりました

p.113

① ようにしています

② ことになりました

③ ことにします

연습 문제 p.116

1 ① スマホが使えますか

② いつまでも待てます

③ 歩いて行けますか

④ 一万円で何が買えますか

2.

보기 食べる	食べられる 食べられない	忘れる	忘れられる 忘れられない
見る	見られる 見られない	選ぶ	選べる 選べない
する	できる できない	借りる	借りられる 借りられない
動かす	動かせる 動かせない	飲む	飲める 飲めない
泳ぐ	泳げる 泳げない	来る	来られる 来られない
笑う	笑える 笑えない	削る	削れる 削れない

3 ① ことに

② して

③ しました

④ なり

4 ① になりたかったです

② きれいになりました

③ 大きくなりました

④ しないことにしました

5 ①

Q 山田さんの書いた字は本当にきれいですね。

① ありがとうございます。毎日練習してきれいに書けるようになりました。

② ありがとうございます。毎日練習してきれいに書けるようにしました。

③ ありがとうございます。毎日練習してきれいに書くようにしました。

UNIT 9

Mini test

p.121

① 外食しよう

② 集めよう

③ 行こう

④ 寝よう

p.123

① 焼こう

② 送ろう

③ しよう

p.125

① 住むつもり

② 行くつもり

③ 頼まないつもり

④ 貯めるつもりはない

p.127

① 10時の予定です

② 来週の予定です

③ 結婚する予定です

④ 引っ越す予定です

연습 문제 p.130

1

보기 食べる	食べよう	待つ	待とう
見る	見よう	辞める	辞めよう
する	しよう	行く	行こう
作る	作ろう	飲む	飲もう
泳ぐ	泳ごう	来る	来よう
話す	話そう	帰る	帰ろう

2 ① 試験を受けようと思っています

② 書こうと思っています

③ 家事をしようと思っています

④ 勉強しようと思っています

3 ① マラソンの練習をするつもりです

② 運転免許を取るつもりです

4 ① 18時に終わる

② 9時出発

5 ①

Q 夏休みに何か予定ありますか。

① はい、海へ行くつもりです。

② そんなつもりじゃなかったよ。

③ 何日間の予定ですか。

UNIT 10

Mini test

p.135

① 先生だと思います

② 嫌いだと思います

③ 高くないと思います

④ 運転をしなかったと思います

p.137

① 幸せでしょう / 幸せだろう

② お金持ちでしょう / お金持ちだろう

③ 帰ってくるでしょう / 帰ってくるだろう

④ 甘いでしょう / 甘いだろう

p.139

① おいしくないかもしれません

② 会えるかもしれません

③ 元気じゃないかもしれません

④ 美術館かもしれません

p.141

① 必要なはずです

② 難しくないはずです

③ できるはずです

④ 弁護士のはずです

연습 문제 p.144

1 ① 家に帰ったと思います

② 早くないと思います

③ うそだと思います

2 ① 晴れるでしょう

② 合格するでしょう

③ いないでしょう

3 ① 好きかもしれません

② お金持ちかもしれません

③ 高いかもしれません

4 ① 開いているはずです

② 幸せなはずです

③ 間に合うはずです

5 ②

Q 友達にあげるお土産、何がいいでしょうか。

① お菓子を買おうと思います。

② えーと、お菓子がいいと思います。

③ お土産は買いたくありません。

UNIT 11

Mini test

p.149

① よかったそうです

② 政治家じゃないそうです

③ 生まれたそうです

④ 便利だそうです

p.151

① 甘そうです

② 真面目そうです

③ ぶつかりそうです

p.153

① 幸せそうな

② 降りそうな

③ 元気そうに

④ 悲しそうに

p.155

① 有名な

② 留守の

③ 降っている

연습 문제 p.158

1

보기 おいしい	おいしそうです	おいしくなさそうです
真面目だ	真面目そうです	真面目じゃなさそうです
高い	高そうです	高くなさそうです
受かる	受かりそうです	受からなさそうです
いい	よさそうです	よくなさそうです

2 ① 別れたそうです

② 山が好きだそうです

③ おいしくないそうです

④ したいそうです

3 ① よさそうな

② おいしそうに

③ 丈夫そうな

④ 嬉しそうに

4 ① 大好きなようです

② いるようです

③ よくないようです

④ 通っているようです

5 ③

Q 新しいお店に人が並んでいます。どうしてでしょうか。

① そのお店は安くておいしくないようです。

② そのお店はおいしくて広くなさそうです。

③ そのお店は安くておいしいようです。

UNIT 12

Mini test

p.163

① 行(い)くと

② 降(お)りないと

③ 飲(の)むと

p.165

① よかったら

② おいしくなかったら

③ 飲(の)んだら

④ 外国人(がいこくじん)だったら

p.167

① 暇(ひま)なら

② 引(ひ)っ越(こ)すなら

③ ピアノなら

p.169

① 暑(あつ)けれ

② 近(ちか)けれ

③ 悪(わる)くなけれ

p.171

① かけなければ

② 読(よ)めば

③ あれば

연습문제 p.174

1 ① 忙(いそが)しいと / 忙(いそが)しかったら / 忙(いそが)しいなら / 忙(いそが)しければ

② しないと / しなかったら / しないなら / しなければ

③ 来(く)ると / 来(き)たら / 来(く)るなら / 来(く)れば

④ 真面目(まじめ)だと / 真面目(まじめ)だったら / 真面目(まじめ)なら / 真面目(まじめ)なら(ば)

⑤ いいと / よかったら / いいなら / よければ

⑥ よくないと / よくなかったら / よくないなら / よくなければ

⑦ 休(やす)みだと / 休(やす)みだったら / 休(やす)みなら / 休(やす)みなら(ば)

⑧ 書(か)くと / 書(か)いたら / 書(か)くなら / 書(か)けば

2 ① 嫌(いや)だったら

② 高(たか)かったら

③ あったら

3 ① 通(かよ)えば

② 見(み)れば

③ なれば

4 ① 痛(いた)いなら

② なったら

③ 辛(から)くなければ

④ なると

5 ③

Q かわいいかばんですね。どこで買(か)いましたか。

① デパートに行(い)ったほうがいいです。

② デパートに行(い)くなら買(か)えます。

③ デパートに行(い)けば買(か)えます。

UNIT 13

Mini test

p.179

① 叱られました

② 頼まれました

③ 呼ばれました

④ 認められました

p.181

① 私 / 友達 / いじめられました

② 私 / 犬 / 噛まれました

③ 泥棒 / 財布 / 盗まれました

p.183

① に / 汚されました

② に / 見られました

③ に怒られました

p.185

① 開かれました

② 建てられました

③ 行われました

연습 문제 p.188

1 ① 知らない人に声をかけられました。

② 森さんに足を踏まれました

③ (私は)山田さんに招待されました

④ 兄は先生にほめられました

2 ① ⓓ

② ⓐ

③ ⓐ

④ ⓑ

3 ① 発売されました

② 建てられました

③ 書かれました

④ 作られました

4 ① 盗まれました

② 言われました

③ 振られて

④ 見られて

5 ③

Q どうしたんですか。何かよくないことでもあったんですか。

① 彼女を振られます。

② それは、大変だったんですね。

③ 実は、彼女に振られたんです。

UNIT 14

Mini test

p.193

① 覚えさせました
② させました
③ 洗わせました
④ 作らせました

p.195

① 手伝わせました
② させました
③ かぶらせました
④ 別れさせました

p.197

① 退院させました
② 行かせました
③ 読ませました
④ 帰らせました

p.199

① 先生を驚かせました
② 子供を泣かせました
③ 両親をがっかりさせました

p.201

① させられました
② 持たされました(=持たせられました)
③ 待たされました(=待たせられました)

연습 문제 p.204

1 ① 読ませる 읽게 하다 / 読まされる(=読ませられる) 어쩔 수 없이 읽다
② 覚えさせる 외우게 하다 / 覚えさせられる 어쩔 수 없이 외우다
③ 買わせる 사게 하다 / 買わされる(=買わせられる) 어쩔 수 없이 사다
④ させる 시키다 / させられる 어쩔 수 없이 하다
⑤ 来させる 가게 하다 / 来させられる 어쩔 수 없이 오다

2 ① → 帰らせてくれました
→ 帰らせてもらいました
② → 休ませてくれました
→ 休ませてもらいました
③ → 使わせてくれました
→ 使わせてもらいました

3 ① 待たされたんです(=待たせられたんです)
② 歌わされたんです(=歌わせられたんです)
③ させられたんです
④ 行かされたんです(=行かせられたんです)

4 ① 笑わせます
② 帰らせて
③ 遊ばせました
④ させました

5 ②

Q どうしたんですか。嫌そうな顔をして。

① 部長に残業をさせました。

② 部長にお茶を入れさせられたんです。

③ 部長に日本の出張に行かせてもらいました。

UNIT 15

Mini test

p.209

① ご覧になりますか

② ご存じですか

③ 出席なさいます

p.211

① 来られますか

② 行かれます

③ 出られますか

p.213

① 忘れ

② 帰り

③ 使い

④ 覧

p.215

① お目にかかりたいです

② いただきました

③ 参ります / 伺います

p.217

① 包み / 包み

② 配り / 配り

③ 返信 / 返信

④ 準備 / 準備

연습 문제

p.220

1 ① いらっしゃる / 行かれる / 参る・伺う

② ご覧になる / 見られる / 拝見する

③ 召し上がる / 飲まれる / いただく

④ なさる / される / いたす

⑤ いらっしゃる / 来られる / 参る・伺う

2 ① お作りになっています

② ご覧になりましたか

③ お使いになっています

④ お出かけになりますか

3 ① お伝えいたします

② お渡しいたします

③ ご説明いたします

④ ご紹介いたします

4 ① いたします

② 申します

③ お買いになりました(=買われました)

④ お作りになりました(=作られました)

5 ①

Q 山田先生の作品をご覧になりましたか。

① はい、拝見しました。

② はい、ご覧になりました。

③ はい、見られます。

memo

워크북

힘내라! 독학 일본어 첫걸음

멀리뛰기

유세미 지음

다락원

워크북

힘내라! 독학 일본어 첫걸음

유세미 지음

멀리뛰기

UNIT 1　今日は来ないですよ。

1 「3그룹·2그룹 동사의 ない형」 활용을 연습해 봅시다.

예 着る(き) 입다 → 着(き)ない 입지 않는다

① する 하다 → ______ 하지 않는다

② 来る(く) 오다 → ______ 오지 않는다

③ 食べる(た) 먹다 → ______ 먹지 않는다

④ 忘れる(わす) 잊다 → ______ 잊지 않는다

⑤ 見る(み) 보다 → ______ 보지 않는다

⑥ 寝る(ね) 자다 → ______ 자지 않는다

⑦ 教える(おし) 가르치다 → ______ 가르치지 않는다

⑧ 起きる(お) 일어나다 → ______ 일어나지 않는다

⑨ 借りる(か) 빌리다 → ______ 빌리지 않는다

⑩ 落ちる(お) 떨어지다 → ______ 떨어지지 않는다

2 「1그룹 동사의 ない형」 활용을 연습해 봅시다.

예 作る(つく) 만들다 → 作らない(つく) 만들지 않는다

① 言う(い) 말하다 → ________ 말하지 않는다

② 待つ(ま) 기다리다 → ________ 기다리지 않는다

③ 読む(よ) 읽다 → ________ 읽지 않는다

④ 遊ぶ(あそ) 놀다 → ________ 놀지 않는다

⑤ 書く(か) 쓰다 → ________ 쓰지 않는다

⑥ 泳ぐ(およ) 헤엄치다 → ________ 헤엄치지 않는다

⑦ 話す(はな) 이야기하다 → ________ 이야기하지 않는다

⑧ 行く(い) 가다 → ________ 가지 않는다

⑨ 買う(か) 사다 → ________ 사지 않는다

⑩ 乗る(の) 타다 → ________ 타지 않는다

3 「동사의 ない형」을 연습해 봅시다.

① 매운 건 먹지 않는다.

→

② 교실 안에 선생님이 없다.

→

③ 테이블 위에 책이 없다.

→

④ 운동은 하지 않습니다.

→

⑤ 담배는 피우지 않습니다.

→

⑥ 친구와 같이 놀지 않았다.

→

⑦ 질문에 대답하지 않았다.

→

⑧ 남자친구는 안왔어?

→

⑨ 커피를 마시지 않을래?

→

⑩ 내일 영화 안 볼래?

→

4 「～ないほうがいい」를 연습해 봅시다.

① 아침에는 가지 않는 게 좋다.

→

② 설탕은 넣지 않는 편이 좋다.

→

③ 지금은 청소를 하지 않는 게 좋다.

→

④ 매운 것은 먹지 않는 게 좋다.

→

⑤ 수업 때는 한국어로 말하지 않는 편이 좋다.

→

⑥ 그 창문은 열지 않는 게 좋습니다.

→

⑦ 밤에 커피는 마시지 않는 편이 좋습니다.

→

⑧ 밤늦게 오지 않는 게 좋습니다.

→

⑨ 그 사람을 만나지 않는 편이 좋습니다.

→

⑩ 연필은 사용하지 않는 편이 좋습니다.

→

UNIT 2 今日はシャワーを浴びないでください。

1 「~ないでください」를 연습해 봅시다.

① 교실에 들어가지 마세요.

→

② 여기에서 담배를 피우지 마세요.

→

③ 스마트폰을 사용하지 마세요.

→

④ 리포트를 잊지 마세요.

→

⑤ 기대는 하지 마세요.

→

⑥ 밤늦게 전화하지 마세요.

→

⑦ 이름을 한자로 쓰지 마세요.

→

⑧ 방에서 뛰지 마.

→

⑨ 그쪽으로 가지 마.

→

⑩ 사과는 냉장고에 넣지 마.

→

2 「～なければなりません」을 연습해 봅시다.

① 학교에 가지 않으면 안됩니다.

→

② 내일까지 내지 않으면 안됩니다.

→

③ 지하철을 타야만 합니다.

→

④ 내일 일찍 일어나야만 합니다.

→

⑤ 책을 돌려줘야만 합니다.

→

⑥ 히라가나를 전부 외워야만 합니다.

→

⑦ 호텔을 예약해야만 한다.

→

⑧ 매일 약을 먹어야만 한다.

→

⑨ 지금 돌아가지 않으면 안 된다.

→

⑩ 시험에 합격하지 않으면 안 된다.

→

3 「～なくてもいい」를 연습해 봅시다.

① 학교에 가지 않아도 된다.

→

② 약을 먹지 않아도 된다.

→

③ 딸기를 사지 않아도 된다.

→

④ 슈트를 입지 않아도 됩니다.

→

⑤ 내일 돌려주지 않아도 됩니다.

→

⑥ 일요일은 일하지 않아도 됩니다.

→

⑦ 무리하지 않아도 됩니다.

→

⑧ 한국어로 말하지 않아도 됩니까?

→

⑨ 이 사과는 씻지 않아도 됩니까?

→

⑩ 한자를 전부 외우지 않아도 됩니까?

→

4 「～ないで」를 연습해 봅시다.

① 씻지 않고 잤습니다.

→

② 커피에 설탕을 넣지 않고 마십니다.

→

③ 창문을 닫지 않고 학교에 갔습니다.

→

④ 버터를 넣지 않고 케이크를 만듭니까?

→

⑤ 일을 하지 말고 쉬세요.

→

⑥ 게임을 하지 말고 산책을 하세요.

→

⑦ 내일 하지 말고 오늘 하세요.

→

⑧ 딸기를 사지 말고 사과를 사세요.

→

⑨ 사진은 스즈키 씨가 찍지 않고 아오키 씨가 찍었습니다.

→

⑩ 케이크를 먹지 않고 빵을 먹었습니다.

→

UNIT 3　勉強はしないの？

1 「명사의 보통형, 명사수식형」을 연습해 봅시다.

① 이 사람은 학생이다.

→

② 이 사람은 학생이 아니다.

→

③ 이 사람은 학생이었다.

→

④ 이 사람은 학생이 아니었다.

→

⑤ 오늘은 바다의 날이다.

→

⑥ 학생이 아닌 사람은 들어오지 마세요.

→

⑦ 대학생이었던 그는 친절했다.

→

⑧ 회원 중에는 대학생이 아니었던 사람도 있었습니다.

→

⑨ 휴일이었던 날은 언제였습니까?

→

⑩ 학생이 아닌 친구도 있습니다.

→

2 「な형용사의 보통형, 명사수식형」을 연습해 봅시다.

① 토마토는 좋아한다.

→

② 토마토는 좋아하지 않는다.

→

③ 토마토를 좋아했다.

→

④ 토마토는 좋아하지 않았다.

→

⑤ 좋아하는 과일은 무엇인가요?

→

⑥ 좋아하지 않는 과일은 무엇인가요?

→

⑦ 좋아했던 과목은 무엇입니까?

→

⑧ 이것은 좋아하지 않았던 책입니다.

→

⑨ 안전하지 않은 제품은 없습니다.

→

⑩ 행복하지 않은 때도 있습니다.

→

3 「い형용사의 보통형, 명사수식형」을 연습해 봅시다.

① 이 차는 비싸다.

→

② 이 차는 비싸지 않다.

→

③ 테스트는 쉬웠다.

→

④ 테스트는 쉽지 않았다.

→

⑤ 달콤한 케이크가 먹고 싶다.

→

⑥ 달콤하지 않은 케이크는 먹고 싶지 않다.

→

⑦ 가장 재미있었던 과목은 무엇인가요?

→

⑧ 비싸지 않았던 제품은 없었습니다.

→

⑨ 덥지 않은 날은 운동을 합니다.

→

⑩ 날씨가 좋지 않은 날이 많았다.

→

4 「동사의 보통형, 명사수식형」을 연습해 봅시다.

① 책을 읽는다.

→ ______

② 책을 읽지 않는다.

→ ______

③ 텔레비전을 봤다.

→ ______

④ 텔레비전을 보지 않았다.

→ ______

⑤ 커피를 마시는 사람이 많다.

→ ______

⑥ 커피를 마시지 않는 사람도 있다.

→ ______

⑦ 술을 마신 사람은 운전하면 안 됩니다.

→ ______

⑧ 담배를 피우지 않았던 때도 있었다.

→ ______

⑨ 운동을 하지 않는 날도 있습니다.

→ ______

⑩ 이것은 내가 만든 빵입니다.

→ ______

UNIT 4　交通事故があったんです。

1 「～んです」를 연습해 봅시다.

① 내일부터 여름방학이에요.

→

② 오늘은 아주 바빴거든요.

→

③ 어제는 한가했거든요.

→

④ 어디에 갔었던 거예요?

→

⑤ 시험은 어려웠어요.

→

⑥ 회사에서 사고가 있었어요.

→

⑦ 버스가 좀처럼 오지 않아요.

→

⑧ 요즘 몸이 좋지 않았거든요.

→

⑨ 이 앱은 편리하거든요.

→

⑩ 커피는 그다지 마시지 않거든요.

→

2 「〜し」를 연습해 봅시다.

① 요리도 맛있었고, 호텔도 깨끗했고 여행은 정말로 좋았다.

→

② 열도 있고, 머리도 아프고, 기침도 납니다.

→

③ 이 가게는 싸고, 맛있고, 깨끗합니다.

→

④ 졸립고 춥고 빨리 집에 가고 싶다.

→

⑤ 여기는 넓고 깨끗하고, 역에서도 가까워서 좋습니다.

→

⑥ 무겁고 비싸고 그 가방은 사지 않는게 좋다.

→

⑦ 공부도 안했고 몸 상태도 나빴고 시험은 망쳤다.

→

⑧ 후배와는 같이 영화도 보고, 커피도 마시고, 사이가 좋습니다.

→

⑨ 선배는 상냥하고 재미있고 인기도 높습니다.

→

⑩ 지금 집은 좁고 불편하고 좀 더 좋은 집에 살고 싶습니다.

→

3 「～から・～ので」를 연습해 봅시다.

① 그 레스토랑은 친절하지 않아서 가지 않습니다. (から)

→

② 저 가방은 비싸서 사지 않았습니다. (から)

→

③ 어제 반팔을 입어서 감기에 걸렸습니다. (から)

→

④ 생선은 좋아하지 않아서 별로 먹지 않습니다. (から)

→

⑤ 위험하니까 여기에서 기다려 주세요. (から)

→

⑥ 어제는 바빴기 때문에 연락을 못 했습니다. (ので)

→

⑦ 오늘은 월요일이라서 도서관은 휴일입니다. (ので)

→

⑧ 열이 있어서 오늘은 쉬고 싶습니다. (ので)

→

⑨ 이 앱은 편리해서 자주 사용합니다. (ので)

→

⑩ 케이크를 좋아해서 자주 먹습니다. (ので)

→

4 「~のに」를 연습해 봅시다.

① 토요일인데도 회사에 갑니다.

→

② 이 가게는 비싼데도 인기가 있습니다.

→

③ 겨울인데도 눈이 내리지 않습니다.

→

④ 택시를 탔는데도 지각했다.

→

⑤ 약을 먹었는데도 감기가 낫지 않는다.

→

⑥ 열심히 공부했는데도 성적이 좋지 않습니다.

→

⑦ 그 사람은 약속했는데도 오지 않았다.

→

⑧ 모처럼 우동을 만들었는데 맛이 없다.

→

⑨ 춥지 않은데도 코트를 입었다.

→

⑩ 이 앱은 편리한데도 그다지 사용하지 않는다.

→

UNIT 5 林さんにもあげますね。

1 「あげる・差(さ)し上(あ)げる」를 연습해 봅시다.

① 나는 친구에게 화장품을 줬습니다.

→

② 스즈키 씨는 기무라 씨에게 자료를 줬습니다.

→

③ 언니는 남동생에게 넥타이를 주지 않았다.

→

④ 다나카 씨에게는 초콜릿을 주고 싶지 않습니다.

→

⑤ 이것은 내가 준 과자입니다.

→

⑥ 친구 생일에 향수를 주고 싶다.

→

⑦ 그것은 스미스 씨가 다나카 씨에게 준 책입니다.

→

⑧ 여자친구의 어머니에게 선물을 드렸습니다.

→

⑨ 모리 씨가 부장님에게 안경을 드렸습니다.

→

⑩ 선생님께 만년필을 드렸다.

→

2 「くれる・くださる」를 연습해 봅시다.

① 친구가 나에게 화장품을 줬습니다.

→

② 스즈키 씨가 기무라 씨에게 자료를 줬습니다.

→

③ 남자친구가 반지를 줬다.

→

④ 이것은 언니가 준 모자입니다.

→

⑤ 아빠는 아직 용돈을 주지 않았습니다.

→

⑥ 이 초콜릿은 누가 줬습니까?

→

⑦ 내 생일에 여동생은 아무것도 주지 않았다.

→

⑧ 선생님이 만년필을 주셨습니다.

→

⑨ 과장님이 야마다 씨에게 기념 선물을 주셨습니다.

→

⑩ 부장님은 매일 아침 커피를 주십니다.

→

3 「もらう・いただく」를 연습해 봅시다.

① 아빠에게 용돈을 받았습니다. (もらう)

→

② 크리스마스에 무엇을 받았습니까? (もらう)

→

③ 기무라 씨는 스즈키 씨에게 자료를 받았습니다. (もらう)

→

④ 비싼 선물은 받고 싶지 않습니다. (もらう)

→

⑤ 이 책은 친구에게 받은 것입니다. (もらう)

→

⑥ 언니는 회사에서 보너스를 받았습니다. (もらう)

→

⑦ 형은 학교에서 장학금을 받았다. (もらう)

→

⑧ 모리 씨는 부장님에게 와인을 받았습니다. (いただく)

→

⑨ 선생님에게 만년필을 받았습니다. (いただく)

→

⑩ 엄마에게 손목시계를 받았다. (いただく)

→

UNIT 6 私が彼女に貸してあげたんですが…。

1 「～てあげる・～てさしあげる」를 연습해 봅시다.

① 나는 친구에게 책을 사 줬습니다.

→

② 후배의 과제를 도와줬습니다.

→

③ 언니는 항상 남동생에게 책을 읽어줍니다.

→

④ 모리 씨가 스미스 씨에게 일본어를 가르쳐 줬습니까?

→

⑤ 남자친구에게 만들어 준 케이크입니다.

→

⑥ 친구에게 찍어 준 사진입니다.

→

⑦ 선생님에게 케이크를 만들어 드렸습니다.

→

⑧ 과장님에게 펜을 빌려 드렸다.

→

⑨ 혼다 씨가 사장님에게 회의실을 안내해 드렸습니다.

→

⑩ 야마다 씨가 선배님에게 화장을 해 드렸습니다.

→

2 「～てくれる・～てくださる」를 연습해 봅시다.

① 친구가 그림을 보여줬다.

→

② 누나가 과제를 도와줬습니다.

→

③ 누가 얘기해 주었습니까?

→

④ 이 지갑은 다나카 씨가 사 준 것입니다.

→

⑤ 남자친구가 만들어 준 케이크입니다.

→

⑥ 책을 빌려주지 않겠습니까?

→

⑦ 선배님이 자전거를 고쳐 주셨다.

→

⑧ 야마다 씨가 편지를 보내 주셨습니다.

→

⑨ 책을 빌려주시지 않겠습니까?

→

⑩ 요리의 레시피를 가르쳐 주시지 않겠습니까?

→

3 「～てもらう・～ていただく」를 연습해 봅시다.

① 친구가 편지를 보여줬다.

→

② 누나가 과제를 도와줬습니다.

→

③ 누가 얘기해 주었습니까?

→

④ 이 지갑은 다나카 씨가 사 준 것입니다.

→

⑤ 남자친구가 만들어 준 케이크입니다.

→

⑥ 오빠가 책을 빌려줬다.

→

⑦ 선배님이 자전거를 고쳐 주셨다.

→

⑧ 야마다 씨가 편지를 보내 주셨습니다.

→

⑨ 과장님이 파티 준비를 해 주셨다.

→

⑩ 선생님이 요리 레시피를 가르쳐 주셨습니다.

→

UNIT 7 すみません、おつりが出ないんですが…。

1 「자동사와 타동사」를 연습해 봅시다.

① 차가 섰습니다.

→

② 차를 세웠습니다.

→

③ 꽃병이 깨졌습니다.

→

④ 꽃병을 깨뜨렸습니다.

→

⑤ 문이 열렸습니다.

→

⑥ 문을 열었습니다.

→

⑦ 텔레비전이 켜졌습니다.

→

⑧ 텔레비전을 켰습니다.

→

⑨ 수업이 시작됩니다.

→

⑩ 수업을 시작합니다.

→

2 「〜ている」를 연습해 봅시다.

① 배가 고픕니다. (〜상태로 있다)

→ ______

② 지갑이 떨어져 있습니다. (〜상태로 있다)

→ ______

③ 야마다 씨는 결혼했습니다. (〜상태로 있다)

→ ______

④ 전철이 멈춰 있습니다. (〜상태로 있다)

→ ______

⑤ 다나카 씨는 어디에 살고 있습니까? (〜상태로 있다)

→ ______

⑥ 이 한자의 읽는 법을 알고 있습니까? (〜상태로 있다)

→ ______

⑦ 병원에서 일하고 있습니다. (습관, 반복, 직업)

→ ______

⑧ 매일 아침 다이어트 교실에 다니고 있습니다. (습관, 반복, 직업)

→ ______

⑨ 나는 아빠를 닮았습니다. (단순 상태)

→ ______

⑩ 스미스 씨는 일본어에 뛰어납니다. (단순 상태)

→ ______

3 「**まだ～ていません**」을 연습해 봅시다.

① 도서관은 아직 열지 않았습니다.

→

② 과제는 아직 하지 않았습니다.

→

③ 아직 아침밥을 먹지 않았습니다.

→

④ 야마다 씨는 아직 오지 않았습니다.

→

⑤ 그 서류는 아직 내지 않았습니다.

→

⑥ 유학은 아직 결정하지 않았습니다.

→

⑦ 일본어 단어는 아직 외우지 않았다.

→

⑧ 연극은 아직 시작하지 않았습니다.

→

⑨ 이 책, 아직 안 읽었어.

→

⑩ 자판기는 아직 안 고쳤어.

→

4 「타동사+てある」를 연습해 봅시다.

① 창문이 열려 있다.

→

② 영화 포스터가 붙어 있다.

→

③ 게시판에 이름이 쓰여 있습니다.

→

④ 책상에 놓여 있는 책은 누구의 것입니까?

→

⑤ 방이 청소되어 있습니다.

→

⑥ 가방에 모자가 들어 있습니다.

→

⑦ 텔레비전이 켜져 있습니다.

→

⑧ 집 앞에 차가 세워져 있었다.

→

⑨ 꽃병이 깨져 있었습니다.

→

⑩ 회의실이 정리되어 있었습니다.

→

UNIT 8 日本語のニュースを聞き取ることができますか

1.「～ことができる」를 연습해 봅시다.

① 시계를 고칠 수 있습니다.

→

② 아침 6시에 일어날 수 있습니다.

→

③ 일본 노래를 부를 수 있습니까?

→

④ 이것을 전부 먹을 수 있습니까?

→

⑤ 학교까지 자전거로 갈 수 있다.

→

⑥ 자전거를 탈 수 있습니까?

→

⑦ 누구라도 이용할 수 있습니다.

→

⑧ 야마다 씨는 아직 걸을 수 없습니다.

→

⑨ 실내에서는 담배를 피울 수 없습니다.

→

⑩ 예약을 취소할 수 없다.

→

2 「3그룹·2그룹 동사의 가능형」 활용을 연습해 봅시다.

예 着(き)る 입다 → 着(き)られる 입을 수 있다

① する 하다 → ______ 할 수 있다

② 来(く)る 오다 → ______ 올 수 있다

③ 食(た)べる 먹다 → ______ 먹을 수 있다

④ 忘(わす)れる 잊다 → ______ 잊을 수 있다

⑤ 見(み)る 보다 → ______ 볼 수 있다

⑥ 寝(ね)る 자다 → ______ 잘 수 있다

⑦ 教(おし)える 가르치다 → ______ 가르칠 수 있다

⑧ 起(お)きる 일어나다 → ______ 일어날 수 있다

⑨ 借(か)りる 빌리다 → ______ 빌릴 수 있다

⑩ 覚(おぼ)える 떨어지다 → ______ 외울 수 있다

3 「1그룹 동사의 가능형」 활용을 연습해 봅시다.

예 作(つく)る 만들다 → 作(つく)れる 만들 수 있다

① 言(い)う 말하다 → ________ 말할 수 있다

② 待(ま)つ 기다리다 → ________ 기다릴 수 있다

③ 読(よ)む 읽다 → ________ 읽을 수 있다

④ 遊(あそ)ぶ 놀다 → ________ 놀 수 있다

⑤ 書(か)く 쓰다 → ________ 쓸 수 있다

⑥ 泳(およ)ぐ 헤엄치다 → ________ 헤엄칠 수 있다

⑦ 話(はな)す 이야기하다 → ________ 이야기할 수 있다

⑧ 行(い)く 가다 → ________ 갈 수 있다

⑨ 買(か)う 사다 → ________ 살 수 있다

⑩ 乗(の)る 타다 → ________ 탈 수 있다

4 「동사의 가능형」을 연습해 봅시다.

① 시계를 고칠 수 있습니다.

→

② 아침 6시에 일어날 수 있습니다.

→

③ 일본 노래를 부를 수 있습니까?

→

④ 이것을 전부 먹을 수 있습니까?

→

⑤ 학교까지 자전거로 갈 수 있다.

→

⑥ 자전거를 탈 수 있습니까?

→

⑦ 누구라도 이용할 수 있습니다.

→

⑧ 야마다 씨는 아직 걸을 수 없습니다.

→

⑨ 실내에서는 담배를 피울 수 없습니다.

→

⑩ 예약을 취소할 수 없다.

→

5 「～なる」를 연습해 봅시다.

① 형은 가수가 되었습니다.

→

② 변호사가 되고 싶습니다.

→

③ 방이 깨끗해졌습니다.

→

④ 교실이 조용해졌습니다.

→

⑤ 바람이 강해졌습니다.

→

⑥ 가방이 무거워졌습니다.

→

⑦ 여행이 즐거워졌다.

→

⑧ 다음 달부터 일하게 되었습니다.

→

⑨ 일본 신문을 읽을 수 있게 되었습니다.

→

⑩ 달릴 수 없게 되었습니다.

→

6 「~ようにする」를 연습해 봅시다.

① 매일 운동을 하도록 하고 있습니다.

→

② 약속은 되도록 지키도록 하고 있습니다.

→

③ 돈은 빌리지 않도록 하고 있다.

→

④ 술은 되도록 마시지 않도록 하고 있습니다.

→

⑤ 건강을 위해서 채소를 많이 먹도록 하고 있습니다.

→

⑥ 밤 10시에는 자도록 하고 있습니다.

→

⑦ 담배는 피우지 않도록 하고 있습니다.

→

⑧ 매일 일본 뉴스를 듣도록 하고 있습니다.

→

⑨ 사용한 손수건은 바로 빨도록 하고 있습니다.

→

⑩ 3시까지 도착하도록 하겠습니다.

7 「～ことになる」를 연습해 봅시다.

① 세미나로 일본에 가게 되었습니다.

→

② 수업은 다음 주부터 시작하게 되었습니다.

→

③ 일본 친구가 한국에 오게 되었다.

→

④ 이번 연구는 제가 발표하게 되었다.

→

⑤ 4월부터 일본 회사에서 일하게 되었습니다.

→

⑥ 매일 아침 운동하게 되었습니다.

→

⑦ 후배의 과제를 돕게 되었다.

→

⑧ 내일 야마다 선배를 만나기로 되어 있습니다.

→

⑨ 예산을 줄이게 되었습니다.

→

⑩ 월요일은 내가 교실 청소를 하게 되었습니다.

→

8 「～ことにする」를 연습해 봅시다.

① 매일 요가를 하기로 했습니다.

→

② 화장을 하지 않기로 했습니다.

→

③ 앞머리를 자르기로 했다.

→

④ 그와는 만나지 않기로 했습니다.

→

⑤ 건강을 위해 자전거로 회사에 가기로 했습니다.

→

⑥ 밤늦게까지 놀지 않기로 했다.

→

⑦ 그 게임은 하지 않기로 했습니다.

→

⑧ 매일 일본어 공부를 하기로 했다.

→

⑨ 새 차를 사기로 했습니다.

→

⑩ 빵을 먹지 않기로 했다.

UNIT 9 買い物もいっぱいしよう！

1 「3그룹·2그룹 동사의 의지형」 활용을 연습해 봅시다.

예 着(き)る 입다 →	着(き)よう	입어야지, 입자

① する 하다 → ______ 해야지, 하자

② 来(く)る 오다 → ______ 와야지, 오자

③ 食(た)べる 먹다 → ______ 먹어야지, 먹자

④ 忘(わす)れる 잊다 → ______ 잊어야지, 잊자

⑤ 見(み)る 보다 → ______ 봐야지, 보자

⑥ 寝(ね)る 자다 → ______ 자야지, 자자

⑦ 教(おし)える 가르치다 → ______ 가르쳐야지, 가르치자

⑧ 起(お)きる 일어나다 → ______ 일어나야지, 일어나자

⑨ 借(か)りる 빌리다 → ______ 빌려야지, 빌리자

⑩ 植(う)える 심다 → ______ 심어야지, 심자

2 「1그룹 동사의 의지형」 활용을 연습해 봅시다.

예 作る(つく) 만들다 →	作ろう(つく)	만들어야지, 만들자

① 言う(い) 말하다 → ________ 말해야지, 말하자

② 待つ(ま) 기다리다 → ________ 기다려야지, 기다리자

③ 読む(よ) 읽다 → ________ 읽어야지, 읽자

④ 遊ぶ(あそ) 놀다 → ________ 놀아야지, 놀자

⑤ 書く(か) 쓰다 → ________ 써야지, 쓰자

⑥ 泳ぐ(およ) 헤엄치다 → ________ 헤엄쳐야지, 헤엄치자

⑦ 話す(はな) 이야기하다 → ________ 이야기해야지, 이야기하다

⑧ 行く(い) 가다 → ________ 가야지, 가자

⑨ 買う(か) 사다 → ________ 사야지, 사자

⑩ 乗る(の) 타다 → ________ 타야지, 타자

3 「동사의 의지형」을 연습해 봅시다.

① 내일 다시 와야지.

→

② 같이 점심을 먹자.

→

③ 영화를 보러 가자.

→

④ 깨끗이 청소 해야지.

→

⑤ 빨리 집에 돌아가자.

→

⑥ 잠깐 걸을래?

→

⑦ 영어로 이야기하자.

→

⑧ 모두 열심히 공부하자!

→

⑨ 운전면허를 따야지!

→

⑩ 슬슬 시작할까?

→

4 「〜(よ)うと思(おも)う」를 연습해 봅시다.

① 오늘은 푹 쉴까 한다.

→

② 앞머리를 자를까 한다.

→

③ 내일은 친구를 만날까 합니다.

→

④ 케이크라도 만들까 합니다.

→

⑤ 운동을 시작할까 합니다.

→

⑥ 회사를 그만둘까 하고 있다.

→

⑦ 유학을 가려고 생각하고 있습니다.

→

⑧ 마라톤 대회에 참가할까 하고 있다.

→

⑨ 새 집으로 이사하려고 생각하고 있습니다.

→

⑩ 내년에 퇴직하려고 생각하고 있다.

→

5 「～つもり」를 연습해 봅시다.

① 내일 다시 올 작정이다.

→

② 바이올린을 배울 생각이다.

→

③ 나무를 심을 생각이다.

→

④ 친구와 영화를 보러 갈 생각입니다.

→

⑤ 전시회에 가지 않을 생각입니다.

→

⑥ 술은 마시지 않을 작정입니다.

→

⑦ 올해부터 운전을 할 생각입니다.

→

⑧ 테니스 대회에 참가할 생각입니다.

→

⑨ 회사를 그만둘 생각은 없습니다.

→

⑩ 이사할 생각은 없다.

→

6 「～予定(よてい)」를 연습해 봅시다.

① 연주회는 오후 1시 예정이다.

→

② 당일치기 예정으로 여행을 갈 겁니다.

→

③ 영어 시험을 보지 않을 예정이다.

→

④ 여름 방학에 무엇을 할 예정입니까?

→

⑤ 이번 세미나는 참가하지 않을 예정입니다.

→

⑥ 카페에서 선배를 만날 예정입니다.

→

⑦ 호텔에 묵을 예정입니다.

→

⑧ 두 사람은 봄에 결혼할 예정입니다.

→

⑨ 가을에 이사할 예정입니다.

→

⑩ 오전 8시에 출발할 예정이다.

→

UNIT 10 どちらを使ったほうがいいと思いますか。

1 「～と思(おも)う」를 연습해 봅시다.

① 그는 지금 부재중인 것 같다.

→

② 내일은 맑을 것 같다.

→

③ 초밥은 좋아하는 것 같습니다.

→

④ 그녀는 지금 바쁜 것 같습니다.

→

⑤ 일회용 물건을 사용하는 것은 좋지 않다고 생각합니다.

→

⑥ 기무라 씨는 이미 집에 돌아간 것 같습니다.

→

⑦ 빨리 결정하지 않으면 안된다고 생각합니다.

→

⑧ 이 문제는 간단하지 않은 것 같습니다.

→

⑨ 저 사람은 변호사가 아닌 것 같다.

→

⑩ 운전면허를 딸 수 있을 것 같다.

→

2 「～でしょう」를 연습해 봅시다.

① 그는 지금 부재중이겠지요.

→

② 내일은 아마 맑겠지요.

→

③ 초밥은 좋아하겠지요.

→

④ 그녀는 지금 바쁘겠지요.

→

⑤ 한자는 쓸 수 있겠지요.

→

⑥ 기무라 씨는 이미 집에 돌아갔겠지요?

→

⑦ 한국은 추웠지요?

→

⑧ 혼자서는 무리겠지?

→

⑨ 그녀는 아마 오지 않겠지.

→

⑩ 일회용 물건을 사용하는 것은 좋지 않겠지.

→

3 「～かもしれません」을 연습해 봅시다.

① 그는 지금 부재중일지도 모른다.

→

② 내일은 맑을지도 모른다.

→

③ 초밥은 좋아할지도 모릅니다.

→

④ 그녀는 지금 바쁠지도 모릅니다.

→

⑤ 야마다 씨는 회사원이 아닐지도 모른다.

→

⑥ 기무라 씨는 이미 집에 돌아갔을지도 모릅니다.

→

⑦ 그 연구는 무리였을지도 모릅니다.

→

⑧ 다나카 씨에게는 달지 않을지도 몰라.

→

⑨ 운전면허를 딸 수 없을지도 몰라.

→

⑩ 빨리 병원에 가는 게 좋을지도 모릅니다.

→

4 「～はずだ」를 연습해 봅시다.

① 그는 출장 중이라서 부재중일 것이다.

→

② 내일은 아마 맑을 것이다.

→

③ 생선을 좋아하니까 초밥도 좋아할 겁니다.

→

④ 일이 많아서 그녀는 바쁠 겁니다.

→

⑤ 다나카 씨에게는 맵지 않을 겁니다.

→

⑥ 사람도 많고, 비싸고 그 가게의 요리는 맛있을 겁니다.

→

⑦ 저 사람은 기무라 선생님이 아닐 것이다. 키가 크기 때문에.

→

⑧ 일요일이라서 회사에 가지 않을 것이다.

→

⑨ 6시에 나갔기 때문에 기무라 씨는 이미 집에 돌아갔을 겁니다.

→

⑩ 열심히 연습했기 때문에 운전면허를 딸 수 있을 것이다.

→

UNIT 11 とてもおもしろいそうです。

1 「전문의 *そうだ*」를 연습해 봅시다.

① 그는 작가라고 한다.

→

② 그의 작품은 유명하다고 한다.

→

③ 올해는 작년보다 덥다고 합니다.

→

④ 스즈키 씨는 바이올린을 켤 수 있다고 합니다.

→

⑤ 그녀는 옛날에 가수였다고 합니다.

→

⑥ 여행은 아주 즐거웠다고 합니다.

→

⑦ 그 레스토랑은 친절하지 않았다고 합니다.

→

⑧ 스미스 씨는 일본에 간 적이 없다고 합니다.

→

⑨ 어제 교통사고가 있었대.（～って）

→

⑩ 야마다 씨는 세미나에 가지 않는대.（～って）

→

2 「추량·양태의 *そうだ*」를 연습해 봅시다.

① 그 학생은 성실할 것 같다.

→

② 그 스마트폰은 비쌀 것 같다.

→

③ 아무래도 눈이 내릴 것 같습니다.

→

④ 자전거가 자동차에 부딪칠 것 같습니다.

→

⑤ 스미스 씨는 초밥은 좋아하지 않는 것 같다.

→

⑥ 그 치마는 어울리지 않을 것 같습니다.

→

⑦ 내일은 날씨가 좋을 것 같다.

→

⑧ 다음 주는 시간이 없을 것 같다.

→

⑨ 이 빵은 만들 수 있을 것 같았다.

→

⑩ 선생님은 행복한 것 같았습니다.

→

3 「～そうな・～そうに」를 연습해 봅시다.

① 맛있어 보이는 케이크.

→

② 조용한 듯한 레스토랑.

→

③ 그녀는 행복해 보이는 얼굴을 하고 있었습니다.

→

④ 모리 씨는 성실해 보이는 인상입니다.

→

⑤ 당장이라도 울 것 같은 얼굴을 하고 있습니다.

→

⑥ 이 케이크는 맛있어 보인다.

→

⑦ 그는 건강한 듯이 보입니다.

→

⑧ 그녀는 행복한 듯이 웃고 있었습니다.

→

⑨ 다나카 씨는 성실해 보입니다.

→

⑩ 당장이라도 울 것 같이 보입니다.

→

4 「～ようだ」를 연습해 봅시다.

① 혼다 씨는 항상 책을 읽고 있습니다. 책을 좋아하는 것 같습니다.

→

② 넓고, 깨끗하고 저 레스토랑은 비쌀 것 같다.

→

③ 콧물이 납니다. 아무래도 감기에 걸린 것 같습니다.

→

④ 방에서 큰 소리가 났습니다. 아이가 무엇을 깨뜨린 것 같습니다.

→

⑤ 스미스 씨는 초밥을 좋아하지 않는 것 같습니다. 항상 우동을 먹기 때문에.

→

⑥ 아들은 아직 피곤하지 않은 것 같습니다. 하루 종일 뛰고 있습니다.

→

⑦ 전화를 받지 않습니다. 아무도 없는 것 같습니다.

→

⑧ 교실에 아무도 없다. 오늘은 수업이 없는 것 같다.

→

⑨ 이 드레스는 마치 꽃 같습니다.

→

⑩ 야마다 씨의 집은 호텔 같다.

→

UNIT 12 このボタンを押すとチケットが出ます。

1 「～と」를 연습해 봅시다.

① 학생이면 들어갈 수 없습니다.

→

② 오른쪽으로 돌면 학교가 있다.

→

③ 이 역에서 내리면 환승을 할 수 있습니다.

→

④ 겨울이 되면 눈이 내립니다.

→

⑤ 불을 끄면 방이 어두워진다.

→

⑥ 여름이 되면 더워집니다.

→

⑦ 2에 3을 더하면 5가 된다.

→

⑧ 버튼을 누르지 않으면 커피가 나오지 않습니다.

→

⑨ 이 길을 쭉 가면 병원이 있습니다.

→

⑩ 여기에 돈을 넣으면 티켓이 나옵니다.

→

2 「～たら」를 연습해 봅시다.

① 맛있다면 사고 싶습니다.

→

② 몸 상태가 좋지 않다면 빨리 돌아가는 편이 좋습니다.

→

③ 대학생이 되면 무엇을 하고 싶나요?

→

④ 괜찮으면 이것을 쓰세요.

→

⑤ 비가 오지 않으면 바다에 가지 않겠습니까?

→

⑥ 수업이 끝나면 전화해 주세요.

→

⑦ 약을 먹으면 나을거라고 생각합니다.

→

⑧ 비싸지 않으면 자전거를 사고 싶다.

→

⑨ 야마다 씨가 오면 회의를 시작합시다.

→

⑩ 성실하다면 같이 일하고 싶습니다.

→

3 「～なら」를 연습해 봅시다.

① 추우면 쿨러를 꺼도 됩니다.

→

② 병원에 간다면 버스가 편리합니다.

→

③ 짐이 많으면 택시를 타는 게 좋겠습니다.

→

④ 놀러 올 거라면 전화해 주세요.

→

⑤ 내일 한가하다면 전시회에 가지 않겠습니까?

→

⑥ 채소가 싫다면 먹지 않아도 됩니다.

→

⑦ 가까우면 걸읍시다.

→

⑧ 스마트폰이라면 이 회사의 제품이 좋습니다.

→

⑨ 다나카 씨라면 할 수 있다고 생각합니다.

→

⑩ 영어라면 스즈키 씨가 가장 잘 합니다.

→

4 「명사 / な형용사 / い형용사의 ～ば형」 활용을 연습해 봅시다.

예 先生(せんせい) 선생님 → 先生(せんせい)なら(ば) 선생님이라면

① 休み(やすみ) 휴일 → ________________ 휴일이라면

② 秘密(ひみつ) 비밀 → ________________ 비밀이 아니라면

③ 遅刻(ちこく) 지각 → ________________ 지각이 아니라면

④ 大丈夫だ(だいじょうぶだ) 괜찮다 → ________________ 괜찮다면

⑤ 暇だ(ひまだ) 한가하다 → ________________ 한가하지 않다면

⑥ 真面目だ(まじめだ) 성실하다 → ________________ 성실하다

⑦ 難しい(むずかしい) 어렵다 → ________________ 어려우면

⑧ 重い(おもい) 무겁다 → ________________ 무거우면

⑨ 寒い(さむい) 춥다 → ________________ 춥지 않다면

⑩ 天気がいい(てんきがいい) 날씨가 좋다 → ________________ 날씨가 좋지 않다면

5 「3그룹·2그룹 동사의 가정형(~ば)」 활용을 연습해 봅시다.

예	食(た)べる 먹다 →	食(た)べれば	먹으면

① する 하다 → ________________ 하면

② 来(く)る 오다 → ________________ 오면

③ 起(お)きる 일어나다 → ________________ 일어나면

④ 教(おし)える 가르치다 → ________________ 가르치면

⑤ 借(か)りる 빌리다 → ________________ 빌리면

⑥ 決(き)める 정하다 → ________________ 정하면

⑦ 伝(つた)える 전하다 → ________________ 전하면

⑧ 植(う)える 심다 → ________________ 심으면

⑨ 集(あつ)める 모으다 → ________________ 모으면

⑩ 運転(うんてん)する 운전하다 → ________________ 운전하면

6 「1그룹 동사의 가정형(～ば)」 활용을 연습해 봅시다.

예 買(か)う 사다 → 買(か)えば 사면

① 降(ふ)る 내리다 → ______ 내리면

② 飲(の)む 마시다 → ______ 마시다

③ 遊(あそ)ぶ 놀다 → ______ 놀면

④ 会(あ)う 만나다 → ______ 만나면

⑤ 集(あつ)まる 모이다 → ______ 모이면

⑥ 話(はな)す 이야기하다 → ______ 이야기하면

⑦ 乗(の)る 타다 → ______ 타면

⑧ 待(ま)つ 기다리다 → ______ 기다리면

⑨ 読(よ)む 읽다 → ______ 읽으면

⑩ 行(い)く 가다 → ______ 가면

7 「～ば」를 연습해 봅시다.

① 날씨가 좋으면 산책을 하러 가자.

→

② 비싸지 않으면 자전거를 사고 싶습니다.

→

③ 내일 한가하면 전시회에 가지 않겠습니까?

→

④ 이야기하지 않으면 모릅니다.

→

⑤ 빨리 달리면 버스를 탈 수 있습니다.

→

⑥ 기무라 씨가 간다면 나도 가겠습니다.

→

⑦ 푹 쉬면 나을겁니다.

→

⑧ 성실한 사람이라면 같이 일하고 싶습니다.

→

⑨ 열심히 공부하면 시험에 합격할 수 있습니다.

→

⑩ 돈이 있다면 스위스에 가고 싶다.

→

UNIT 13　どうやら蚊に刺されたようです。

1 「3그룹·2그룹 동사의 수동형」 활용을 연습해 봅시다.

예	伝(つた)える 전하다 →	伝(つた)えられる	전해지다

① する 하다 → ________________ 당하다

② 来(く)る 오다 → ________________ 와서 곤란하다

③ 食(た)べる 먹다 → ________________ 먹히다

④ 忘(わす)れる 잊다 → ________________ 잊히다

⑤ 見(み)る 보다 → ________________ 보이다

⑥ 捨(す)てる 버리다 → ________________ 버려지다

⑦ ほめる 칭찬하다 → ________________ 칭찬받다

⑧ 認(みと)める 진정하다 → ________________ 인정받다

⑨ いじめる 괴롭히다 → ________________ 괴롭힘을 당하다

⑩ 質問(しつもん)する 질문하다 → ________________ 질문받다

2 「1그룹 동사의 수동형」 활용을 연습해 봅시다.

예 作(つく)る 만들다 → 作(つく)られる 만들어지다

① 言(い)う 말하다 → ______ 말해지다, 듣다

② 叱(しか)る 혼내다 → ______ 혼나다

③ 読(よ)む 읽다 → ______ 읽히다

④ 踏(ふ)む 밟다 → ______ 밟히다

⑤ 噛(か)む 물다 → ______ 물리다

⑥ 呼(よ)ぶ 부르다 → ______ 불리다

⑦ 書(か)く 쓰다 → ______ 쓰여지다

⑧ 押(お)す 누르다 → ______ 눌리다

⑨ 振(ふ)る 차다, 퇴짜 놓다 → ______ 차이다

⑩ 切(き)る 자르다 → ______ 잘리다

3 「직접수동」을 연습해 봅시다.

① 모기에 물렸다.

→

② 애인에게 차였습니다.

→

③ 선생님에게 칭찬받았습니다.

→

④ 야마다 씨에게 부탁받았습니다.

→

⑤ 휴대폰을 도둑맞았습니다.

→

⑥ 개에게 발을 물렸습니다.

→

⑦ 언니에게 맞았다.

→

⑧ 전철 안에서 발을 밟혔습니다.

→

⑨ 청소를 하지 않아서 아빠에게 혼났습니다.

→

⑩ 선배 결혼식에 초대 받았습니다.

→

4 「간접수동(피해수동)」을 연습해 봅시다.

① 친구가 놀러 와서 시험 공부를 못 했다.

→

② 남동생이 케이크를 전부 먹었습니다.

→

③ 이웃 사람이 피아노를 쳤습니다.

→

④ 엄마가 내 일기를 봤습니다.

→

⑤ 도둑이 들어서 무서웠습니다.

→

⑥ 이웃 사람이 시끄러워서 일을 못했습니다.

→

⑦ 비가 와서 운동을 하지 못했다.

→

⑧ 야마다 씨가 쉬어서 매우 바빴다.

→

⑨ 아이가 울어서 못 잤습니다.

→

⑩ 과장님이 회사를 그만둬서 곤란했습니다.

→

5 「무생물 수동」을 연습해 봅시다.

① 이 시계는 스위스에서 만들어졌습니다.

→

② 저 병원은 30년 전에 세워졌습니다.

→

③ 새로운 모델의 스마트폰이 발매됩니다.

→

④ 피아노는 누구에 의해서 발명되었나요?

→

⑤ 이 보고서는 일본어로 쓰여졌습니다.

→

⑥ 미술관에서 전시회가 열렸다.

→

⑦ 일요일에 마라톤대회가 행해집니다.

→

⑧ K-POP은 전 세계 사람에게 불려지고 있습니다.

→

⑨ 차의 문제점은 발견되었습니까?

→

⑩ 이 일본 작가는 한국에도 알려져 있습니다.

→

UNIT 14 先生が体育館の掃除をさせたんだ。

1 「3그룹·2그룹 동사의 사역형」 활용을 연습해 봅시다.

예	覚(おぼ)える 외우다 →	覚(おぼ)えさせる	외우게 하다

① する 하다 → ＿＿＿＿＿＿ 시키다

② 来(く)る 오다 → ＿＿＿＿＿＿ 오게 하다

③ 食(た)べる 먹다 → ＿＿＿＿＿＿ 먹게 하다, 먹이다

④ 忘(わす)れる 잊다 → ＿＿＿＿＿＿ 잊게 하다

⑤ 見(み)る 보다 → ＿＿＿＿＿＿ 보게 하다

⑥ 捨(す)てる 버리다 → ＿＿＿＿＿＿ 버리게 하다

⑦ ほめる 칭찬하다 → ＿＿＿＿＿＿ 칭찬하게 하다

⑧ 伝(つた)える 전하다 → ＿＿＿＿＿＿ 전하게 하다

⑨ いじめる 괴롭히다 → ＿＿＿＿＿＿ 괴롭히게 하다

⑩ 勉強(べんきょう)する 공부하다 → ＿＿＿＿＿＿ 공부시키다

2 「1그룹 동사의 사역형」 활용을 연습해 봅시다.

예 作(つく)る 만들다 → 作(つく)らせる 만들게 하다

① 言(い)う 말하다 → ______________ 말하게 하다

② 叱(しか)る 혼내다 → ______________ 혼내게 하다

③ 読(よ)む 읽다 → ______________ 읽게 하다

④ 立(た)つ 서다 → ______________ 세우다

⑤ 歌(うた)う (노래를) 부르다 → ______________ 노래시키다

⑥ 呼(よ)ぶ 부르다 → ______________ 부르게 하다

⑦ 書(か)く 쓰다 → ______________ 쓰게 하다

⑧ 押(お)す 누르다 → ______________ 누르게 하다

⑨ 消(け)す 끄다 → ______________ 끄게 하다

⑩ 切(き)る 자르다 → ______________ 자르게 하다

3 「강제·지시 사역」을 연습해 봅시다.

① 아이에게 채소를 먹게 했다(먹였다).

→

② 세미나에 전원 참석시켰다.

→

③ 이 책의 한자를 전부 외우게 했다.

→

④ 매일 일기를 쓰게 했습니다.

→

⑤ 선생님이 책을 읽게 했습니다.

→

⑥ 남동생에게 방 청소를 시켰습니다.

→

⑦ 엄마는 나를 영어 학원에 다니게 했습니다.

→

⑧ 아빠는 아이에게 약을 먹게 했다(먹였다).

→

⑨ 선생님은 학생을 걷게 했습니다.

→

⑩ 텔레비전을 끄게 했다.

→

4 「허가·방임 사역 / 사역형+수수표현」을 연습해 봅시다.

① 아이를 조금 더 놀게 했습니다.

→

② 딸이 읽고 싶다고 해서 만화를 읽게 했습니다.

→

③ 아들에게 피아노를 배우게 했다.

→

④ 공원에서 개를 산책시켰다.

→

⑤ 부장님이 오늘은 일찍 돌아가게 해 주었습니다. (〜(さ)せてくれる)

→

⑥ 부모님이 유학을 가게 해 주었습니다. (〜(さ)せてくれる)

→

⑦ 선배님이 회의실을 사용하게 해 주었습니다. (〜(さ)せてくれる)

→

⑧ 부장님이 오늘은 일찍 돌아가게 해 주었습니다. (〜(さ)せてもらう)

→

⑨ 부모님이 유학을 가게 해 주었습니다. (〜(さ)せてもらう)

→

⑩ 선배님이 회의실을 사용하게 해 주었습니다. (〜(さ)せてもらう)

→

5 「감정 유발 사역」을 연습해 봅시다.

① 그 영화는 나를 울렸습니다.

→

② 거짓말을 해서 선생님을 화나게 했다.

→

③ 야마다 씨의 노래는 나를 슬프게 했다.

→

④ 텔레비전 뉴스는 모두를 놀라게 했다.

→

⑤ 다나카 씨는 언제나 모두를 웃게합니다.

→

⑥ 맛있는 음식은 나를 기쁘게 합니다.

→

⑦ 귀가가 늦어져서 부모님을 걱정시켰다.

→

⑧ 선생님을 곤란하게 한 적이 있습니까?

→

⑨ 회사를 그만둬서 부모님을 실망시켰습니다.

→

⑩ 그의 이야기는 모두를 즐겁게했다.

→

6 「3그룹·2그룹 동사의 사역수동형」 활용을 연습해 봅시다.

예 覚(おぼ)える 외우다 →	覚(おぼ)えさせられる	어쩔 수 없이 외우다

① する 하다 → ______________ 어쩔 수 없이 하다

② 来(く)る 오다 → ______________ 어쩔 수 없이 오다

③ 食(た)べる 먹다 → ______________ 어쩔 수 없이 먹다

④ 借(か)りる 빌리다 → ______________ 어쩔 수 없이 빌리다

⑤ 見(み)る 보다 → ______________ 어쩔 수 없이 보다

⑥ 練習(れんしゅう)する 연습하다 → ______________ 어쩔 수 없이 연습하다

⑦ ほめる 칭찬하다 → ______________ 어쩔 수 없이 칭찬하다

⑧ 伝(つた)える 전하다 → ______________ 어쩔 수 없이 전하다

⑨ 起(お)きる 일어나다 → ______________ 어쩔 수 없이 일어나다

⑩ 辞(や)める 그만두다 → ______________ 어쩔 수 없이 그만두다

7 「1그룹 동사의 사역수동형」 활용을 연습해 봅시다.

예	作(つく)る 만들다 →	作(つく)らされる / 作(つく)らせられる	어쩔 수 없이 만들다

① 言(い)う 말하다 → ______________ 어쩔 수 없이 말하다

② 叱(しか)る 혼내다 → ______________ 어쩔 수 없이 혼내다

③ 読(よ)む 읽다 → ______________ 어쩔 수 없이 읽다

④ 買(か)う 사다 → ______________ 어쩔 수 없이 사다

⑤ 待(ま)つ 기다리다 → ______________ 어쩔 수 없이 기다리다

⑥ 呼(よ)ぶ 부르다 → ______________ 어쩔 수 없이 부르다

⑦ 書(か)く 쓰다 → ______________ 어쩔 수 없이 쓰다

⑧ 押(お)す 누르다 → ______________ 어쩔 수 없이 누르다

⑨ 消(け)す 끄다 → ______________ 어쩔 수 없이 끄다

⑩ 切(き)る 자르다 → ______________ 어쩔 수 없이 자르다

8 「사역수동」을 연습해 봅시다.

① 아빠가 시켜서 어쩔 수 없이 채소를 먹었다.

→

② 엄마가 시켜서 어쩔 수 없이 영어 학원에 다녔습니다.

→

③ 선생님이 시켜서 어쩔 수 없이 매일 단어를 30개씩 외웠습니다.

→

④ 부장님이 시켜서 어쩔 수 없이 자료를 정리했습니다.

→

⑤ 남자친구의 어머니가 시켜서 어쩔 수 없이 헤어졌다.

→

⑥ 일요일도 사장님이 시켜서 어쩔 수 없이 일했습니다.

→

⑦ 가위바위보에 져서 어쩔 수 없이 청소를 했습니다.

→

⑧ 마시고 싶지 않은데도 어쩔 수 없이 술을 마셨습니다.

→

⑨ 아이 때는 어쩔 수 없이 일기를 썼다.

→

⑩ 아침 6시까지 어쩔 수 없이 회사에 왔습니다.

→

UNIT 15 原課長はどちらにいらっしゃいますか。

1 다음 동사의 존경동사를 써 보세요.

① 言う 말하다 → ____________________ 말씀하시다

② 来る 오다 → ____________________ 오시다

③ 食べる 먹다 → ____________________ 드시다

④ する 하다 → ____________________ 하시다

⑤ 見る 보다 → ____________________ 보시다

⑥ くれる 주다 → ____________________ 주시다

⑦ 知っている 알다 → ____________________ 아시다

⑧ いる 있다 → ____________________ 계시다

⑨ 飲む 마시다 → ____________________ 드시다

⑩ 行く 가다 → ____________________ 가시다

2 「존경동사」를 연습해 봅시다.

① 선생님은 실험실에 계십니다.

→

② 어제 뉴스를 보셨습니까?

→

③ 다나카 씨의 전화번호를 아십니까?

→

④ 사장님이 말씀하셨습니다.

→

⑤ 회장님도 세미나에 참석하십니다.

→

⑥ 과장님은 언제 오셨습니까?

→

⑦ 커피를 드시겠습니까?

→

⑧ 이 여행가방은 모리 씨가 주셨습니다.

→

⑨ 부장님은 공장에 가셨습니다.

→

⑩ 점심은 사원식당에서 드십니다.

→

3 「동사의 존경형」 활용을 연습해 봅시다.

예	行く(い) 가다 →	行かれる(い)	가시다

① する 하다 → ______________ 하시다

② 来る(く) 오다 → ______________ 오시다

③ 教える(おし) 가르치다 → ______________ 가르치시다

④ 始める(はじ) 시작하다 → ______________ 시작하시다

⑤ 出る(で) 나오다 → ______________ 나오시다

⑥ やめる 그만두다 → ______________ 그만두시다

⑦ 読む(よ) 읽다 → ______________ 읽으시다

⑧ 帰る(かえ) 돌아가(오)다 → ______________ 돌아가(오)시다

⑨ 書く(か) 쓰다 → ______________ 쓰시다

⑩ 買う(か) 사다 → ______________ 사시다

4 「동사의 존경형」을 연습해 봅시다.

① 몇 시에 일어나십니까?

→

② 담배를 피우십니까?

→

③ 선생님은 벌써 돌아가(오)셨습니다.

→

④ 벌써 신문을 읽으셨습니까?

→

⑤ 사장님이 의자를 고치셨습니다.

→

⑥ 야마다 씨는 언제 만나십니까?

→

⑦ 지금 커피를 드시겠습니까?

→

⑧ 집에서 요리를 하십니까?

→

⑨ 부장님은 내일 출장을 가십니다.

→

⑩ 한국에는 언제 오셨습니까?

→

5 「お(ご)～になる」를 연습해 봅시다.

① 그 책은 읽으셨습니까?

→

② 담배를 피우십니까?

→

③ 선생님은 벌써 돌아가(오)셨습니다.

→

④ 벌써 신문을 읽으셨습니까?

→

⑤ 사장님이 의자를 고치셨습니다.

→

⑥ 야마다 씨는 언제 만나십니까?

→

⑦ 지금 커피를 드시겠습니까?

→

⑧ 언제 출발하십니까?

→

⑨ 이 앱을 이용하시겠습니까?

→

⑩ 이 케이크는 모리 씨가 만드셨습니다.

→

6 「お(ご)～ください」를 연습해 봅시다.

① 여기에서 기다려 주십시오.

→

② 파티에 참석해 주십시오.

→

③ 버스를 이용해 주십시오.

→

④ 이쪽으로 앉으세요.

→

⑤ 언제든지 연락 주십시오.

→

⑥ 케이크를 만들어 주세요.

→

⑦ 식기 전에 마시세요(드세요).

→

⑧ 이 책은 내일 주문해 주십시오.

→

⑨ 성함을 써 주십시오.

→

⑩ 번호를 확인해 주십시오.

→

7 다음 동사의 겸양동사를 써 보세요.

① 言(い)う 말하다 → ______________ 말하다

② 来(く)る 오다 → ______________ 오다

③ 食(た)べる 먹다 → ______________ 먹다

④ する 하다 → ______________ 하다

⑤ 見(み)る 보다 → ______________ 보다

⑥ あげる 주다 → ______________ 드리다

⑦ 知(し)っている 알다 → ______________ 알다

⑧ いる 있다 → ______________ 있다

⑨ もらう 받다 → ______________ 받다

⑩ 会(あ)う 만나다 → ______________ 만나다, 뵙다

8 「겸양 동사」를 연습해 봅시다.

① 이세호라고 합니다.

→

② 부장님께 꽃을 드렸습니다.

→

③ 야마다 씨를 뵙고 싶습니다.

→

④ 저는 일본에 살고 있습니다.

→

⑤ 스미스 씨의 주소는 알고 있습니다.

→

⑥ 내일 또 오겠습니다.

→

⑦ 저는 커피를 마시겠습니다.

→

⑧ 청소는 제가 하겠습니다.

→

⑨ 과장님이 찍으신 사진을 보았습니다.

→

⑩ 선생님께 책을 받았습니다.

→

9 「お(ご)〜する(いたす)」를 연습해 봅시다.

① 짐은 제가 들겠습니다.

→

② 자료는 이메일로 보내드리겠습니다.

→

③ 티켓을 나눠 드리겠습니다.

→

④ 내일 연락 드리겠습니다.

→

⑤ 학교를 안내해 드리겠습니다.

→

⑥ 제가 도와드리겠습니다.

→

⑦ 이 서류는 부장님께 전해드리겠습니다.

→

⑧ 이 책을 좀 빌리겠습니다.

→

⑨ 스마트폰의 사용법을 설명해 드리겠습니다.

→

⑩ 차를 끓이겠습니다.

→

워크북 정답

UNIT 1

1 ① しない
② 来ない
③ 食べない
④ 忘れない
⑤ 見ない
⑥ 寝ない
⑦ 教えない
⑧ 起きない
⑨ 借りない
⑩ 落ちない

2 ① 言わない
② 待たない
③ 読まない
④ 遊ばない
⑤ 書かない
⑥ 泳がない
⑦ 話さない
⑧ 行かない
⑨ 買わない
⑩ 乗らない

3 ① 辛いものは食べない。
② 教室の中に先生がいない。
③ テーブルの上に本がない。
④ 運動はしないです。
⑤ タバコは吸わないです。
⑥ 友達と一緒に遊ばなかった。
⑦ 質問に答えなかった。
⑧ 彼氏は来なかった？
⑨ コーヒーを飲まない？
⑩ 明日、映画見ない？

4 ① 朝は行かないほうがいい。
② さとうは入れないほうがいい。
③ 今は掃除をしないほうがいい。
④ 辛いものは食べないほうがいい。
⑤ 授業の時は韓国語で話さないほうがいい。
⑥ その窓は開けないほうがいいです。
⑦ 夜はコーヒーは飲まないほうがいいです。
⑧ 夜遅く来ないほうがいいです。
⑨ その人に会わないほうがいいです。
⑩ 鉛筆は使わないほうがいいです。

UNIT 2

1 ① 教室に入らないでください。
② ここでタバコを吸わないでください。
③ スマホを使わないでください。
④ レポートを忘れないでください。
⑤ 期待はしないでください。
⑥ 夜遅く電話しないでください。
⑦ 名前を漢字で書かないでください。
⑧ 部屋で走らないで。
⑨ そちらに行かないで。
⑩ りんごは冷蔵庫に入れないで。

2 ① 学校に行かなければなりません。
② 明日までに出さなければなりません。
③ 地下鉄に乗らなければなりません。
④ 明日早く起きなければなりません。

⑤ 本を返さなければなりません。

⑥ ひらがなを全部覚えなければなりません。

⑦ ホテルを予約しなければ(ならない)。

⑧ 毎日薬を飲まなければ(ならない)。

⑨ 今帰らなければ(ならない)。

⑩ 試験に合格しなければ(ならない)。

3 ① 学校に行かなくてもいい。

② 薬を飲まなくてもいい。

③ いちごを買わなくてもいい。

④ スーツを着なくてもいいです。

⑤ 明日返さなくてもいいです。

⑥ 日曜日は働かなくてもいいです。

⑦ 無理しなくてもいいです。

⑧ 韓国語で話さなくてもいいですか。

⑨ このりんごは洗わなくてもいいですか。

⑩ 漢字を全部覚えなくてもいいですか。

4 ① 洗わないで寝ました。

② コーヒーに砂糖を入れないで飲みます。

③ 窓を閉めないで学校に行きました。

④ バター入れないでケーキを作りますか。

⑤ 仕事をしないで休んでください。

⑥ ゲームをしないで散歩をしてください。

⑦ 明日しないで今日してください。

⑧ いちごを買わないでりんごを買ってください。

⑨ 写真は鈴木さんが撮らないで、青木さんが撮りました。

⑩ ケーキを食べないでパンを食べました。

UNIT 3

1 ① この人は学生だ。

② この人は学生じゃない。

③ この人は学生だった。

④ この人は学生じゃなかった。

⑤ 今日は海の日だ。

⑥ 学生じゃない人は入らないでください。

⑦ 大学生だった彼は親切だった。

⑧ 会員の中には大学生じゃなかった人もいました。

⑨ 休みだった日はいつでしたか。

⑩ 学生じゃない友達もいます。

2 ① トマトは好きだ。

② トマトは好きじゃない。

③ トマトが好きだった。

④ トマトは好きじゃなかった。

⑤ 好きな果物は何ですか。

⑥ 好きじゃない果物は何ですか。

⑦ 好きだった科目は何ですか。

⑧ これは好きじゃなかった本です。

⑨ 安全じゃない製品はありません。

⑩ 幸せじゃない時もあります。

3 ① この車は高い。

② この車は高くない。

③ テストは易しかった。

④ テストは易しくなかった。

⑤ 甘いケーキが食べたい。

⑥ 甘くないケーキは食べたくない。

⑦ 一番おもしろかった科目は何ですか。

⑧ 高くなかった製品はありませんでした。

⑨ 暑くない日は運動をします。

⑩ 天気がよくない日が多かった。

4

① 本を読む。

② 本を読まない。

③ テレビを見た。

④ テレビを見なかった。

⑤ コーヒーを飲む人が多い。

⑥ コーヒーをを飲まない人もいる。

⑦ お酒を飲んだ人は運転してはいけません。

⑧ タバコを吸わなかった時もあった。

⑨ 運動をしない日もあります。

⑩ これは私が作ったパンです。

UNIT 4

1

① 明日から夏休みなんです。

② 今日はとても忙しかったんです。

③ 昨日は暇だったんです。

④ どこに行ったんですか。

⑤ 試験は難しかったんです。

⑥ 会社で事故があったんです。

⑦ バスがなかなか来ないんです。

⑧ 最近、体の調子がよくなかったんです。

⑨ このアプリは便利なんです。

⑩ コーヒーはあまり飲まないんです。

2

① 料理もおいしかったし、ホテルもきれいだったし、旅行は本当によかった。

② 熱もあるし、頭も痛いし、せきも出ます。

③ この店は安いし、おいしいし、きれいです。

④ 眠いし、寒いし、早く家に帰りたい。

⑤ ここは広いし、きれいだし、駅からも近くていいです。

⑥ 重いし、高いし、そのかばんは買わないほうがいい。

⑦ 勉強もしなかったし、体の調子も悪かったし、試験はだめだった。

⑧ 後輩とは一緒に映画も見るし、コーヒーも飲むし、仲がいいです。

⑨ 先輩は優しいし、おもしろいし、人気も高いです。

⑩ 今の家は狭いし、不便だし、もっといい家に住みたいです。

3

① そのレストランは親切じゃないから行きません。

② あのかばんは高いから買いませんでした。

③ 昨日半そでを着たから風邪を引きました。

④ 魚は好きじゃないからあまり食べません。

⑤ 危ないからここで待ってください。

⑥ 昨日は忙しかったので連絡ができませんでした。

⑦ 今日は月曜日なので図書館は休みです。

⑧ 熱があるので今日は休みたいです。

⑨ このアプリは便利なのでよく使います。

⑩ ケーキが好きなのでよく食べます。

4

① 土曜日なのに会社に行きます。

② この店は高いのに人気があります。

③ 冬なのに雪が降りません。

④ タクシーに乗ったのに、遅刻した。
⑤ 薬を飲んだのに、風邪が治らない。
⑥ 一生懸命勉強したのに、成績がよくありません。
⑦ その人は約束したのに、来なかった。
⑧ せっかくうどんを作ったのにおいしくない。
⑨ 寒くないのにコートを着た。
⑩ このアプリは便利なのにあまり使わない。

UNIT 5

1 ① 私は友達に化粧品をあげました。
② 鈴木さんは木村さんに資料をあげました。
③ 姉は弟にネクタイをあげなかった。
④ 田中さんにはチョコレートをあげたくないです。
⑤ これは私があげたお菓子です。
⑥ 友達の誕生日に香水をあげたい。
⑦ それはスミスさんが田中さんにあげた本です。
⑧ 彼女のお母さんにプレゼントを差し上げました。
⑨ 森さんが部長に眼鏡を差し上げました。
⑩ 先生に万年筆を差し上げた。

2 ① 友達が私に化粧品をくれました。
② 鈴木さんが木村さんに資料をくれました。
③ 彼氏がゆびわをくれた。
④ これは姉がくれた帽子です。
⑤ 父はまだお小遣いをくれませんでした。
⑥ このチョコレートは誰がくれましたか。
⑦ 私の誕生日に妹は何もくれなかった。
⑧ 先生が万年筆をくださいました。
⑨ 課長が山田さんにお土産をくださいました。
⑩ 部長は毎朝コーヒーをくださいます。

3 ① 父に(から)お小遣いをもらいました。
② クリスマスに何をもらいましたか。
③ 木村さんは鈴木さんに(から)資料をもらいました。
④ 高いプレゼントはもらいたくありません。
⑤ この本は友達に(から)もらったものです。
⑥ 姉は会社からボーナスをもらいました。
⑦ 兄は学校から奨学金をもらった。
⑧ 森さんは部長に(から)ワインをいただきました。
⑨ 先生に(から)万年筆をいただきました。
⑩ 母に(から)腕時計をいただいた。

UNIT 6

1 ① 私は友達に本を買ってあげました。
② 後輩の課題を手伝ってあげました。
③ 姉はいつも弟に本を読んであげます。
④ 森さんがスミスさんに日本語を教えてあげましたか。
⑤ 彼氏に作ってあげたケーキです。
⑥ 友達に撮ってあげた写真です。
⑦ 先生にケーキを作ってさしあげました。
⑧ 課長にペンを貸してさしあげた。
⑨ 本田さんが社長に会議室を案内してさしあげました。

⑩ 山田さんが先輩に化粧をしてさしあげました。

2 ① 友達が絵を見せてくれた。
② 姉が課題を手伝ってくれました。
③ 誰が話してくれましたか。
④ この財布は田中さんが買ってくれたものです。
⑤ 彼氏が作ってくれたケーキです。
⑥ 本を貸してくれませんか。
⑦ 先輩が自転車を直してくださった。
⑧ 山田さんが手紙を送ってくださいました。
⑨ 本を貸してくださいませんか。
⑩ 料理のレシピを教えてくださいませんか。

3 ① 友達に手紙を見せてもらった。
② 姉に課題を手伝ってもらいました。
③ 誰に話してもらいましたか。
④ この財布は田中さんに買ってもらったものです。
⑤ 彼氏に作ってもらったケーキです。
⑥ 兄に本を貸してもらった。
⑦ 先輩に自転車を直していただいた。
⑧ 山田さんに手紙を送っていただきました。
⑨ 課長にパーティーの準備をしていただいた。
⑩ 先生に料理のレシピを教えていただきました。

UNIT 7

1 ① 車が止まりました。
② 車を止めました。
③ 花瓶が割れました。
④ 花瓶を割りました。
⑤ ドアが開きました。
⑥ ドアを開けました。
⑦ テレビが付きました。
⑧ テレビを付けました。
⑨ 授業が始まります。
⑩ 授業を始めます。

2 ① お腹が空いています。
② 財布が落ちています。
③ 山田さんは結婚しています。
④ 電車が止まっています。
⑤ 田中さんはどこに住んでいますか。
⑥ この漢字の読み方を知っていますか。
⑦ 病院で働いています。
⑧ 毎朝、ダイエット教室に通っています。
⑨ 私は父に似ています。
⑩ スミスさんは日本語に優れています。

3 ① 図書館はまだ開いていません。
② 課題はまだしていません。
③ まだ朝ご飯を食べていません。
④ 山田さんはまだ来ていません。
⑤ その書類はまだ出していません。
⑥ 留学はまだ決めていません。
⑦ 日本語の単語はまだ覚えていない。

⑧ 演劇はまだ始まっていません。

⑨ この本、まだ読んでない。

⑩ 自販機はまだ直していない。

4 ① 窓が開けてある。

② 映画のポスターが貼ってある。

③ 掲示板に名前が書いてあります。

④ 机の上に置いてある本は誰のですか。

⑤ 部屋が掃除してあります。

⑥ かばんに帽子が入れてあります。

⑦ テレビが付けてあります。

⑧ 家の前に車が止めてあった。

⑨ 花瓶が割ってありました。

⑩ 会議室が片付けてありました。

UNIT 8

1 ① 時計を直すことができます。

② 朝6時に起きることができます。

③ 日本の歌を歌うことができますか。

④ これを全部食べることができますか。

⑤ 学校まで自転車で行くことができる。

⑥ 自転車に乗ることができますか。

⑦ 誰でも利用することができます。

⑧ 山田さんはまだ歩くことができません。

⑨ 室内ではタバコを吸うことができません。

⑩ 予約を取り消すことができない。

2 ① できる

② 来られる

③ 食べられる

④ 忘れられる

⑤ 見られる

⑥ 寝られる

⑦ 教えられる

⑧ 起きられる

⑨ 借りられる

⑩ 覚えられる

3 ① 言える

② 待てる

③ 読める

④ 遊べる

⑤ 書ける

⑥ 泳げる

⑦ 話せる

⑧ 行ける

⑨ 買える

⑩ 乗れる

4 ① 時計が直せます。

② 朝6時に起きられます。

③ 日本の歌が歌えますか。

④ これを全部食べられますか。

⑤ 学校まで自転車で行ける。

⑥ 自転車に乗れますか。

⑦ 誰でも利用できます。

⑧ 山田さんはまだ歩けません。

⑨ 室内ではタバコが吸えません。

⑩ 予約が取り消せません。

5 ① 兄は歌手になりました。

② 弁護士になりたいです。

③ 部屋がきれいになりました。
④ 教室が静かになりました。
⑤ 風が強くなりました。
⑥ かばんが重くなりました。
⑦ 旅行が楽しくなった。
⑧ 来月から働くようになりました。
⑨ 日本の新聞を読めるようになりました。
⑩ 走れないようになりました。

6 ① 毎日、運動をするようにしています。
② 約束はできるだけ守るようにしています。
③ お金は借りないようにしています。
④ お酒はできるだけ飲まないようにしています。
⑤ 健康のために野菜をたくさん食べるようにしています。
⑥ 夜10時には寝るようにしています。
⑦ タバコは吸わないようにしています。
⑧ 毎日、日本のニュースを聞くようにしています。
⑨ 使ったハンカチはすぐ洗うようにしています。
⑩ 3時までに着くようにします。

7 ① セミナーで日本に行くことになりました。
② 授業は来週から始めることになりました。
③ 日本の友達が韓国に来ることになった。
④ 今回の研究は私が発表することになった。
⑤ 4月から日本の会社で働くことになりました。
⑥ 毎朝、運動することになりました。
⑦ 後輩の課題を手伝うことになった。
⑧ 明日、山田先輩に会うことになっています。
⑨ 予算を削ることになりました。
⑩ 月曜日は私が教室の掃除をすることになりました。

8 ① 毎日、ヨガをすることにしました。
② 化粧をしないことにしました。
③ 前髪を切ることにした。
④ 彼とは会わないことにしました。
⑤ 健康のために自転車で会社に行くことにしました。
⑥ 夜遅くまで遊ばないことにした。
⑦ そのゲームはしないことにしました。
⑧ 毎日、日本語の勉強をすることにした。
⑨ 新しい車を買うことにしました。
⑩ パンを食べないことにした。

UNIT 9

1 ① しよう
② 来よう
③ 食べよう
④ 忘れよう
⑤ 見よう
⑥ 寝よう
⑦ 教えよう
⑧ 起きよう
⑨ 借りよう
⑩ 植えよう

2 ① 言おう

② 待とう
③ 読もう
④ 遊ぼう
⑤ 書こう
⑥ 泳ごう
⑦ 話そう
⑧ 行こう
⑨ 買おう
⑩ 乗ろう

3 ① 明日また来よう。
② 一緒に昼ごはんを食べよう。
③ 映画を見に行こう。
④ きれいに掃除しよう。
⑤ 速く家に帰ろう。
⑥ ちょっと歩こうか。
⑦ 英語で話そう。
⑧ みんな一生懸命勉強しよう。
⑨ 運転免許を取ろう。
⑩ そろそろ始めようか。

4 ① 今日はゆっくり休もうと思う。
② 前髪を切ろうと思う。
③ 明日は友達に会おうと思います。
④ ケーキでも作ろうと思います。
⑤ 運動を始めようと思います。
⑥ 会社を辞めようと思っている。
⑦ 留学に行こうと思っています。
⑧ マラソン大会に参加しようと思っています。
⑨ 新しい家に引っ越そうと思っています。
⑩ 来年、退職しようと思っている。

5 ① 明日また来るつもりだ。
② バイオリンを習うつもりだ。
③ 木を植えるつもりだ。
④ 友達と映画を見に行くつもりです。
⑤ 展示会に行かないつもりです。
⑥ お酒は飲まないつもりです。
⑦ 今年から運転をするつもりです。
⑧ テニス大会に参加するつもりです。
⑨ 会社を辞めるつもりはありません。
⑩ 引っ越すつもりはない。

6 ① 演奏会は午後１時の予定だ。
② 日帰りの予定で旅行に行きます。
③ 英語の試験を受けない予定だ。
④ 夏休みに何をする予定ですか。
⑤ 今回のセミナーは参加しない予定です。
⑥ カヘェで先輩に会う予定です。
⑦ ホテルに泊まる予定です。
⑧ 二人は春に結婚する予定です。
⑨ 秋に引っ越す予定です。
⑩ 午前８時に出発する予定だ。

UNIT 10

1 ① 彼は今留守だと思う。
② 明日は晴れると思う。
③ すしは好きだと思います。
④ 彼女は今忙しいと思います。
⑤ 使い捨てのものを使うのはよくないと思います。
⑥ 木村さんはもう家に帰ったと思います。

⑦ 速く決めなければならないと思います。

⑧ この問題は簡単じゃないと思います。

⑨ あの人は弁護士じゃないと思う。

⑩ 運転免許を取れると思う。

2 ① 彼は今留守でしょう。

② 明日はたぶん晴れるでしょう。

③ すしは好きでしょう。

④ 彼女は今忙しいでしょう。

⑤ 漢字は書けるでしょう。

⑥ 木村さんはもう家に帰ったでしょう。

⑦ 韓国は寒かったでしょう。

⑧ 一人では無理だろう。

⑨ 彼女はたぶん来ないだろう。

⑩ 使い捨てのものを使うのはよくないだろう。

3 ① 彼は今留守かもしれない。

② 明日は晴れるかもしれない。

③ すしは好きかもしれません。

④ 彼女は今忙しいかもしれません。

⑤ 山田さんは会社員じゃないかもしれない。

⑥ 木村さんはもう家に帰ったかもしれません。

⑦ その研究は無理だったかもしれません。

⑧ 田中さんには甘くないかも。

⑨ 運転免許を取れないかも。

⑩ 速く病院に行った方がいいかもしれません。

4 ① 彼は出張中だから留守のはずだ。

② 明日はたぶん晴れるはずだ。

③ 魚が好きだからすしも好きなはずです。

④ 仕事が多いから彼女は忙しいはずです。

⑤ 田中さんには辛くないはずです。

⑥ 人も多いし、高いし、そのお店の料理はおいしいはずだ。

⑦ あの人は木村先生じゃないはずだ。背が高いから。

⑧ 日曜日だから会社に行かないはずだ。

⑨ 6 時に出たから木村さんはもう家に帰ったはずです。

⑩ 一生懸命練習したから運転免許を取れるはずだ。

UNIT 11

1 ① 彼は作家だそうだ。

② 彼の作品は有名だそうだ。

③ 今年は昨年より暑いそうです。

④ 鈴木さんはバイオリンを弾けるそうです。

⑤ 彼女は昔、歌手だったそうです。

⑥ 旅行はとても楽しかったそうです。

⑦ そのレストランは親切じゃなかったそうです。

⑧ スミスさんは日本に行ったことがないそうです。

⑨ 昨日、交通事故があったって。

⑩ 山田さんはセミナーに行かないって。

2 ① その学生は真面目そうだ。

② そのスマホは高そうだ。

③ どうやら雪が降りそうです。

④ 自転車が車にぶつかりそうです。

⑤ スミスさんはすしは好きじゃなさそうだ。

⑥ そのスカートは似合わなさそうです。

⑦ 明日は天気がよさそうだ。

⑧ 来週は時間がなさそうだ。

⑨ このパンは作れそうだった。

⑩ 先生は幸せそうでした。

3

① おいしそうなケーキ。

② 静かそうなレストラン。

③ 彼女は幸せそうな顔をしていました。

④ 森さんは真面目そうな印象です。

⑤ 今にも泣きそうな顔をしています。

⑥ このケーキはおいしそうに見える。

⑦ 彼は元気そうに見えます。

⑧ 彼女は幸せそうに笑っていました。

⑨ 田中さんは真面目そうに見えます。

⑩ 今にも泣きそうに見えます。

4

① 本田さんはいつも本を読んでいます。本が好きなようです。

② 広いし、きれいだし、あのレストランは高いようだ。

③ 鼻水が出ます。どうやら風邪を引いたようです。

④ 部屋で大きい音がしました。子供が何を割ったようです。

⑤ スミスさんはすしが好きじゃないようです。いつもうどんを食べているから。

⑥ 息子はまだ疲れていないようです。一日中走っています。

⑦ 電話に出ません。誰もいないようです。

⑧ 教室に誰もいない。今日は授業がないようだ。

⑨ このドレスはまるで花のようです。

⑩ 山田さんの家はホテルのようだ。

UNIT 12

1

① 学生だと入れません。

② 右に曲がると学校がある。

③ この駅で降りると乗り換えができます。

④ 冬になると雪が降ります。

⑤ 電気を消すと部屋が暗くなる。

⑥ 夏になると暑くなります。

⑦ 2に3を足すと5になる。

⑧ ボタンを押さないとコーヒーが出ません。

⑨ この道をまっすぐ行くと病院があります。

⑩ ここにお金を入れるとチケットが出ます。

2

① おいしかったら買いたいです。

② 体の調子がよくなかったら速く帰ったほうがいいです。

③ 大学生になったら何がしたいですか。

④ よかったら、これを使ってください。

⑤ 雨が降らなかったら海に行きませんか。

⑥ 授業が終わったら電話してください。

⑦ 薬を飲んだら治ると思います。

⑧ 高くなかったら自転車を買いたい。

⑨ 山田さんが来たら会議を始めましょう。

⑩ 真面目だったら一緒に働きたいです。

3

① 寒いならクーラーを消してもいいです。

② 病院に行くならバスが便利です。

③ 荷物が多いならタクシーに乗ったほうがいいです。

④ 遊びに来るなら電話してください。

⑤ 明日暇なら展示会に行きませんか。

⑥ 野菜が嫌いなら食べなくてもいいです。

⑦ 近いなら歩きましょう。

⑧ スマホならこの会社の製品がいいです。

⑨ 田中さんならできると思います。

⑩ 英語なら鈴木さんが一番上手です。

4 ① 休みなら(ば)

② 秘密じゃなければ

③ 遅刻じゃなければ

④ 大丈夫なら(ば)

⑤ 暇じゃなければ

⑥ 真面目なら(ば)

⑦ 難しければ

⑧ 重ければ

⑨ 寒くなければ

⑩ 天気がよくなければ

5 ① すれば

② 来れば

③ 起きれば

④ 教えれば

⑤ 借りれば

⑥ 決めれば

⑦ 伝えれば

⑧ 植えれば

⑨ 集めれば

⑩ 運転すれば

6 ① 降れば

② 飲めば

③ 遊べば

④ 会えば

⑤ 集まれば

⑥ 話せば

⑦ 乗れば

⑧ 待てば

⑨ 読めば

⑩ 行けば

7 ① 天気がよければ散歩に行こう。

② 高くなければ自転車が買いたいです。

③ 明日、暇なら(ば)展示会に行きませんか。

④ 話さなければ分かりません。

⑤ 速く走ればバスに乗れます。

⑥ 木村さんが行けば私も行きます。

⑦ ゆっくり休めば治ります。

⑧ 真面目な人なら(ば)一緒に働きたいです。

⑨ 一生懸命勉強すれば試験に合格できます。

⑩ お金があればスイスに行きたい。

UNIT 13

1 ① される

② 来られる

③ 食べられる

④ 忘れられる

⑤ 見られる

⑥ 捨てられる

⑦ ほめられる

⑧ 認められる

⑨ いじめられる

⑩ 質問される

2 ① 言われる

② 叱られる

③ 読まれる

④ 踏まれる

⑤ 噛まれる

⑥ 呼ばれる

⑦ 書かれる

⑧ 押される

⑨ 振られる

⑩ 切られる

3 ① 蚊に刺された。

② 恋人に振られた。

③ 先生にほめられました。

④ 山田さんに頼まれました。

⑤ ケータイを盗まれました。

⑥ 犬に足を噛まれました。

⑦ 姉に叩かれた。

⑧ 電車の中で足を踏まれました。

⑨ 掃除をしなくて父に叱られました。

⑩ 先輩の結婚式に招待されました。

4 ① 友達に遊びに来られて試験勉強ができなかった。

② 弟にケーキを全部食べられた。

③ 隣の人にピアノを弾かれました。

④ 母に私の日記を見られました。

⑤ 泥棒に入られて怖かったです。

⑥ 隣の人に騒がれて仕事ができませんでした。

⑦ 雨に降られて運動ができなかった。

⑧ 山田さんに休まれてとても忙しかった。

⑨ 子供に泣かれて眠れませんでした。

⑩ 課長に会社を辞められて困りました。

5 ① この時計はスイスで作られました。

② あの病院は３０年前に建てられました。

③ 新しいモデルのスマホが発売されます。

④ ピアノは誰によって発明されましたか。

⑤ このレポートは日本語で書かれました。

⑥ 美術館で展示会が開かれた。

⑦ 日曜日にマラソン大会が行われます。

⑧ K-POPは世界中の人に歌われています。

⑨ 車の問題点は発見されましたか。

⑩ この日本の作家は韓国にも知られています。

UNIT 14

1 ① させる

② 来させる

③ 食べさせる

④ 忘れさせる

⑤ 見させる

⑥ 捨てさせる

⑦ ほめさせる

⑧ 伝えさせる

⑨ いじめさせる

⑩ 勉強させる

2 ① 言わせる

② 叱らせる

③ 読ませる

④ 立たせる

⑤ 歌わせる

⑥ 呼ばせる

⑦ 書かせる

⑧ 押させる
⑨ 消させる
⑩ 切らせる

3 ① 子供に野菜を食べさせた。
② セミナーに全員出席させた。
③ この本の漢字を全部覚えさせた。
④ 毎日、日記を書かせました。
⑤ 先生が本を読ませました。
⑥ 弟に部屋の掃除をさせました。
⑦ お母さんは私を英語の塾に通わせました。
⑧ 父は子供に薬を飲まさせた。
⑨ 先生は学生を歩かせました。
⑩ テレビを消させた。

4 ① 子供をもう少し遊ばせました。
② 娘が読みたいと言ったので、漫画を読ませました。
③ 息子にピアノを習わせた。
④ 公園で犬を散歩させた。
⑤ 部長が今日は早く帰らせてくれました。
⑥ 両親が留学に行かせてくれました。
⑦ 先輩が会議室を使わせてくれました。
⑧ 部長に今日は速く帰らせてもらいました。
⑨ 両親に留学に行かせてもらいました。
⑩ 先輩に会議室を使わせてもらいました。

5 ① その映画は私を泣かせました。
② うそをついて先生を怒らせた。
③ 山田さんの歌は私を悲しませた。
④ テレビのニュースはみんなを驚かせた。
⑤ 田中さんはいつもみんなを笑わせます。
⑥ おいしい料理は私を喜ばせます。
⑦ 帰りが遅くなって両親を心配させた。
⑧ 先生を困らせたことがありますか。
⑨ 会社を辞めて両親をがっかりさせました。
⑩ 彼の話はみんなを楽しませた。

6 ① させられる
② 来させられる
③ 食べさせられる
④ 借りさせられる
⑤ 見させられる
⑥ 練習させられる
⑦ ほめさせられる
⑧ 伝えさせられる
⑨ 起きさせられる
⑩ 辞めさせられる

7 ① 言わされる / 言わせられる
② 叱らされる / 叱らせられる
③ 読まされる / 読ませられる
④ 買わされる / 買わせられる
⑤ 待たされる / 待たせられる
⑥ 呼ばされる / 呼ばせられる
⑦ 書かされる / 書かせられる
⑧ 押させられる
⑨ 消させられる
⑩ 切らされる / 切らせされる

8 ① 父に野菜を食べさせられた。
② 母に英語の塾に通わされました。(通わせられました。)
③ 先生に毎日、単語を３０個ずつ覚えさせ

られました。

④ 部長に資料を整理させられました。

⑤ 彼氏のお母さんに別れさせられた。

⑥ 日曜日も社長に働かされました。(働かせられました。)

⑦ じゃんけんに負けて掃除をさせられました。

⑧ 飲みたくないのにお酒を飲まされました。(飲ませられました。)

⑨ 子供の時は日記を書かされた。(書かせられた。)

⑩ 朝6時までに会社に来させられました。

UNIT 15

1 ① おっしゃる

② いらっしゃる

③ 召し上がる

④ なさる

⑤ ご覧になる

⑥ くださる

⑦ ご存じだ

⑧ いらっしゃる

⑨ 召し上がる

⑩ いらっしゃる

2 ① 先生は実験室にいらっしゃいます。

② 昨日のニュースをご覧になりましたか。

③ 田中さんの電話番号をご存じですか。

④ 社長がおっしゃいました。

⑤ 会長もセミナーに出席なさいます。

⑥ 課長はいついらっしゃいましたか。

⑦ コーヒーを召し上がりますか。

⑧ このスーツケースは森さんがくださいました。

⑨ 部長は工場にいらっしゃいました。

⑩ お昼ご飯は社員食堂で召し上がります。

3 ① される

② 来られる

③ 教えられる

④ 始められる

⑤ 出られる

⑥ やめられる

⑦ 読まれる

⑧ 帰られる

⑨ 書かれる

⑩ 買われる

4 ① 何時に起きられますか。

② タバコを吸われますか。

③ 先生はもう帰られました。

④ もう新聞を読まれましたか。

⑤ 社長がいすを直されました。

⑥ 山田さんはいつ会われますか。

⑦ 今コーヒーを飲まれますか。

⑧ 家で料理をされますか。

⑨ 部長は明日出張に行かれます。

⑩ 韓国にはいつ来られましたか。

5 ① その本はお読みになりましたか。

② タバコはお吸いになりますか。

③ 先生はもうお帰りになりました。

④ もう新聞をお読みになりましたか。

⑤ 社長がいすをお直しになりました。

⑥ 山田さんはいつお会いになりますか。

⑦ 今コーヒーをお飲みになりますか。

⑧ いつご出発になりますか。

⑨ このアプリをご利用になりますか。

⑩ このケーキは森さんがお作りになりました。

6 ① ここでお待ちください。

② パーティーにご出席ください。

③ バスをご利用ください。

④ こちらにお座りください。

⑤ いつでもご連絡ください。

⑥ ケーキをお作りください。

⑦ 冷めないうちにお飲みください。

⑧ この本は明日ご注文ください。

⑨ お名前をお書きください。

⑩ 番号をご確認ください。

7 ① 申す

② 参る、伺う

③ いただく

④ いたす

⑤ 拝見する

⑥ 差し上げる

⑦ 存じておる

⑧ おる

⑨ いただく

⑩ お目にかかる

8 ① イ·セホと申します。

② 部長に花を差し上げました。

③ 山田さんにお目にかかりたいです。

④ 私は日本に住んでおります。

⑤ スミスさんの住所は存じております。

⑥ 明日また参ります / 明日また伺います。

⑦ 私はコーヒーをいただきます。

⑧ 掃除は私がいたします。

⑨ 課長が撮られた写真を拝見しました。

⑩ 先生に本をいただきました。

9 ① 荷物は私がお持ちします。
荷物は私がお持ちいたします。

② 資料はメールでお送りします。
資料はメールでお送りいたします。

③ チケットをお配りします。
チケットをお配りいたします。

④ 明日ご連絡します。
明日ご連絡いたします。

⑤ 学校をご案内します。
学校をご案内いたします。

⑥ 私がお手伝いします。
私がお手伝いいたします。

⑦ この書類は部長にお伝えします。
この書類は部長にお伝えいたします。

⑧ この本をちょっとお借りします。
この本をちょっとお借りいたします。

⑨ スマホの使い方をご説明します。
スマホの使い方をご説明いたします。

⑩ お茶をお入れします。
お茶をお入れいたします。

memo

memo

힘내라!
독학 일본어 첫걸음

멀리뛰기